Construções da sexualidade:
gênero, identidade e comportamento em tempos de AIDS

Editora
Cristina Fenandes Warth

Produção editorial
Bruno Cruz
Mariana Warth
Silvia Rebello

Revisão
José Iorio de Moura
Paulo Teles
Marcos Roque
Silvia Rebello

Capa
Nita design / Anna Amendola

Projeto gráfico miolo e diagramação
Bruno Cruz

CIP-BRASIL. CATALOGAÇÃO-NA-FONTE.
SINDICATO NACIONAL DOS EDITORES DE LIVROS, RJ

C775 Construções da sexualidade : gênero, identidade e comportamento em tempos de AIDS
/ Anna Paula Uziel, Luís Felipe Rios, Richard Parker (orgs.). - Rio de Janeiro : Pallas : Programa em Gênero e Sexualidade IMS/UERJ e ABIA, 2004

Seminário "Identidades, Subjetividades e Culturas Sexuais : reconstruindo a sexualidade em tempos de AIDS" realizado em 14 e 15 de agosto de 2002
Inclui bibliografia
ISBN 85-347-0373-6

1. AIDS (Doença) - Congressos. 2. Comportamento sexual - Congressos. 3. AIDS (Doença) - Aspectos sociais - Congressos. I. Uziel, Anna Paula. II. Parker, Richard G. (Richard Guy), 1956-. III. Rios, Luís Felipe.

04-2262. CDD 362.1042
CDU 364.26:616.98

Instituto de Medicina Social/UERJ
Programa em Gênero, Sexualidade e Saúde
Rua São Francisco Xavier, 524/7º and. Bl. D
Maracanã - CEP 20559-013
Rio de Janeiro - tel.: 2568-9526
Com apoio da Fundação Ford

Associação Brasileira
Interdisciplinar de AIDS (ABIA)
Rua da Candelária, 79/10º and.
Centro - CEP 20091-020
Rio de Janeiro - tel.: 2223-1040
www.abiaids.org.br

Pallas Editora e Distribuidora Ltda.
Rua Frederico de Albuquerque, 56
Higienópolis - CEP 21050-840
Rio de Janeiro - tel.: 2270-0186
pallas@alternex.com.br
www.pallaseditora.com.br

na Paula Uziel   Luís Felipe Rios   Richard Guy Parker
organizadores

›nstruções da Sexualidade

gênero, identidade e comportamento em tempos de aids

2004
Rio de Janeiro
PALLAS

Sumário

Reconstruções da sexualidade

Anna Paula Uziel,
Luís Felipe Rios e Richard Guy Parker

O seminário intitulado "Identidades, Subjetividades e Culturas Sexuais: Reconstruindo a Sexualidade em Tempos de AIDS" foi realizado nos dias 14 e 15 de agosto de 2002, em uma parceria entre o IMS/UERJ e a ABIA. As mesas foram organizadas em quatro temas: Culturas Sexuais e Juventude; Reconstruções de Gênero e da Heterossexualidade; Construções Alternativas e Reconstruções Teóricas. Os próprios títulos do seminário e das mesas, provocativos, estiveram todo o tempo em questão. Nosso objetivo, com a eleição dessas temáticas, era abordar assuntos que se tornaram centrais para a pesquisa sobre sexualidade nos últimos anos, como juventude por exemplo, atentando para a extensão e a variedade que o termo permite, bem como contemplar novas pesquisas relacionando AIDS e homossexualidade, temática tratada pelo Programa em Gênero, Sexualidade e Saúde (IMS) desde o início. Assim, poderíamos construir um panorama atual dos temas de interesse dos pesquisadores, bem como traçar um percurso de temáticas que aqueceram o debate nos últimos anos.

A primeira parte do livro examina os prefixos *hetero* e *homo* para tratar de conjugalidade e família. São tematizados os significados da homossexualidade e da heterossexualidade, tanto na definição do outro pelo confronto quanto no exame de temáticas que podem gerar alguma estranheza.

No texto "Em torno da heterossexualidade: notas sobre mídia e relacionamentos sorodiscordantes", Ivia Maksud utiliza a "homossexualidade" (ou "homossexualidades") e seus significados simbólicos como contraponto para pensar o que se configura culturalmente como "heterossexualidade". No artigo, a mídia e os serviços de saúde são referidos, em diálogo ou isoladamente, como exemplos de sistemas que organizam valores relativos à sexualidade nos indivíduos.

Em "Família e homoparentalidade": Anna Paula Uziel examina a pertinência do uso do próprio termo "homoparentalidade", inventado na França, na década de 1990, para introduzir a discussão sobre pais homossexuais. Discute as semelhanças e diferenças com relação a outros tipos de família, problematizando os aspectos eleitos na sua formação, que se transformam em categorias definidoras.

A segunda parte deste livro é dedicada ao modo como a sexualidade é vivenciada ao longo das existências pessoais, ou como as faixas de idades, concebidas como construções histórico-sócio-culturais, exigem e constituem sujeitos com modos próprios de vivenciar a sexualidade. Os textos apresentados atravessam a questão da sexualidade e geração com outros eixos sociológicos – como religiosidade, tradicionalidade/modernidade, gênero, reprodução e marginalidade – fundamentais para a compreensão dos fenômenos sociossexuais e etários.

Em "Performando a tradicionalidade: geração, gênero e erotismo no candomblé do Rio de Janeiro", Luís Felipe Rios discute o desafio que a construção de identidades coloca quando se defronta com interlocutores de maior capital de poder, apontando a pregnância do sexual em aspectos da vida que em princípio não o tenham como estruturante. Apresentando uma etnografia de uma comunidade-terreiro de Candomblé, o autor mostra como questões relacionadas às performances de gênero, geração e erotismo são agenciadas pelo pai-de-santo, o chefe religioso, de forma que o terreiro seja percebido como uma comunidade respeitável no campo religioso mais amplo.

Maria Luiza Heilborn, em "Gravidez na adolescência: interfaces entre gênero, sexualidade e reprodução", apresenta as linhas gerais do projeto Gravad, um estudo multicêntrico sobre jovens, sexualidade e reprodução no Brasil, que tem como foco avaliar os desdobramentos de uma gravidez ou parentalidade no período da adolescência na trajetória de vida de jovens entre 18 e 24 anos residentes nos municípios de Salvador, Rio de Janeiro e Porto Alegre. O texto descreve os recursos metodológicos do projeto, retoma criticamente a literatura sobre gravidez na adolescência e aponta caminhos de investigação. A autora propõe deslocar a questão da gravidez na adolescência de sua associação com "problema" e "risco" (individual ou social), sustentada por argumentos biomédicos, psicológicos e sociodemográficos, abandonando-a como campo analítico mais amplo em que questões relacionadas à sexualidade, ao gênero, à juventude e às classes sociais, – como dimensões sócio-histórico-culturais – são fundamentais para o seu entendimento.

Rosalina Carvalho da Silva, em "Algumas reflexões sobre trabalhos em sexualidade e gênero em jovens em conflito com a lei", busca refletir sobre um trabalho de intervenção em saúde sexual entre homens jovens internos da FEBEM de Ribeirão Preto. O trabalho nos apresenta a riqueza de construções sobre gênero e sexualidade que surgem em instituições totais acenando para algumas especificidades no trabalho de educação em saúde sexual e reprodutiva direcionada a essa população.

Na terceira parte, reunimos textos que discutem questões relativas à sexualidade, a partir de trabalhos de intervenção. Marcos Nascimento, em "(Re)pensando as 'masculinidades adolescentes': homens jovens, gênero e saúde", se propõe a discutir a construção de masculinidades adolescentes, analisando as narrativas existentes e refletindo sobre quais seriam os espaços para se investir em um alargamento de suas possibilidades de entender e praticar suas relações. A inserção de adolescentes em programas de saúde e educação aparece como alternativa no sentido da promoção da eqüidade de gênero.

Em "Masculinidade bissexual e violência estrutural: tentativas de compreensão, modalidades de intervenção", Fernando Seffner aborda um conjunto de questões acerca da violência estrutural, em suas interseções com os campos dos direitos humanos, da sexualidade e da vulnerabilidade à AIDS. Relaciona-o também dos processos de globalização e às categorias conceituais de estigma e discriminação. O silêncio, o anonimato, o desvio, a anormalidade aparecem como exemplos de violência estrutural em homens bissexuais.

"Travestis: subjetividades em construção permanente", de Wiliam Siqueira Peres, relato e análise de uma experiência com Oficinas de prevenção das DST/HIV/AIDS com travestis, registra declarações de lideranças travestis brasileiras a respeito de suas respostas à epidemia, ao estigma e à discriminação. Os resultados apontam para a necessidade urgente de constituição de políticas públicas que venham ao encontro das necessidades dessa população, como forma de diminuir ou erradicar a exclusão social, contribuindo para a construção de uma sociedade mais justa, solidária e cidadã.

Três eixos, em constante inter-relação, são considerados chaves na discussão sobre homossexualidade: a vivência das chamadas sexualidades alternativas no cotidiano das grandes cidades, considerando a categorização médica presente no discurso sobre a temática, o advento da epidemia da AIDS e o (re)florescimento dos Movimentos Homossexuais.O conjunto dos textos acena para a dialética existente entre construir identidades e vivenciá-las individual e coletivamente, mostrando o rico jogo de agências utilizadas pelos sujeitos, sejam eles individuais ou coletivos, ambos seres políticos, para transitarem em sociedades complexas, como é o caso da brasileira.

O texto de José Ronaldo Trindade, "Construção de identidades homossexuais na era AIDS", aborda algumas das transformações ocorridas entre os homossexuais brasileiros durante o período que ele denomina "geração AIDS". Em um primeiro momento analisa a resposta dos homossexuais à ligação estigmatizante entre AIDS e homossexualidade. Em seguida, o autor volta-se para o mundo das ruas e dos estabelecimentos comerciais direcionados e/ou constituídos para atender à demanda dos homens com práticas homossexuais e analisa as novas classificações identitárias, e suas relações com os rumos do ativismo homossexual, percepções do corpo, da intimidade e das relações de sociabilidade.

Regina Facchini, em seu texto "Movimento homossexual e construção de identidades coletivas em tempos de AIDS", aborda o processo que ela denomina reflorescimento do movimento homossexual nos anos 1990, bem como explora a dinâmica interna desse movimento, tomando por base os processos de construção e reconstrução de identidades coletivas que se dão em seu interior. Procura também relacionar esse reflorescimento e essa dinâmica à forma pela qual a resposta à epidemia do HIV/AIDS vem se construindo nas políticas governamentais e no movimento homossexual, nos últimos anos.

O terceiro texto, elaborado por Benjamin Junge, "Heterossexuais em eventos públicos gays, a parada livre em Porto Alegre, 2002", apresenta uma interessante pesquisa em que investiga as percepções de homens e mulheres heterossexualmente identificados, presentes em uma Parada do Orgulho Gay, de homossexualidades e manifestações político-culturais em prol da desestigmatização das homossexualidades.

Por fim, o texto de Guacira Lopes Louro, "Sexualidades contemporâneas: políticas de identidade e de pós-identidade", contrapõe o debate sobre gênero e sexualidade no contexto das políticas de identidade às teorias pós-estruturalistas, dando ênfase à teoria *queer*, que se apresenta como uma política e uma teoria pós-identidade. Único texto com propósito mais teórico da coletânea, este artigo aponta para as inovações das elaborações no campo do gênero e da sexualidade, escapando da lógica binária.

Parte 1

Conjugalidade e família

Em torno da heterossexualidade: notas sobre mídia e relacionamentos sorodiscordantes[1]

Ivia Maksud*

Embora a proposta da mesa que originou este artigo se destinasse à discussão da heterossexualidade, utilizamos nele a "homossexualidade" (ou "homossexualidades") e seus significados simbólicos, como contraponto para pensar o que se configura culturalmente como "heterossexualidade". Refletir sobre a construção social da mesma impõe severos desafios ao analista social, que necessita de muito mais sensibilidade para "observar o familiar" (Velho, 1997): a homossexualidade vem sendo trabalhada há alguns anos pelos teóricos das Ciências Sociais que se movimentam pelos estudos da sexualidade ou da cultura sexual.[2] É nesse sentido que seu campo de estudos configura-se como hegemônico.[3]

---

1. Agradecimentos especiais a Richard Parker, Veriano Terto Jr., Juan Carlos Raxach e Cristina Pimenta pelo diálogo institucional e pela possibilidade de desenvolver esse tema de trabalho. Agradeço ainda a Luís Otávio Farias e a Cláudio Ricardo Oliveira pela leitura deste ensaio.

* Cientista Social pela UFRJ, Doutoranda e Mestre em Saúde. Coletiva no IMS/UERJ, Assessora de Projetos da ABIA.

2. Embora a sexualidade possa ser pensada sob diversos saberes e, mesmo dentro de cada disciplina, sob diversos enfoques, um dos marcos para pensá-la e legitimá-la como campo autônomo de estudos nas Ciências Sociais recai justamente sobre o advento da epidemia de HIV/AIDS, a partir da década de 1980 (Heilborn e Brandão, 1999; Loyola, 1999). Loyola (1999) assinala, entretanto, que os estudos sobre AIDS e sexualidade eram de interesse inicial da medicina preventiva, sendo muitas vezes realizados por médicos e epidemiólogos, focalizando comportamentos e práticas sexuais, utilizando a noção de *risco* no sentido epidemiológico do termo. Nesses estudos a sexualidade estava quase sempre associada à dimensão puramente comportamental (algo essencialista).

3. Essa situação pode estar associada à atuação dos movimentos sociais, feminista e homossexual. Como descrito na literatura, os estudos assinalados sob o signo do "gênero" eram inicialmente feitos por

Podemos falar em uma "cultura heterossexual"? Um exercício preliminar de pesquisa, como um levantamento bibliográfico do tema da heterossexualidade, pode despretensiosamente revelar a quase impossibilidade de distinguir ou reconhecer trabalhos relativos à heterossexualidade exclusivamente pelo seu título. Os numerosos trabalhos acadêmicos sobre homossexualidade são facilmente identificáveis por algumas palavras-chave em seus títulos, o que não é verdadeiro para os trabalhos que se detêm sobre o fenômeno da heterossexualidade. Estes estão dispersos sob o signo dos estudos de gênero, mas sem demarcar um campo definido de estudos.

Grandes pesquisadores discorreram sobre o processo histórico de construção (e desconstrução) da homossexualidade (Costa, 1996; Foucault, 1994). O fato de as relações heterossexuais serem historicamente "legitimadas" na sociedade confunde-se com a difusão de valores propagados maciçamente por algumas instâncias socializadoras, que reproduzem e atualizam estereótipos de papéis sexuais "tradicionais", próximos ao plano de uma "quase natureza" (Bourdieu, 1983).

Uma "cultura heterossexual" se funde a organizações societárias mais normativas, o que não representa em si novidade alguma, a despeito da constatação da fluidez do que signifique essa "cultura heterossexual", que se remete à reprodução de normas sociais mais gerais.

Para ilustrar esse argumento, recorreremos a alguns "experimentos sociológicos" que, *a priori,* não tencionavam analisar uma "cultura heterossexual", mas que oferecem pistas para pensar a temática porque, como quase todas as instâncias da sociedade, são atravessados por "visões da heterossexualidade".

Neste ensaio, nos reportaremos a situações produzidas no contexto de discursos específicos, tendo como objetivo desconstruir as diversas culturas heterossexuais (e homossexuais) que são passíveis de serem socialmente construídas/inventadas por instâncias macro de socialização. Escolhemos a mídia e os serviços de saúde, em diálogo ou isoladamente, como exemplos de sistemas que organizam valores relativos à sexualidade nos indivíduos.

Em primeiro plano, a mídia é uma das agências socializadoras mais ágeis no que tange à produção imediata de significados e valores. Em pesquisa anterior (Maksud, 2000), estudamos a mídia impressa, e especificamente o discurso sobre sexualidade difundido por ela por meio de dois veículos, pertencentes à

teóricas feministas e tinham como foco o estudo de mulheres. Com a "evolução" do conceito, no que tange à abordagem relacional do feminino e do masculino que ele exige, os trabalhos espraiaram-se sobre "novos" atores: os homens, impulsionando a área dos estudos (bem como os financiamentos) sobre masculinidade (Costa e Bruschini, 1992; Heilborn e Brandão, 1999).

mesma organização empresarial, mas destinados a públicos leitores distintos. O primeiro era produzido para integrantes dos segmentos populares; e o segundo, para as camadas médias e altas. Alguns dos itens examinados nesse estudo podem dar subsídios para entender que (o que seja) heterossexualidade é algo passível de construção e que os valores que a delineiam variam conforme o contexto sociocultural. [4]

Em segundo plano, para abordar a temática da heterossexualidade nos serviços de saúde, optamos pelas pistas que nos oferecem as relações conjugais no contexto do HIV/AIDS. Realizamos, em 2001 e 2002, visitas a hospitais e entrevistas com profissionais de saúde do Sistema Único de Saúde (SUS), grupos focais com profissionais de saúde que trabalham na rede de atenção às pessoas que têm HIV/AIDS, profissionais de saúde ligados a ONGs/AIDS, além de encontros informais com público pertencente a grupos de auto-ajuda.[5] Diferentemente da experiência citada anteriormente, nossas observações sobre a temática não provêm de um trabalho sistemático de pesquisa. Apenas nos valemos do "olhar antropológico" para apreender, nas várias "idas a campo" para *advocacy*, os aspectos simbólicos que estão no bojo dos valores de pessoas que, em um dado momento, assumem a identidade de pacientes e de outras pessoas que revestem a identidade de profissionais de saúde (Maksud, Terto Jr., Pimenta e Parker, 2002).[6]

Mídia e sexualidade

Utilizando como ponto de análise a mídia impressa, podemos observar, no tocante ao discurso referido à hetero e à homossexualidade, diferentes enfoques. Dados de pesquisa anterior sobre sexualidade e mídia (Maksud, 2000) revelam que, em sua maioria, matérias jornalísticas referem-se a ideais de homens e mulheres atrelados a uma lógica hierárquica de gênero,[7] na qual os modelos masculinos culturalmente valorizados associam-se ao

4. De 1998 a 2000 desenvolvi dissertação de mestrado no IMS, no âmbito do Programa de Estudos e Pesquisas em Gênero, Sexualidade e Saúde, sob orientação da professora Maria Luiza Heilborn, a quem agradeço. O tema de investigação recaía sobre os discursos acerca de sexualidade produzidos para leitores de camadas médias em contraste com a leitura produzida para os leitores de camadas populares. Os exemplos listados aqui foram retirados da referida pesquisa (Maksud, 2000).
5. A equipe que conduziu os grupos focais foi composta por Veriano Terto Jr., Carlos Passarelli, Lynn Murchison e Ivia Maksud.
6. Desde o ano de 1999, a ABIA vem trabalhando com o tema da *sorodiscordância*. Agradecemos ao apoio da Fundação MacArthur e do Ministério da Saúde para a realização dos trabalhos afeitos à temática.
7. O gênero é um conceito hoje amplamente utilizado por várias disciplinas das Ciências Humanas, e que se empresta às análises para distinguir a dimensão biológica da social no que se refere à construção social do sexo. Scott (1999), Barbieri (1992) e Heilborn (1997), entre outras, são autoras pioneiras na conceituação do gênero como categoria analítica das Ciências Sociais.

homem "heterossexual e viril", estando a mulher associada à vergonha (ou à sua falta). Se chegarmos a um confronto, para além do contraponto inicial "heterossexualidade" *versus* "homossexualidade", o discurso propalado por veículos "distintos" no tocante a seus públicos-leitores, constataremos a utilização de referenciais lingüísticos diferenciados segundo as classes sociais. As palavras empregadas no texto jornalístico trazem consigo uma série de significados e sua aquisição, por parte dos leitores, diz respeito à apreensão de uma série de valores sexuais.

O "homem galinha" e a "mulher gostosa", por exemplo, são expressões recorrentes no discurso do "jornal popular", e conformam parte do que se pode associar à heterossexualidade nesse tipo de veículo, o que contribui para a reprodução desses valores no imaginário popular.

Em veículos de comunicação populares, o discurso jornalístico aponta para a construção de uma sexualidade em que concepções tradicionais se fazem mais proeminentes. A valorização da virgindade feminina e do casamento, uma forma jocosa de redenção ao corpo e à nudez, e uma superexposição do evento sexual, configuram-se como valores centrais para a constituição das identidades sexuais. Contudo, esse "falar de sexo" é restrito às formas tradicionais de concebê-lo, seja na valorização da virgindade, na exaltação da honra feminina ou na valorização da heterossexualidade.

Em contrapartida, o discurso dos jornais destinados a segmentos médios e altos da sociedade revela vários discursos sobre a sexualidade, nos quais é possível encontrar construções mais tradicionais, tais como aquelas encontradas nos veículos de comunicação populares, e ainda construções mais frouxas quanto a restrições de normas. O resultado é a articulação de visões de mundo mais autonomizadas e modernas face a concepções mais hierárquicas. Observemos um exemplo extraído de uma coluna de perguntas de leitores de "jornal popular":

> Sou casada há seis anos e tenho percebido atitudes esquisitas no meu marido. Ele se comporta como mulher na cama. Às vezes, esquece que a mulher sou eu. Só quer que eu pratique sexo oral e só me procura quando estou menstruada. Além disso, ele gosta de receber carícias, mas não as faz. Fora da cama, ele é grosso e rebelde.

O aconselhamento dado à leitora por uma psicóloga foi incisivo:

> De fato, o comportamento de seu marido não é dos mais comuns. Ele deve estar com problemas e sem coragem de falar sobre eles (...) ele está confuso e indeciso. Ao mesmo tempo em que tem um comportamento feminino na cama, é rude e grosso fora dela (...).

Sugestões como essa acabam por reforçar uma atribuição de papéis de gênero fortemente marcada por uma lógica hierárquica. A resposta da psicóloga – legitimada duas vezes (pelo *status* da profissão e pela excelência do *locus* no qual ela se pronuncia: a mídia) – além de rechaçar o comportamento do homem porque, lido pela lógica tradicional de gênero como feminino, contribui para instaurar uma diferença entre os sexos atribuída pela natureza. Se, por um lado, a visão de sexo da leitora está inscrita em uma concepção holista, na qual homens que se aproximam de comportamentos tradicionalmente desempenhados por mulheres são vistos com desconfiança pelos seus iguais, chama mais atenção o depoimento da *especialista*, que contribui, em parte, para a construção social de uma sexualidade restritiva e desigual do ponto de vista de gênero – "ele está confuso e indeciso".

Os discursos dos profissionais de saúde coletados nesse jornal por vezes naturalizam a sexualidade e o desejo, fazendo uma conjunção (que não é necessariamente verdadeira para os segmentos mais modernizados da sociedade brasileira) entre sexo e amor. O jornal reforça os essencialismos presentes no imaginário que gira em torno da sexualidade e do desejo como algo eminentemente biológico, sem que a dimensão relacional da sexualidade e do desejo seja lembrada.

A intervenção do "jornal popular" é exercida diretamente por meio de imperativos morais, julgamentos de valores e separação de comportamentos lícitos e ilícitos. Uma coluna similar no jornal de classe média, escrita por um psicanalista, faculta ao leitor a possibilidade de optar a partir de uma prática que, em vez de propor significados fechados a partir de idéias acabadas, possibilita que ele construa por si próprio os caminhos decorrentes de seus entendimentos. Isso é feito por meio do uso de metáforas e histórias, nunca de conselhos acabados. A dimensão subjetiva do leitor é incentivada a manifestar-se (Maksud, 2000). Enquanto o "jornal popular" exprime um saber fundado em uma lógica de moralidade, o "jornal culto" repassa uma visão de sexualidade ligada à visão de mundo na qual a psicanálise desempenha um papel central.

Vejamos um segundo exemplo:

Jornal destinado aos segmentos médios /altos	***Jornal destinado aos segmentos populares***
"Corretor que matou mulher sabia que estava sendo traído."	"Matou a mulher que não quis sexo."
"Romance extraconjugal pode ter sido motivo de briga e morte em Ipanema."	"Um beijo antes de morrer. Mulher briga com o marido em casa, leva facada e cai nos braços do filho."

Da forma como o fato supra é apresentado aos leitores dos segmentos populares, cria-se uma inferência de que o sexo e o crime caminham lado a lado nesse universo. Há uma certa tendência à dramatização do fato. Depreende-se uma forte assimetria entre os gêneros e uma tendência à imposição do gênero masculino sobre o feminino, através da violência conjugal e da força física – "morreu porque não quis sexo". Da forma como está redigida a terceira oração, enfatiza-se a ação da mulher – "ela briga", "ela leva facada", "ela cai", exatamente o contrário da estratégia de exposição da coluna esquerda, na qual a ação recai sobre o marido. Para o universo das camadas médias há uma tendência a abrandar a informação: "Romance extraconjugal" é uma expressão romântica, que de certa forma ameniza a idéia de traição e infidelidade. Além disso, ao destacar o lugar do crime, um bairro da zona sul carioca, de alto poder aquisitivo, faz-se uma inferência à classe social à qual pertenciam os atores envolvidos no episódio.

Também as reportagens sobre o Viagra, nomeado pelos meios de comunicação como "o medicamento contra a impotência", revelam um dado singular sobre a oposição binária "heterossexualidade" *versus* "homossexualidade". As matérias sobre o Viagra colocam em xeque os papéis mais tradicionais de gênero: o lugar do sexo em casamentos de longa data, a potencialização do sexo na velhice etc. Ademais, as reportagens valorizam a heterossexualidade e, de forma alguma, se referem ao prazer dos homossexuais. Definitivamente, o Viagra é um medicamento para homens heterossexuais! (Brigeiro e Maksud, no prelo).

> Se não gosta de mulher, esse remédio não toma, se não vai andar de ré daqui a Copacabana.

HIV/AIDS e cultura heterossexual: a sorodiscordância e os serviços de saúde

O perfil atual da epidemia de AIDS e da prevalência da transmissão sexual elege cada vez mais, como foco de interesse para a pesquisa acadêmica, "vertentes de heterossexualidade". Nesse sentido, há vários e importantes trabalhos sobre negociação do preservativo, nos quais se tem falado recorrentemente em opressão do gênero masculino sobre o feminino. O que nos interessa aqui é chamar atenção para o fato de que culturalmente homens e mulheres rejeitam o uso de preservativo em cenários de parceria fixa (embora esse quadro esteja mudando entre os jovens).[8] Os serviços de saúde e as campanhas mais gerais de prevenção

8. CEBRAP, 2000.

têm sido enfáticos ao recomendar o "sexo seguro", que se traduz no uso de preservativos em toda e qualquer relação sexual. Paradoxalmente, diversos estudos têm mostrado a existência de forças simbólicas que concorrem para o não-uso dos preservativos no plano conjugal. Uma leitura antropológica demonstra a dificuldade, para aqueles que foram culturalmente acostumados a suspender o uso de preservativos, em aderir ao chamado "sexo seguro".

O modelo de união entre pessoas após a descoberta de sua soropositividade rearruma as relações de gênero possíveis, ou mesmo as suprime: a revelação do *status* soropositivo e sua possível subseqüente ruptura de relacionamentos tradicionais, redefinição dos papéis de gênero e a assunção de identidades consideradas pelo grupo de referência como socialmente desviante. Em geral, tipificando conjunto de "escolhas" em relação à esfera amorosa-sexual, podemos falar em abstinência (amorosa ou sexual); relacionamento entre pessoas soropositivas; e relação conjugal entre pessoas com sorologias distintas para o HIV, nomeadas pela literatura epidemiológica como "sorodiscordantes" (Maksud, 2002). [9]

Para sublinhar a temática da heterossexualidade, é importante salientar que grande parte da não tão extensa literatura específica sobre sorodiscordantes debruça-se sobre o comportamento de homens homossexuais e visa avaliá-los acerca de determinantes do comportamento de risco sexual. Portanto, há aí uma lacuna de trabalhos sobre relações heterossexuais sorodiscordantes.[10]

No contexto da heterossexualidade, a emergência de projetos reprodutivos tem assumido crescente importância nas discussões acerca do

9. No caso de pessoas em busca de um relacionamento afetivo-sexual, a soropositividade parece indicar, de antemão, um empecilho. Estudos apontam para uma suspensão momentânea das investidas afetivas e sexuais. A idéia de casamento ou namoro representa nessa fase um "risco social". Revelar a sorologia positiva representa na maioria das vezes um dilema, que traduz o medo de não ser aceito como companheiro em função do HIV. Concorre para isso o receio de "uma possível infidelidade", de "contaminação do parceiro", ou de discriminação e rejeição. Muitas pessoas soropositivas decidem, portanto, se relacionar apenas com pessoas que também tenham o vírus HIV, e consideram difícil sustentar uma relação sorologicamente discordante. A descoberta da soropositividade pode representar a ruptura de vínculos e desestruturar relações de casamento antigas e tradicionais. O estabelecimento de novos vínculos se dá freqüentemente com pessoas que também sejam soropositivas. A lógica que rege esses vínculos lembra em seus preceitos estruturantes o casamento endogâmico, característico de algumas sociedades tradicionais de outrora. Esse mecanismo de "namorar entre si" é interessante para problematizar a idéia de amor universal, ao demonstrar que há um *campo de possibilidades* (Velho, 1994) relativamente restrito que rege a lógica das escolhas amorosas (Maksud, 2002).

10. É possível encontrar pequenos artigos sobre o tema no *site* "The Body Positive" (http://www.thebodypositive.org/).

HIV/AIDS, seja no campo médico, epidemiológico, socioantropológico ou político-ideológico. O cenário atual reúne um conjunto de elementos que *idealmente poderiam* incitar a reprodução envolvendo pessoas soropositivas. Entre esses elementos se destacam a produção de medicamentos mais eficazes, o sucesso da política de distribuição gratuita e universal dos anti-retrovirais pelo Ministério da Saúde, os métodos de controle do risco de "transmissão vertical",[11] as tecnologias de reprodução assistida e, por fim, a própria feminização da epidemia.

Porém, há tempos a antropologia vem demonstrando dificuldade de associação, no plano dos valores, entre o que é eleito como sagrado e profano por uma sociedade. Como sugerido em outros trabalhos (Knauth, 2002; Rohden, 2002), a reprodução de uma pessoa soropositiva deve ser pensada frente aos valores positivos que tem a maternidade na sociedade brasileira, que permite a reprodução para os indivíduos considerados "saudáveis" e a nega para aqueles considerados "indesejáveis". Para além da possibilidade de infecção propriamente dita, há uma desvalorização simbólica da relação entre pessoas marcadas socialmente como diferentes (Maksud, 2002). Knauth (2002) destaca que a sorodiscordância em um casal é uma diferença difícil de ser aceita, que reproduz outras situações de diferenças na sociedade.

A partir de 1996, com a disponibilização gratuita e universal dos medicamentos anti-retrovirais pelo Governo brasileiro, ampliaram-se a expectativa e a qualidade de vida das pessoas soropositivas. A AIDS passou a ser considerada uma doença crônica tratável e a *letalidade da epidemia* diminuiu sensivelmente no Brasil. Essas mudanças contribuem para a ampliação da perspectiva de futuro das pessoas que vivem com HIV/AIDS e para o investimento em *projetos* orientadores da vida cotidiana, sendo a emergência do *projeto* reprodutivo um caso particular no qual se expressa um processo mais amplo de ressignificação da relação entre os pacientes e a doença.

Em meados da década de 1990, Knauth desenvolve a pesquisa *AIDS, reprodução e sexualidade: uma abordagem antropológica das mulheres contaminadas pelo vírus da AIDS* (Knauth, 1996), sinalizando que as mulheres, mesmo portadoras do vírus, continuavam a perceber a AIDS como uma doença do *outro,* categoria que reuniria várias identidades tidas como socialmente desviantes, dado o início da epidemia e todas as associações e estigmas que se impuseram sobre as pessoas que se encaixavam em tais estereótipos. Knauth demonstra que para essas mulheres a contaminação é explicada como resultante da reali-

11. Ou transmissão perinatal: de mãe para filho, no momento do parto.

zação de seu papel social de esposa, ou seja, há um reforço dos papéis tradicionais de gênero que faz com que seus maridos sejam isentados de culpa. Essas mulheres mantêm a aliança para garantir a legitimidade da contaminação e para conservar o *status* social de esposa. É isso que faz com que a contaminação dessas mulheres seja *legítima*, pois teriam sido contaminadas pelo marido, na própria relação conjugal. Outra questão é que essas mulheres sentem-se responsáveis pelos cuidados do marido (Knauth, 1996). Esse estudo revela que a maternidade se mantém como estratégia de consolidação da aliança. "O risco da contaminação da criança é *compensado* pela obtenção do *status* de pai e/ ou de mãe." A autora conclui que os filhos, para as mulheres contaminadas pelo vírus HIV, constituem uma razão crucial para resistir à doença, possibilitando inclusive sua descendência (Knauth, 1996).

Face às expectativas de maternidade, que são referenciais importantes para algumas mulheres, e aos direitos reprodutivos que há muito vêm sendo reclamados pelo movimento feminista, está o "risco" da reprodução no contexto de uma soropositividade.

Quando o debate sobre reprodução e soropositividade é pensado no contexto dos relacionamentos homossexuais (seja entre homens ou entre mulheres),[12] depreende-se que, efetivamente, tais alianças não colocam em xeque a extensão do vírus a partir de seu próprio corpo. As relações heterossexuais, em termos simbólicos, são, nesse caso, percebidas como mais "ameaçadoras".

Em resumo, e em termos ideais, poderíamos falar de relações heterossexuais tradicionais, nas quais a finalidade última seria a procriação de filhos (como mostra Loyola, 1992), ou de relacionamentos que se estabelecem em contextos igualitários e que não necessariamente estão comprometidos com a procriação (Heilborn, 1992). Contudo, esse risco é, em grande parte, um risco social.

Serviços e profissionais de saúde: ressignificação de ideários

Como salientou Loyola (1992), as sociedades organizam e intervêm no processo reprodutivo em todas as suas fases, passando por coito, gravidez, parto, amamentação e quantidade de filhos. É importante entender esses processos não só no contexto da relação conjugal, mas a partir das representações sociais de médicos e demais membros das equipes multidisciplinares de saúde.

12. No caso de relacionamentos entre dois homens que desejam ter filhos, tem emergido um debate público sobre a adoção por homossexuais, que coloca em questão as relações tradicionais de parentesco, atravessando todo um campo de debates morais sobre representações de homossexualidade e paternidade vigentes na sociedade (ver, sobre essa questão, Uziel, 2002).

A interação entre médicos e pacientes é um dos pilares que reorganizam o imaginário heterossexual em torno da reprodução no contexto do HIV/AIDS. O profissional de saúde e, sobretudo, o médico, pela legitimidade simbólica que detêm, aparece como ator social relevante nas decisões reprodutivas.[13]

Em trabalho anterior (Maksud, Terto Jr., Pimenta e Parker, 2002), encontramos uma dificuldade de abordagem do tema dos relacionamentos conjugais entre pessoas com sorologias distintas para o HIV nos serviços de saúde, o que nos levou à hipótese de que a lógica dos serviços proporcionava um apagamento dessas questões, mais afeitas à esfera privada dos sujeitos, e impedia que elas viessem à tona ou que fossem enxergadas dentro de uma ótica de atendimento que privilegia o indivíduo em detrimento de suas relações sociais mais amplas.

As representações dos profissionais de saúde são cruciais para a definição das relações de gênero, que não se refere apenas às idéias, mas às instituições, às estruturas e às práticas cotidianas. Dito de outra forma, o gênero se refere a tudo que constitui as relações sociais e pode dar pistas sobre os próprios valores dos médicos e profissionais de saúde na atenção (e interação) com os pacientes. Apesar dos esforços para que haja uma visão humanista por parte dos médicos, o serviço não enxerga pessoas, mas números. Nesse sentido, apontamos para um possível apagamento simbólico das parcerias homossexuais no SUS. A fala espontânea dos profissionais é referida majoritariamente a arranjos conjugais tradicionais – leia-se *homens e mulheres*. Dito de outro modo, é muito mais recorrente no cotidiano dos serviços que os profissionais identifiquem parcerias heterossexuais do que ligações homossexuais. Somam-se a isso a dicotomia entre serviços, que dão visibilidade a parcerias heterossexuais, e as ONGs/AIDS, instituições nas quais grande parte do público freqüentador é constituído por, como são definidos nesses espaços, HSH (homens que fazem sexo com homens).[14]

Mas é preciso frisar que os profissionais de saúde também são fruto de uma cultura maior, passaram por sucessivas fases socializadoras (família, universidade, ambiente de trabalho, mídia e outras agências) e diferem segundo variáveis conformadoras de identidades (*ethos* profissional, gênero, idade...). A conjunção entre esses diversos fatores assinala algumas maneiras de construir e significar essas relações heterossexuais.

A questão da reprodução potencializa um possível conflito de valores existentes na relação médico-paciente tradicional.[15] Atualmente, existem re-

---

13. Sobre a formação dos saberes quanto aos sistemas de poder que regulam as práticas da sexualidade (medicina, psiquiatria), poder punitivo e práticas disciplinares, ver Foucault (1994).

14. Como reconhecem os profissionais de saúde, a conjugalidade está intimamente ligada aos aspectos do tratamento, podendo muitas vezes influenciar a adesão aos medicamentos para AIDS. Sobre a questão, ver Raxach e Guimarães, 2002. Sobre o apagamento simbólico nos serviços de saúde, que acontece também com outras identidades, como a dos usuários de drogas injetáveis, consultar Sampaio, 2002 e Bastos, 2002.

15. Consultar Boltanski, 1989.

cursos técnicos, disponíveis nos serviços, para as mulheres soropositivas que desejam engravidar. Nos serviços públicos, está disponível o tratamento com medicação específica (AZT) para a mulher gestante soropositiva.[16] A literatura mais propriamente epidemiológica informa que o protocolo 076, ensaio clínico que comprovou a eficácia do uso do AZT para a prevenção da transmissão perinatal do HIV (de mãe para filho) foi um marco no campo. A partir desse protocolo foram feitos vários outros, comprovando que o medicamento é "eficaz mesmo para mulheres já com a doença mais avançada" (Grinstejn, 2002). Com a disponibilização desse medicamento específico, as taxas de transmissão vertical caem intensamente.

A fertilização com sêmen purificado de portador de HIV, ou "lavagem de esperma", é um tipo específico de reprodução assistida que, por meio da eliminação do vírus do sêmen, permite que um homem soropositivo e uma mulher soronegativa possam ter um filho sem que ocorra a transmissão do vírus (Faúndes, 2002).[17] Esse tipo de tecnologia inaugura uma novidade no campo, *inserindo o homem como peça central no debate da reprodução.* O plano ideal dos "direitos reprodutivos" é mantido e possibilitado a partir dessa técnica, que oferece, idealmente, a possibilidade concreta de uma postura médica favorável à reprodução no contexto da AIDS.

Alguns estudos sugerem que a lógica propagada pelos serviços evidencia temor em relação à gestação de uma mulher soropositiva. Ainda assim, esse tipo de gestação vai além de um "sucesso técnico". A questão envolve o posicionamento dos profissionais de saúde *a favor* ou *contra* a reprodução, com base, muitas vezes, mais em uma questão de valores do que na competência técnica que lhes é conferida pela sua inserção profissional.[18] A despeito do risco de haver uma pequena possibilidade de "transmissão vertical" no caso em gestantes que fazem uso de medicamento anti-retroviral, ou no caso de que "não há empecilhos éticos para a utilização de técnicas de fertilização assistida para casais",[19] parece ser em grande parte um "risco social" que está simbolicamente associado à reprodução de uma mulher ou homem soropositivos.[20]

16. Em geral, para a mulher que se descobre soropositiva no momento do pré-natal. Não é utilizado como método preventivo para quem *deseja* engravidar.

17. Essa técnica foi desenvolvida na Itália. No Brasil, é restrita a casais que possuam um alto poder aquisitivo, sendo realizada por algumas clínicas particulares de reprodução humana (Faúndes, 2002).

18. É importante assinalar a diferença de significados, em termos sociológicos, da reprodução soropositiva que acontece em torno de um *projeto* e a reprodução soropositiva que é ensejada em torno da descoberta da soropositividade no momento dos exames que antecedem ao parto, que carece de estudos comparativos.

19. Trecho extraído de consulta ao CREMESP (Consulta 27.013/00) (www.cremesp.org.br/legislacao/pareceres/parcrm/27013_2000.htm). Arquivo acessado em 18/07/2002.

20. Um outro ponto a ser mencionado é o debate "político" que envolve vários atores e instituições sociais em torno da reprodução no contexto do HIV: a prevenção da "transmissão vertical" e os "direitos reprodutivos" (Barbosa e Lago, 1997).

No contexto da soropositividade, a reprodução pode aparecer como um risco social, já mencionado anteriormente. Porém, face aos chamados "direitos reprodutivos" exaltados pelo movimento feminista e às expectativas de maternidade que são referenciais importantes, sobretudo para mulheres das camadas populares (Knauth, 1996, por exemplo), ele pode aparecer como o exercício de um direito ou de um ideal.

No contexto da união entre pessoas que tenham – ou ao menos uma delas – sorologia positiva para o HIV, e no caso da decisão reprodutiva nesse contexto, além da "influência" que exercem os amigos e familiares nas relações conjugais (Heilborn, 1992; Knauth *et alli.*, 2002), os médicos e outros profissionais de saúde são possíveis atores que concorrem para a afirmação de valores e significados relativos à escolha reprodutiva.[21]

Novaes e Salem (1995), em artigo que se debruça de modo mais explícito sobre novas tecnologias médicas no campo da reprodução, demonstram que em algumas circunstâncias os sujeitos devem ser "autorizados por terceiros" para se tornarem pais, "em certas circunstâncias podem ter mesmo que enfrentar outros protagonistas de modo a fazer imperar decisões que são normalmente reconhecidas como de foro íntimo dos casais". As autoras têm como hipótese que há um "deslocamento do ato reprodutivo da esfera privada para um contexto de laboratório". A gestante e seu parceiro estão imersos em uma rede de relações mais ampla, fazendo com que cada um desses atores acione diferentes critérios a partir de suas várias entradas sociais. A própria instituição médica introduz à esfera procriativa normas e valores próprios à sua atividade institucional, que não necessariamente são coincidentes aos valores da família (Novaes e Salem, 1995, p. 68-70).[22]

A responsabilidade nas tomadas de decisão é repartida entre três sujeitos: *a mulher, seu parceiro e o corpo médico* (Novaes e Salem, 1995, p. 71, grifo nosso), sendo que este último vem contribuindo significativamente para moldar e definir as novas situações reprodutivas.

> Questões sobre responsabilidade médica despontam geralmente em situações que envolvem assunção de riscos, e os protagonistas podem ter visões distintas acerca do que constitui um risco aceitável à luz dos benefícios esperados (...). O que torna a questão mais complicada é o fato de o objetivo último desses procedimentos ser o nascimento de uma criança (...). Ainda que não se possa garantir de modo absoluto o nascimento de uma

---

21. Ver as discussões empreendidas por Knauth (2002) e Salem e Novaes (2000) sobre a influência dos médicos na escolha reprodutiva dos casais.
22. Agradeço à professora Daniela Knauth pela indicação do referido artigo. Novaes e Salem lembram que os médicos vêm "redefinindo o curso de questões procriativas, sexuais e familiares há pelo menos dois séculos" (1995, p. 71).

> criança sadia, os médicos sustentam que eles podem, e devem, manter os riscos inerentes a um procedimento em um limite definido como aceitável pelos padrões de sua profissão. (...) Não é surpreendente ver seus valores pessoais morais sobre vida, morte, sexualidade e família imiscuírem-se em suas argumentações (Novaes e Salem, 1995, p. 84-85).

O envolvimento dos médicos no ato da concepção de fato *altera o significado* de sua contribuição frente aos demais atores sociais envolvidos no processo de reprodução. A partir da mediação dos médicos em relação à mãe e a outros membros da família, houve um afrouxamento das fronteiras entre o mundo médico e o mundo doméstico (Novaes e Salem, 1995, p. 87).

Conclusão

Ao longo desse ensaio, utilizamos o gênero como ferramenta analítica, chamando atenção para o fato de que a heterossexualidade vai muito além da simples junção entre os sexos masculino e feminino. Sinalizamos a maneira como deixamos de lado as instituições que produzem sentido e conformação de valores ao imaginário coletivo e insistimos que, para intervir em realidades macrossociais, é preciso, como enfoca Parker em seus trabalhos (Parker, Easton & Klein, 2000), trabalhar no nível das intervenções estruturais.

Os exemplos fornecidos no texto permitem ilustrar que os modelos ideais de heterossexualidade comportam uma variada gama de valores. Agências socializadoras, como a família, a escola, e, como citados aqui, a mídia e o serviço de saúde, são instâncias capazes de influenciar a ação dos sujeitos. Seu poder de criação e de mudança da realidade por intermédio da retradução de simbolismos existentes no meio social, instaurando um diálogo e interagindo com os atores sociais, faz delas objetos de estudo privilegiados para o entendimento do que se configura socioculturalmente como heterossexualidade.

Referências bibliográficas

BARBIERI, T. *Sobre a categoria gênero: uma introdução teórico-metodológica.* Recife: SOS Corpo, 1992.

BARBOSA, R. M.; Lago, T. G. "AIDS e direitos reprodutivos: para além da transmissão vertical", in: Parker, R. (Org.). *Políticas, Instituições e AIDS: enfrentando a epidemia no Brasil.* Rio de Janeiro: Jorge Zahar.

BASTOS, F. I. "Uso de drogas injetáveis e transmissão do HIV entre casais – comentários", in: MAKSUD, I.; TERTO Jr. V.; PIMENTA, M. C.; PARKER, R. (Orgs.). *Conjugalidade e AIDS: a questão da sorodiscordância e os serviços de saúde.* Rio de Janeiro: Associação Brasileira Interdisciplinar de AIDS, 2002.

BOLTANSKI, L. *As classes sociais e o corpo.* Rio de Janeiro: Graal, 1989.

BOURDIEU, P. "Gostos de classe e estilos de vida", in: ORTIZ, R. (Org.). *Pierre Bourdieu.* Col. Grandes Cientistas Sociais. Rio de Janeiro: Ática, 1983.

BRIGEIRO, M.; MAKSUD, I. (no prelo). *Sexualidade reeditada: viagra, mídia e sexualidade.* Programa de Estudos e Pesquisas em Gênero, Sexualidade e Saúde (mimeo).

CEBRAP (2000). *Comportamento sexual da população brasileira e percepções do HIV/AIDS.* Brasília: Ministério da Saúde, CNDST/AIDS. (Série Avaliação, n. 4.)

COSTA, A. O.; BRUSCHINI, C. (Orgs.). *Uma questão de gênero.* Rio de Janeiro: Rosa dos Tempos; São Paulo: Fundação Carlos Chagas, 1992.

COSTA, J. F. "O referente da identidade homossexual", in: PARKER, R.; BARBOSA, R. M. (Orgs.). *Sexualidades Brasileiras.* Rio de Janeiro: Relume Dumará; ABIA: IMS/UERJ, 1996.

FAÚNDES, D. "Reprodução assistida e HIV/AIDS", in: MAKSUD, I.; TERTO Jr., V.; PIMENTA, M. C.; PARKER, R. (Orgs.). *Conjugalidade e AIDS: a questão da sorodiscordância e os serviços de saúde.* Rio de Janeiro: Associação Brasileira Interdisciplinar de AIDS, 2002.

FOUCAULT, M. *História da sexualidade 2. O uso dos prazeres.* Rio de Janeiro: Graal, 1994.

GALVÃO, J. "AIDS e imprensa: um estudo de antropologia social". (Dissertação / Mestrado) Programa de Pós-Graduação em Antropologia Social do Museu Nacional da UFRJ, 1992.

GRINSZTEJN, B. "Prevenção da transmissão vertical", in: MAKSUD, I.; TERTO Jr., V.; PIMENTA, M. C.; PARKER, R. (Orgs.). *Conjugalidade e AIDS: a questão da sorodiscordância e os serviços de saúde.* Rio de Janeiro: Associação Brasileira Interdisciplinar de AIDS, 2002.

HEILBORN, M. L. "Dois é par. Conjugalidade, gênero e identidade sexual em contexto igualitário". (Tese /Doutorado). Universidade Federal do Rio de Janeiro. Museu Nacional. Programa de Pós-Graduação em Antropologia Social, Rio de Janeiro, 1992.

______________. "Gênero, sexualidade e saúde", in: SILVA, D. P. M. (Org.). *Saúde, sexualidade e reprodução. Compartilhando responsabilidades.* Rio de Janeiro: Editora da UERJ, 1997.

HEILBORN, M. L.; BRANDÃO, E. "Introdução: Ciências Sociais e Sexualidade", in: HEILBORN, M. L. (Org.). *Sexualidade. O olhar das Ciências Sociais.* Rio de Janeiro: Jorge Zahar, 1999.

KNAUTH, D. R. *AIDS, reprodução e sexualidade: uma abordagem antropológica das mulheres contaminadas pelo vírus da AIDS.* Relatório Final. II Prodir. Fundação Carlos Chagas/Fundação MacArthur.1996.

____________. "A 'sorodiscordância': questões conceituais e projetos em andamento – Comentários", in: MAKSUD, I.; TERTO Jr., V.; PIMENTA, M. C.; PARKER, R. (Orgs.). *Conjugalidade e AIDS: a questão da sorodiscordância e os serviços de saúde.* Rio de Janeiro: Associação Brasileira Interdisciplinar de AIDS, 2002.

KNAUTH, D. R. *et alli.* "Cultura médica e decisões reprodutivas entre mulheres infectadas pelo vírus da AIDS", in: *Interface – Comunicação, Saúde, Educação,* vol. 6, n. 11, p.39-54, 2002.

LOYOLA, M. A. "Sexualidade e Reprodução" in: *Physis, Revista de Saúde Coletiva.* Rio de Janeiro, vol. 2, n.1, 1992.

____________. (Org.). *AIDS e Sexualidade. O ponto de vista das ciências humanas.* Rio de Janeiro: Relume Dumará, 1994.

MAKSUD, I. "Sexualidade e mídia: uma análise socioantropológica do discurso jornalístico". Instituto de Medicina Social. Universidade do Estado do Rio de Janeiro. 2000. (Dissertação / Mestrado).

____________. "Relacionamentos conjugais em tempos de AIDS: aspectos relativos à sorodiscordância", in: SANTOS, T. F. (Org.). *Saúde sexual e reprodutiva: uma abordagem multidisciplinar.* Recife: Fundação Joaquim Nabuco; Editora Massangana, 2002.

MAKSUD, I.; TERTO JR.; V., PIMENTA, M. C.; PARKER, R. (Orgs.). *Conjugalidade e AIDS: a questão da sorodiscordância e os serviços de saúde.* Rio de Janeiro: Associação Brasileira Interdisciplinar de AIDS, 2002.

NOVAES, S.; SALEM, T. "Recontextualizando o embrião", in: *Estudos Feministas,* n.1 , p. 95, 2000.

OLIVEIRA, L. A. *Demandas reprodutivas e a assistência às pessoas vivendo com HIV/AIDS: limites e possibilidades no contexto dos serviços de saúde especializados.* São Paulo, Programa de Metodologia de Pesquisa em Gênero, Sexualidade e Saúde Reprodutiva. Núcleo de Estudos de População (NEPO). Universidade Estadual de Campinas, 2002.

PARKER, R.; EASTON, D.; KLEIN, C. "Structural barriers and facilitators in HIV prevention: a review of international research", in: *AIDS 2000,* 14 (suppl. 1), s22-s32, 2000.

PARKER, R. *Corpos, Prazeres e Paixões. A cultura sexual no Brasil contemporâneo.* São Paulo: Editora Best Seller, 2001.

PARKER, R.; AGGLETON, P. "Estigma, Discriminação e AIDS", in: *Coleção ABIA. Série Cidadania e Direitos.* Rio de Janeiro: Associação Brasileira Interdisciplinar de AIDS, 2001.

PASSARELLI, C.; SPINK, M. J. "Images of the sero-dissidence", in: *(abstract), 2nd European Conference on the Methods and Results of Social and Behavioural Research on AIDS,* volume único, p. 91, Paris, França, Rio de Janeiro, 1998.

RAXACH, J. C.; GUIMARÃES, M. "Projeto Adesão: primeiros resultados", in: *Boletim ABIA,* jan-abr., n.47. 2002.

REMIEN, R. H.; CARBALLO-DIÉGUEZ, A.; WAGNER, G. "Intimacy and sexual risk behaviour in serodiscordant male couples", in: *AIDS Care,* vol. 7, n. 4, 1995.

RIOS, L. F. "Quando o assunto é cultura sexual: um 'olhar sobre a mídia'", in: C. C. R. *Olhar sobre a mídia.* Minas Gerais: Comissão de Cidadania e Reprodução; Maza Edições, 2002.

ROHDEN, F. "Prevenção e reprodução no contexto do HIV/AIDS – Comentários", in: MAKSUD, I.; TERTO Jr., V.; PIMENTA, M. C.; PARKER, R. (Orgs.). *Conjugalidade e AIDS: a questão da sorodiscordância e os serviços de saúde.* Rio de Janeiro: Associação Brasileira Interdisciplinar de AIDS, 2002.

SAMPAIO, C. M. "A sorodiscordância na interface com o uso de drogas: uma questão em debate", in: MAKSUD, I.; TERTO Jr., V.; PIMENTA, M. C.; PARKER, R. (Orgs.). *Conjugalidade e AIDS: a questão da sorodiscordância e os serviços de saúde.* Rio de Janeiro: Associação Brasileira Interdisciplinar de AIDS, 2002.

SANTOS, N.; BUCHALLA, C.; FILLIPE, E. V. *et alli*. *Revista de Saúde Pública*. Mulheres HIV positivas, reprodução e sexualidade. Universidade de São Paulo. Faculdade de Saúde Pública, vol. 36, n. 4, suplemento, 2002.

SCOTT, J. "Gender as useful category of historical analysis", in: PARKER and AGLETTON. *Culture, Society and Sexuality: a reader*. London, UCL Press, 1999.

TERTO JR., V.; REMIEN, R.; PARKER, R., "HIV and relationships: meeting the needs and challenges for couples". Nova York/Brasil, março. Artigo não publicado, 1999.

UZIEL, A. P. "Conjugalidade, parentalidade e homossexualidade", in: *Saúde, Sexo e Educação*, ano X, n.26 e 27, 2002.

VELHO, G. *Projeto e metamorfose: antropologia das sociedades complexas*. Rio de Janeiro: Zahar, 1994.

______________. "Observando o familiar", in: *Individualismo e cultura. Notas para uma antropologia da sociedade contemporânea*. Rio de Janeiro: Zahar, 1997.

Família e homoparentalidade[1]

Anna Paula Uziel*

As transformações na família aparecem no cotidiano dos jornais, nas discussões entre amigos, nos consultórios dos psicanalistas. Sem uma definição muito clara, apesar de algum consenso, o que hoje se concebe como família é difícil de ser definido, acaba tendo que ser descrito e não constitui unidade. Consangüinidade e afinidade em geral tentam resumir os laços familiares, mas não esgotam a diversidade de composições que hoje habitam este campo. Talvez, inclusive, por uma preocupação excessiva em cercar por todos os lados o que é e o que não é família, visto que é entendida como unidade permanente da sociedade e fundamento da ordem social (Kaloustian, 1994).

Aos poucos, o que define como família vai sendo modificado. Do ponto de vista legal, no antigo Código Civil, o casamento era o que constituía e garantia a família, o que significava que filhos gerados fora do casamento não podiam ser registrados pelos pais. A Constituição de 1988 é inovadora ao conceber como família quaisquer dos pais e seus descendentes, rompendo o formato único existente anteriormente. Além disso, e em função dessas modificações, extingue a diferenciação entre

1. Essas reflexões são fruto da minha tese de doutorado, "Família e homossexualidade: velhas questões, novos problemas", defendida em fevereiro de 2002, na Unicamp.

* Professora adjunta do Instituto de Psicologia da UERJ; Pesquisadora do CLAM/IMS/UERJ, (uzielap@alternex.com.br).

os filhos, acabando com a terminologia legítimo e ilegítimo, orientada pelo estado civil dos pais. Vínculos genético e afetivo-legal ganharam mesmo estatuto e mesmos direitos.

Essas transformações apontam para a eleição de aspectos e eventos sociais que, ao longo do tempo, vêm definindo família. Há 40 anos, no Brasil, fazia sentido uma definição de família em função do estado civil dos pais; ela era única para a vida toda antes da "lei do divórcio".

As famílias recompostas frutos de recasamentos; a gravidez na adolescência levando para a casa dos avós crianças das quais os pais não podem ou não querem cuidar, confundindo muitas vezes as gerações; a dificuldade de se estabelecer profissionalmente alongando os estudos e estendendo a permanência na casa dos pais; as novas tecnologias reprodutivas a serviço não só de impedimentos de infertilidade do casal, mas respondendo a outras demandas inférteis, geram alguns dos formatos que povoam atualmente a listagem que atende pelo nome de família.

Em geral, como se pode constatar nos casos enunciados, a heterossexualidade permanece constitutiva do que se convencionou chamar de família (Chauvière, 1999), fundando um sistema que obriga as mulheres a produzirem crianças (Le Boursicot, 1999).

A formação mais comum e tradicional de família tem origem biológica fruto de uma relação sexual. Embora a adoção e as técnicas de reprodução assistida, com as particularidades de cada uma, sejam alternativas para dar início ao estabelecimento de relações de filiação, aquela proveniente de relação heterossexual é ainda a que oferece ilusoriamente maiores garantias de felicidade. Como bem destaca Fonseca (1995, p. 70), novos formatos são entendidos como exemplos de desagregação da família, em função de uma família ideal, "que corresponde curiosamente à família conjugal comum nas camadas médias". Toda a construção deste modelo, tratada por diversos autores como Ariès (1981), Donzelot (1986) e Costa (1989), é desconsiderada, quando se trata de destinar formações familiares ao descrédito e ao descaso.

A heterossexualidade colada de forma natural a este modelo imprime uma certa estranheza ao par homossexualidade-família. Esta estranheza se reduz ao temor em relação aos transtornos que a homossexualidade dos pais pode causar nos filhos, antecipando-se à estranheza que acompanha este texto, que é da propriedade em se falar de orientação sexual quando o assunto é família.

Nosso objetivo é discutir sob que aspectos a homossexualidade dos pais os afasta ou os aproxima de outros formatos de família, para se pensar na pertinência de se falar em "homoparentalidade".

Homossexualidade. E basta.

A orientação sexual, na sociedade ocidental, se mantém definidora do sujeito (Foucault, 1989), levando a conclusões, inclusive, sobre o caráter, gosto, conduta dos pertencentes a grupos minoritários, no caso, os homossexuais. Embora alguns autores (Costa, 1995; Laqueur, 1992) tenham demonstrado a invenção da homossexualidade e sua transformação em patologia, crime, pecado, cobrindo três esferas distintas em função do mais conveniente em cada época e para cada discurso, a busca de suas causas continua ocupando saberes como a Endocrinologia, a Psiquiatria e a Psicologia,[2] por mais que os órgãos reguladores dessas profissões se empenhem em dizer que não é doença, logo, não demanda tratamento ou cura.

O exercício da sexualidade é o aspecto mais considerado da vida do sujeito, quando escapa declaradamente da reprodução, e a homossexualidade – sobretudo a masculina – permanece atrelada à promiscuidade. Sem um fim mais nobre, a sexualidade encerra-se nela mesma. Movida pelo desejo e pelo prazer, parece incontrolável, não domesticável.

A incompatibilidade entre promiscuidade e família parece instalar-se nas oposições profano-sagrado, velocidade-imobilidade, ruídos-nomes, quantidade-qualidade, instabilidade-estabilidade, liberdade-obrigações, homossexualidade masculina-heterossexualidade. Se a promiscuidade demanda anonimato, rotatividade, pouco cuidado com o outro, a família define bem seus personagens, papéis a desempenhar, reconhece seus sujeitos, garantindo-lhes identidade.

Durante muito tempo não se pensava que homossexuais pudessem ou quisessem ser pais – até mesmo o desejo de estabelecer uma parceria fixa causava espanto. Apesar da existência de filhos homossexuais e de pais que se descobriam homossexuais, a temática não parecia despertar interesse. O movimento homossexual não apresentava a discussão sobre a parentalidade como bandeira, ainda hoje incipiente, tampouco o tema ganhava terreno em outras esferas.

Nos anos de 1990, depois de quase uma década da epidemia de AIDS, começou a ganhar fôlego uma discussão sobre direitos patrimoniais de companheiros do mesmo sexo, em função das mortes que começavam a ocorrer. Tratava-se também de uma discussão a respeito do reconhecimento desses parceiros como casal. Como a conjugalidade parecia ser mais tabu do que a luta pelos direitos patrimoniais, ativistas, deputados, simpatizan-

2. Ver, por exemplo, a resolução do Conselho Federal de Psicologia, de 1999, que proíbe o tratamento da homossexualidade.

tes desviaram o foco da questão em vários países. Com esta mudança estratégica foi possível, em muitos países, a conquista do reconhecimento do casal do mesmo sexo, garantindo, assim, dependendo da legislação, direitos patrimoniais, direito à adoção conjunta de crianças ou prática de reprodução assistida, direito a permanecer no país – no caso de estrangeiro – e outros benefícios.

No Brasil, embora o projeto original da então deputada Martha Suplicy, agora já modificado, ainda esteja para ser votado, conta-se com uma significativa quantidade de decisões favoráveis aos companheiros do mesmo sexo, fazendo o poder judiciário tomar a frente no que tange essa questão (Souza *et alli*, 2003).

Por mais que haja resistência de setores conservadores em admitir a legitimidade de uma relação afetiva entre homens ou entre mulheres, ainda é possível discutir, quando se trata de patrimônio. Alargar para outros direitos relativos ao casal não parece ter abertura até o momento no país. O reconhecimento da conjugalidade entre pessoas do mesmo sexo periga em reconhecimento posterior deste núcleo como família, o que parece, no Brasil, ser o inconcebível (Uziel, 2002).

Mesmo não sendo tema prioritário no movimento homossexual, um número crescente de pais que declaram sua homossexualidade convida para o debate sobre a questão. Casos emblemáticos, como o da decisão sobre o destino do filho da cantora Cássia Eller,[3] quando da sua morte, apontam para os temores e as concessões do que a sociedade é capaz de fazer. Falta discutir mais intensamente,[4] no entanto, se há especificidades na relação pais e filhos, em função da homossexualidade dos pais.

Olhando através, em direção, em torno... Afinal, o que define a homoparentalidade?

Em 1997 o termo francês "homoparentalité" foi cunhado pela APGL[5] e sua tradução por homoparentalidade tem sido utilizada no Brasil.

Em primeiro lugar, é importante ressaltar que a orientação sexual não aparece na legislação brasileira em relação à filiação. Isso significa dizer

3. Quando da morte repentina da cantora Cássia Eller, o destino de seu filho causou comoção no Rio de Janeiro e em todo o país. A companheira dela, reconhecida por Chicão como "mainha", disputou sua guarda com o avô da criança. A imprensa enfatizava a preferência do público pela guarda ser concedida a Eugênia. O direito de Eugênia e a preferência do menino por ficar com ela foram fundamentais para a decisão final.
4. No campo psicanalítico francês houve, no final dos anos de 1990, em função da aprovação do PACS, (Pacte Civil de Solidarité), um intenso debate sobre parentalidade por pessoas do mesmo sexo, que não vamos reproduzir aqui, por escapar ao objetivo do texto.
5. *Association de parents et futurs parents gays et lesbiens* (Associação de pais e futuros pais gays e lésbicos).

que nenhuma sanção jurídica pode ser imposta em função da homossexualidade do sujeito; pelo contrário, pode ser enquadrada como discriminação, o que, desde a Constituição Federal de 1988 – embora orientação sexual não apareça descrita como forma de discriminação – pode levar à aplicação de punição.

Voltando à questão jurídica, nem o juiz da vara de família pode decidir sobre a guarda dos filhos em casos de separação, alegando a orientação sexual dos pais, nem o juiz da infância e juventude pode ser contrário a uma adoção em função da homossexualidade do candidato a pai ou mãe. No entanto, dois artigos do Estatuto da Criança e do Adolescente podem dar margem a variadas interpretações no que tange à questão:

> (...) não se deferirá colocação em família substituta a pessoa que revele por qualquer modo incompatibilidade com a natureza da medida ou não ofereça ambiente familiar adequado (art. 29);
>
> (...) a adoção será deferida quando apresentar reais vantagens para o adotando e fundar-se em motivos legítimos (art. 43).

A incompatibilidade e a falta de reais vantagens podem sustentar argumentos dos técnicos – psicólogos, assistentes sociais e operadores do Direito (juízes, promotores, defensores públicos) – se o intuito for afastar homossexualidade e família.

Le Boursicot (1999) levanta como particularidades da filiação homoparental as seguintes questões: a) a impossibilidade da biologia, no caso de se tratar de alguém que não se disponha a ter relações sexuais com o sexo oposto; b) um casal homossexual, em princípio, estaria excluindo a possibilidade de descendência, daí a pertinência em se perguntar se haveria "vocação"[6] para se constituir uma família; c) o Direito deve conceder uma filiação biologicamente impossível?; e, por último, d) a filiação jurídica pode se abstrair tanto assim da realidade biológica?

Examinaremos cada uma dessas questões, refletindo sobre as implicações que têm sobre a homoparentalidade e o que a faz ser diferente de outras formas de estabelecimento de relação de parentalidade – se é que isso acontece.

Em relação à impossibilidade da biologia, falamos também de falta de continuidade genética. A importância da biologia é traduzida de várias formas, desde a comparação das fotos dos filhos ou netos com a de familiares para a constatação de semelhanças físicas, até a explicação para caráter, inteligência ou traços de personalidade. A interrupção genética significa a ferida de não se perpetuar e de não ser capaz de gerar alguém à sua semelhança. Nada em relação a este aspecto é restrito a homossexuais. Se por um lado trata-se de um casal infértil,

6. A palavra foi utilizada como no original.

esta infertilidade pode acontecer também em um casal heterossexual em que cada um é fértil separadamente, mas alguma incompatibilidade se dá quando da junção.

Tradicionalmente casais homossexuais não tinham filhos, a parentalidade também não aparecia como desejo ou reivindicação; se estava presente de forma pouco clara na esfera privada, na pública não aparecia. Ao fazer a "opção" pela homossexualidade, automaticamente as pessoas se distanciavam do método de reprodução familiar em vigor (Cadoret, 1999).

A vocação para a maternidade ou paternidade, para aqueles que acreditam nela, não é herança genética, mas algo desenvolvido ao longo da vida do sujeito, marcada por suas experiências boas e ruins. O fato de a biologia não participar do processo não serve de comprovação de que as outras esferas devam se reduzir a ela.

Segundo Cadoret (1999), um dos incômodos gerados pela homoparentalidade é que ela coloca em questão a adequação ilusória entre procriação e parentesco/filiação, já que os pais das crianças não formam um casal procriativo. Um casal heterossexual fora da idade reprodutiva, por essa lógica, não deveria ter direito a adotar uma criança.

O Direito e a Medicina são, em nossa sociedade, os saberes, as instituições reguladoras da capacidade reprodutiva e atuam exatamente nos casos que escapam aos procedimentos chamados naturais. O fato de ser uma instância reguladora não lhes concede poder de juiz para determinar quem está apto a gerar, educar, amar na relação entre pais e filhos em todas as situações. Essas duas instituições entram exatamente quando se excedeu ao padrão, quando algo não funcionou, motivos suficientes para justificar sua participação. Neste sentido, não há como justificar a utilização de critérios da biologia em situações das quais ela não participa. O desafio é criar parâmetros para se pensar a relação de parentalidade para além do biológico. Resumindo, a impossibilidade biológica não pode servir como justificativa para algo que é do plano moral, social.

Ainda neste mesmo raciocínio, dessa dissociação pertinente e necessária pode-se justificar a abstração em relação à realidade biológica. Sabe-se que embora laços genéticos sejam intrínsecos à reprodução e estejam presentes na maior parte das relações de parentalidade, não são garantia de felicidade. Pistas para se entender a condição de estabelecimento de uma relação entre pais e filhos sugerem o desejo como articulador da relação.[7]

Como é possível constatar, a homoparentalidade reúne situações diversas de fato e de direito, como qualquer outra prática parental, e o que nos faz reuni-las sob uma única rubrica é a orientação sexual dos pais, que escapa ao plano

7. Para uma discussão mais aprofundada sobre a dimensão do desejo, ver Mougin-Lemerle, 1999, e Guyomar, 1999.

relacional estabelecido entre gerações, que não trata dos laços de afeto responsáveis pela constituição da relação de parentalidade, a qual pressupõe convivência, integração, afinidade.

Ainda no plano das diferenças e das semelhanças, outro aspecto que pode causar estranheza nos casos de homoparentalidade masculina é a ausência da mãe. O que se sobressai neste caso não é a homossexualidade do pai, mas a paternidade sem a maternidade, o que concerne a todos os homens que optam ou se vêem na condição de pais sem uma companheira ou mãe da criança.

Estratégias e desamparos

Falamos em famílias monoparentais. Nesse caso, a referência é a quantidade de pais responsáveis pela educação dos filhos. Falamos em famílias recompostas. Também nesse caso, falamos da forma como se compõem, como se constituem. Ambas as denominações respondem a padrões que escapam ao modelo do qual falamos, que pressupõe dois – pai e mãe –, um casamento entre essas duas pessoas e filhos gerados a partir desse encontro.

Qual é a entidade responsável pela designação da orientação sexual como categoria relevante para a parentalidade? Por que é necessário se prender à orientação sexual dos adultos no exercício da parentalidade?

Parece ser a anormalidade atribuída à homossexualidade somada à diferenciação cristalizada entre os gêneros que transforma a homoparentalidade em objeto a ser estudado.

Se, por um lado, falar em homoparentalidade pode ser estratégico, no sentido de esta realidade ganhar visibilidade, por outro seria ratificar uma diferença, cuja importância não se mostra claramente, quando o foco são as relações familiares, ou a "capacidade" ou a "disponibilidade" de alguém para o exercício da parentalidade.

Como em nossa sociedade a homossexualidade não passa despercebida, não há o que dizer sobre os filhos não perceberem o desejo, a preferência dos pais por pessoas do mesmo sexo. Tampouco buscamos aqui discutir impasses, mitos, medos a respeito do cuidado de crianças por duas pessoas do mesmo sexo. Trata-se, no entanto, de discutir se convém criar esta categoria ou se seria mais conveniente, mais desejável, utilizar as categorias existentes, mais do que suficientes para estigmatizar, segregar, conferir significados, condutas, crenças àqueles que delas compulsoriamente participam.

Em função do que pudemos analisar, não há nada, nos planos levantados, que seja estritamente pertencente à categoria homoparental, alguma especificidade que demandasse um nome próprio. Nome próprio que, em vez de conceder singularidade, parece oferecer um lugar preestabelecido àqueles que se dispuserem a se enquadrar.

Referências bibliográficas

ARIÈS, Philippe. *História social da criança e da família*. Rio de Janeiro: Guanabara, 1981.

CADORET, Anne. "Figures d'homoparentalité", in: GROSS, Martine (Dir.). *Homoparentalités, état des lieux*. Paris: ESF, p. 169-173, 1999.

CHAUVIÈRE, Michel. "Le familialisme face à l'homoparetalité", in: GROSS, Martine (Dir.). *Homoparentalités, état des lieux*. Paris: ESF, p. 95-108, 2000.

COSTA, Jurandir Freire. *Ordem médica e norma familiar*. Rio de Janeiro: Graal, 1989.

DONZELOT, Jacques. *A polícia das famílias*. Rio de Janeiro: Graal, 1986.

FONSECA, Claudia. "Amor e família: vacas sagradas da nossa época", in: *Família em processos contemporâneos: inovações culturais na sociedade brasileira*. São Paulo: Cortez, 1995.

FOUCAULT, Michel. *História da sexualidade 1. A vontade de saber*. Rio de Janeiro: Graal, 1989.

GROSS, Martine e BAILLEAU, Francis. "Prelude à deux voix, des co-parents pour un colloque", in: GROSS, Martine (Dir.). *Homoparentalités, état des lieux*. Paris: ESF, p. 11-18, 1999.

GUYOMAR, Patrick. "A ordem da filiação", in: ALTOÉ, Sonia (Org.). *Sujeito do Direito, Sujeito do Desejo: Direito e Psicanálise*. Rio de Janeiro: Revinter, p. 65-71, 1999.

KALOUSTIAN, Silvio M. (Org.). *Família Brasileira. A base de tudo*. Brasília: Cortez/UNICEF, 1994.

LAQUEUR, Thomas. *La fabrique du sexe. Essai sur le corps et le genre en Occident*. Paris: Gallimard, 1992.

LE BOURSICOT, Marie-Christine. "De la filiation vraisemblable à la filiation impossible", in: GROSS, Martine (Dir.). *Homoparentalités, état des lieux*. Paris: ESF, p. 21-27, 2000.

MOUGIN-LEMERLE, Régine. "Sujeito do Direito, Sujeito do Desejo", in: ALTOÉ, Sonia (Org.). *Sujeito do Direito, Sujeito do Desejo: Direito e Psicanálise*. Rio de Janeiro: Revinter, p.1-15, 1999.

SOUZA, Francisco L.; LOPES, José Reinaldo L.; LEIVAS, Paulo Gilberto C.; RIOS, Roger Raupp. *A justiça e os direitos de gays e lésbicas. Jurisprudência comentada*. Porto Alegre: Nuances/ Editora Sulina, 2003.

UZIEL, A. P. "Família e homossexualidade: velhas questões, novos problemas". Tese de Doutorado (Doutorado em Ciências Sociais), Unicamp, Campinas, 2002.

Parte 2

Juventude e geração

Performando a tradicionalidade: geração, gênero e erotismo no candomblé do Rio de Janeiro

Luís Felipe Rios*

O que se denomina sexual, seus sentidos e suas implicações não se restrigem à vida privada. Os valores relativos às orientações sexuais, preferências eróticas e inserções de gênero circulam na sociedade e são matizados em diferentes subculturas e grupos. No momento das interações, comunidades e pessoas agenciam diferentes aspectos do socialmente disponível: buscam acionar os elementos certos em suas performances verbais e corporais a fim de mais bem se enquadrarem nas regras do jogo – isso a depender de interesses, implicando de que forma comunidades e/ou pessoas querem ser percebidas em um dado campo de forças (Cf. Rubin, 1993 e 1998; Vance, 1995; Parker, 1991 e 2000; Lancaster, 1999; Foucault, 1993; Altman, 2000; entre outros).

---

* Psicólogo e Mestre em Antropologia. Doutor em Saúde Coletiva (IMS/UERJ). Professor da Universidade Federal de Pernambuco (UFPE). Este trabalho foi realizado no âmbito do VI Programa em Metodologia de Pesquisa em Gênero, Sexualidade e Saúde Reprodutiva – NEPO/UNICAMP. Agradeço a Leandro da Silva Bastos pela colaboração, sempre disposto a acompanhar-me noite afora pelo campo e a compartilhar das minhas reflexões sobre a cultura sexual dos candomblés. Também quero agradecer pela colaboração a todos os que fizeram o VI Programa em Metodologia acima referido, em especial à Professora Daniela Knauth. As reflexões e críticas surgidas naquele importante espaço de troca e aprendizagem permitiram aprofundar e "dar caminho" a várias questões empíricas e analíticas de extrema importância para desvelar a lógica da cultura sexual dos terreiros. Também não posso deixar de agradecer ao Professor Richard Parker, sempre disposto à escuta e à reflexão; e a Ivia Maksud e a Anna Paula Uziel, pelas leituras e sugestões.

No caso do campo religioso afro-brasileiro, o funcionamento não é diferente. Ainda que a literatura venha mostrando a aceitação tácita das formas não-normativas de sexualidades nas comunidades-terreiro (Fry, 1982; Segato, 1995; Teixeira, 1987; Birman, 1995 e 1997; Rios, 1997 e 1998), o fato é que a hierarquização das sexualidades, dos gêneros e dos prazeres continua a operar e a dar sentido às relações, tanto entre os adeptos, naquelas que se estabelecem dentro de um dado terreiro, como entre as diferentes casas de santo. Assim, pensando em contribuir para a discussão sobre a relação entre culturas sexuais e poder, neste artigo busco desvelar a lógica de agenciamentos de identidades grupais (comunidades-terreiro) quando o modo como as preferências (homo)eróticas são expressas pelos gêneros é elemento diacrítico para qualificar e hierarquizar os terreiros.

Políticas identitárias: umbandas, candomblés... jejes, efons, ketus... tradicionais, outros... de veadeiro...

De fato, o campo religioso afro-brasileiro é mesmo plural. E nem quero me aprofundar muito nas questões relacionadas às autonomias relativas das casas de santo, ou aos trajetos religiosos de seus babalorixás e yalorixás[1] que vão reinventando tradições a cada nova interação que se estabelece, o que faz com que, em certa medida, cada terreiro se constitua como "feudo" de seu (sua) senhor(a).

Embora estas constantes metamorfoses e reinvenções estejam intrinsecamente ligadas às questões identitárias e à imputação de graus de tradicionalidade (o termômetro qualificativo das casas de santo, determinante, entre outros fatores, dos fluxos de afiliação), por ora o que quero enfocar é mesmo o valor das sexualidades neste campo. Ainda assim, preciso listar, para além do mundo sexual, as principais formas de categorização com que os sistemas de entendimento da vida sexual dialogam, em um processo que matiza e significa frações do campo.

No Rio de Janeiro encontrei, como formas de religiões afroderivadas, o candomblé e a umbanda, que dialogam entre si, com outras religiões (católica, evangélicas e neopentencostais, entre outras) e com as várias instituições da sociedade abrangente. Focando nos terreiros de candomblé, é possível identificar várias formas de categorizações; entre elas, e talvez a mais importante, as das nações,[2] onde o campo se reparte em ketus, jejes, efons, ijexas etc. Cada uma dessas nações é caracterizada por especificidades nos ritos, divindades cultuadas, linguajar, vestes.

1. Pais e mães-de-santo, os sacerdotes supremos das religiões afro-brasileiras.
2. Referência aos grupos tribais africanos de onde vieram os negros formadores dos candomblés brasileiros.

Com essa divisão inicial, e a depender de que lado do campo religioso se está, se articulam outras categorizações.[3] Logo no início, nos primeiros contatos, quando circulava entre representantes da primeira geração do candomblé carioca, identifiquei no mínimo duas outras formas de categorizar o campo: a primeira destas categorizações divide o campo entre "tradicionais" e "outros"; a segunda o divide entre "candomblé de veadeiro"[4] e "candomblés tradicionais".

O que os meus informantes do ketu têm classificado como "outros" são todos aqueles terreiros que não podem se referendar (ou cujas referências são suspeitas) pelas casas matrizes baiano-cariocas, sejam ketus ou de outras nações. Ao mesmo tempo, esses terreiros se caracterizam por uma maior flexibilidade em relação a coisas do santo (são mais chegados às reinvenções nos ritos e à inclusão de elementos próprios à modernidade na temporalidade "tradicional").[5]

Vale também ressaltar que "veadeiro", embora não se confunda necessariamente com "outros", muitas vezes com ele se articula na performance discursiva dos adeptos no momento de se qualificar um dado terreiro. Freqüentemente um candomblé de veadeiro também se caracteriza como "outro"; contudo, a inversa não é necessariamente verdadeira. Além disso, volto a enfatizar, naquele momento de minha inserção no campo, além de circular entre os ketus, estava "do lado" dos que se consideram (e são reconhecidos no campo como) os mais "tradicionalistas", por estarem mais próximos das matrizes do candomblé baiano (e carioca). Era com eles que conversava sobre a ordenação do campo.

Assim, recordo-me de certo dia quando, em um dos momentos de xoxação,[6] falávamos sobre um terreiro considerado financeiramente "próspero", ainda que o pai-de-santo fosse muito novo – em torno de 21 anos, conforme os comentários. Meus interlocutores relatavam a ida da mãe-de-santo a uma festa, talvez a da própria "dona da cabeça" do jovem babalorixá. Falavam da fartura de comes e bebes, embora tivessem restrições ao que aconteceu em termos de ritual. E gostaram tanto (a mãe-de-santo e suas parentes consangüíneas, que compõem a alta hierarquia do terreiro) que lá voltaram poucos dias depois para o aniversário do jovem sacerdote. As restri-

3. Neste sentido, vale assinalar que estive, na maior parte do trabalho de campo, pesquisando entre as comunidades ketus diretamente ligadas às casas consideradas matrizes do candomblé baiano-carioca (Casa Branca, Gantois, Opó Afonjá etc.). Isso implica que a minha visão estará marcada pela própria visão que estes têm sobre o campo em que interagem.

4. De veados – homossexuais.

5. Para uma discussão da oposição moderno/tradicional conferir Guiddens (2000).

6. Fofoca.

ções dizem respeito, sobretudo, ao uso da tecnologia durante os rituais, tais como a colocação de um telão para que as pessoas que não tivessem acesso ao barracão pudessem acompanhar os festejos do lado de fora do terreiro, na rua. Além disso, ao uso de máquinas fotográficas e filmadoras, que são absolutamente interditadas nas casas tradicionais, ao menos no momento em que as divindades estão "viradas".[7]

Mas, logo que a "alta corte" saiu de perto do grupo em xoxação, os comentários ganharam outro caminho: questionavam a presença da própria mãe-de-santo naquele terreiro de "veadeiro". "As festas mais parecem uma boate gay, um monte de veado dando 'pinta'[8]; (...) quase não se vê baianas no xirê."[9] (*sic*) Diziam que ela "queimava sua imagem" comparecendo em um terreiro "daqueles", além de dar reconhecimento a um terreiro e a um pai-de-santo não devidamente qualificados.

O terreiro do jovem babalorixá, visitado pela venerável matriarca, é um daqueles classificados ao mesmo tempo como "outros" e como "candomblé do veadeiro". Lá a modernização e a visibilidade da homossexualidade dos homens caminham juntas; lá o que aparentemente era a "cidade das mulheres" (Landes, 1964) se revela como a cidade dos homens (Rios, 1997), valendo ressaltar: dos "homens-sexuais".

Ainda neste sentido, vale lembrar da festa de Yemanjá no dia dois de fevereiro na Praça XV e das Águas de Oxalá, no início de janeiro, na Igreja do Bonfim, próxima ao Cemitério do Caju, ambas acontecendo no Rio e referenciadas pelas respectivas festas populares soteropolitanas. Momentos em que o candomblé vai às ruas, e o dito "veadeiro" aparece em público. Nesses momentos, a impressão que fica é que todo o candomblé do Rio quase que se reduz ao "veadeiro" – eles vão em maior número que as mulheres dos terreiros tradicionais. Além disso, suas performances rituais (uso de roupas, adornos, gestuais) permitem que suas identidades de gênero/sexualidade/erotismo sejam "claramente identificáveis"[10] a partir dos padrões da sociedade abrangente e para qualquer um (candomblezista ou não), uma vez que usam de artefatos e códigos gestuais considerados como próprios ao feminino, tanto lá como cá. A assertiva do senso comum do "candomblé como coisa de bicha" parece se corroborar nestes momentos.

É importante destacar que nas casas tradicionais, os ditos "veados" também estão presentes, seja enquanto *rodantes*[11] ou *ogãs*.[12] A questão é a for-

7. Em transe.
8. Trejeitos femininos exagerados.
9. Roda de dança.
10. Associação entre feminilidade/passividade/homossexualidade.
11. Capazes de experienciar o transe.
12. Homens iniciados que não experimentam o estado de transe: são os tocadores e sacrificadores de animais.

ma como agenciam e performam suas identidades de sexualidade-erotismo-gênero: mais sujeitados à hierarquia da casa e ao que é prescrito em termos de gênero para cada categoria sacerdotal. Nestes terreiros a alta hierarquia é normalmente formada por mulheres. Nessas casas os homens têm, na maior parte das vezes, quando no momento público da festa, menor possibilidade de expressar suas orientações sexuais por meio das "coisas do santo", como roupas, colares, performance corporal na dança etc. *Mutatis mutandis*, uma codificação muito mais sutil aparece nestes terreiros para "dar caminho" aos desejos e *pegações*[13] dos homens.

Ora, uma primeira consideração que podemos fazer a partir da curta descrição aqui apresentada é que a homossexualidade, no seu modo de se expressar via "feminilidade" (coisas do santo) parece ter um valor diferencial: nos terreiros de veadeiro, parece ser valor positivo; nos candomblés tradicionais, ou naqueles que almejam ser um dia assim reconhecidos, a dinâmica é bem mais complexa, e as homossexualidades precisam estar em constante controle para que nenhum deslize leve o terreiro a perder o seu *status* no campo.

Assim, querendo analisar mais precisamente como esta dinâmica se estabelece, e a fim de que o confronto e a comparação tornem explícitas contradições, recorrências e distinções, mudarei de lugar no campo. Sairei, então, do lado dos reconhecidamente tradicionais e acompanharei as angústias e jogos de agenciamentos realizados por um terreiro que almeja e luta pela tradicionalidade. Neste âmbito, o modo como a díade tempo-saber é significada pelos afro-religiosos no parentesco de santo-geração é elemento tão importante quanto o sentido atribuído aos gêneros-erotismos na qualificação dos terreiros. Vejamos mais de perto como esta dinâmica se estabelece.

Geração: "jovem de idade, velho no santo"

O terreiro "Ofá Megi"[14] está ligado a uma linhagem bastante tradicional do candomblé baiano-carioca. Seu dirigente, Pai Carlos, é bastante jovem na idade ordinária, em torno dos 30 anos, o que torna bastante complicado o seu reconhecimento pelas casas ketu tradicionais, em sua grande maioria dirigida por mulheres "velhas no santo" (superior a 40 anos de iniciadas) e na idade ordinária (acima de 60 anos). Casas de santo que, por seu turno, Pai Carlos almeja como principal referência, e das quais busca o reconhecimento.

13. Paquera.

14. Para preservar as identidades dos terreiros observados e pessoas entrevistadas, estou usando nomes fictícios.

Embora no discurso propalado pelos candomblezistas a idade de santo independa da idade biológica, na verdade estas duas idades se articulam entre si e com outros elementos no momento de se julgar um determinado sacerdote, um determinado terreiro. Vale ressaltar que a idade no santo se relaciona diretamente com a obtenção do saber (no candomblé, *fundamento*) e possui implicações de poder.

Considerando a linhagem a que estou me referindo, os ritos de iniciação e o zelo pelos orixás dos iniciados precedem, no fazer cotidiano das casas, as consultas e ebós realizados para clientes. Neste contexto, os elementos utilizados para se aferir o grau de conhecimento do sacerdote revelam-se em duas instâncias de dois âmbitos: para o público mais amplo, é na festa pública que o saber do pai-de-santo é demonstrado e aferido; para os mais próximos, relacionados à família de santo de Pai Carlos (sua linhagem iniciática), suas performances nos ritos privados também são elementos diacríticos para o julgamento. Neste âmbito se conjugam o "saber realizar os ritos" (incluindo gestuais, fórmulas discursivas e cantigas, todas em *yorubá*[15]) e, sobretudo, o "ter uma eficácia positiva no ritual realizado" – que implica uma bela performance na festa pública *Dia do Nome*, na qual o novo iniciado é apresentado à comunidade mais ampla. E um pós-ritual cheio de progresso ou, ao menos, sem eventos fatalísticos: perdas em qualquer sentido.

Aqui, e para que se possa entender a complexidade que envolvem o saber-fazer do candomblé e o lugar do pai/mãe-de-santo na sua passagem, vale abrir um parêntese e salientar que no terreiro de Pai Carlos é explicitamente colocado que o transe não deixa a pessoa totalmente inconsciente. Há, sim, perda de controle corporal pela pessoa, passando o corpo para o domínio do orixá. Conforme comentários dos iniciados, além dos movimentos de braços e pernas, o controle dos sentidos (sobretudo audição e visão) também passa ao comando do santo – e se alterna no decorrer do transe e a depender do esforço feito pelo fiel para ter o domínio da situação, entre uma maior ou menor apreensão da realidade ao derredor. Contudo, quanto mais esforço é feito para se ter o controle da situação, mais desgaste físico e mental é imputado ao *elegun*[16] incorporado. O ideal é deixar-se "cavalgar" livremente pelo santo. Esta concepção parece ser recorrente em outros terreiros, ainda que não explicitamente formulada, onde o que se apregoa é a total inconsciência.

Este fato pode ser relacionado à necessidade de um certo treinamento das danças dos orixás pelos seus filhos em estado de vigília, de forma que facilitem a "aclimatação" santo-pessoa. A suspeição recorrente de *ekê* (falsidade do transe) e as recorrentes críticas às performances públicas dos orixás, geralmente por membros de outros *ilê-axé*, também caminham neste registro.

---

15. Língua de origem africana.

16. Cavalo, médium.

Não obstante, é de se notar que a possibilidade da consciência parcial do adepto, enquanto o orixá cavalga o seu corpo, em nada nega o sentido religioso do transe e, em última instância, a crença nos orixás. A esse respeito, uma de minhas entrevistadas relatou que quando "o santo chega nas primeiras vezes, a pessoa tem vontade de sair dançando, gesticulando, de forma descontrolada"; muitas vezes o descontrole é tanto que o orixá joga o seu filho no chão, deixando-o horas desfalecido – estado conhecido como "bolação", um pedido do orixá para que seu filho seja iniciado. Minha entrevistada prossegue dizendo que aos poucos o candomblé vai adestrando, "dando caminho" ao santo. O santo e o adepto vão aprendendo a se portar quando da incorporação, a dançar de modo certo ao som de cada toada e ritmo (cf. Prandi, 1991).

Por tudo isso, e voltando aos elementos utilizados para se aferir o grau de competência e de tradicionalidade do Pai Carlos, considerando-se ainda o número de orixás (cerca de 16) e suas várias *qualidades,*[17] as diferentes cantigas a eles relacionadas e os "atos" a elas referidos, podemos afirmar que são amplos os saberes-saber e saberes-fazer que um pai/mãe-de-santo deve dominar. Qualquer deslize na passagem desse saber prático, que se concretiza para o público na performance do orixá incorporado, pode levar o sacerdote a perder pontos no julgamento de seus pares.

Neste quesito, o Pai Carlos é bastante elogiado: é comum ouvir referências a ele como uma pessoa que canta muito bem um xirê e que sabe os "pés de danças" (os "atos") dos santos. Também nos rituais internos, os *experts* no assunto dão nota máxima à sua competência ritualística, religiosa, teológica.

Ainda assim, sua idade ordinária poderia ser questionada, sobretudo em concorrência com a idade biológica, articulada ao tempo de santo das *velhas* sacerdotisas das casas tradicionais. Como diz o ditado, que é muito certo nas casas de candomblé, "o diabo sabe não porque é diabo, mas porque é velho...". Como resposta a isso, Pai Carlos aciona os seus trinta anos de vida como trinta anos de vivência no candomblé: é filho de pai-de-santo e, além de tudo, sua mãe biológica foi iniciada quando de sua gravidez. Ainda bebê, teve suas obrigações realizadas.

Relata que embora tenha divergido da conduta religiosa de seu pai carnal, e hoje não tenha com ele mais contato, acompanhou de perto sua época próspera como sacerdote afro-brasileiro, presenciou a feitura de inúmeros de seus filhos, raspou e realizou obrigações em vários outros, desde criança. Tudo isso é agenciado e realçado de forma positiva em seu "currículo" de santo. Os trinta e poucos anos de vida se transformam, portanto, em trinta e poucos anos de santo.

17. Tipos ou aspectos dos santos.

Da geração ao gênero: ou quando o corpo envelhecido das mulheres performa saber

Ressalto, entretanto, que a performance pública não se restringe aos santos apresentados no barracão, mas comporta, também, o alto-clero que deve compor a casa de santo: *ebomis*,[18] *ekedis*[19] e *ogãs*; e também os mais novos: *yaôs*[20] e *abians*.[21]

No caso do alto-clero, além do Pai Carlos, Pai Marco (o pai pequeno) e Mãe Conceição (a mãe pequena) temos um conjunto de mulheres (em torno de 10) com mais de 50 anos, todas muito bem vestidas e com o devido porte no salão, ainda que algumas delas tenham tomado obrigações de sete anos há pouco tempo.

A obrigação de sete anos encerra o ciclo iniciático que começa no momento da "feitura".[22] Passando de *abian* a *yaô*, o filho-de-santo pode dançar e vestir seu santo nas festas públicas; usa deloguns (conjuntos de fios de conta, nas cores dos seus principais orixás, reunidos e atados por firmas) e vários outros fios de conta, além do mocam (colar trançado em palha-da-costa), para marcar o seu *status* de "feito".[23] Com um e três anos, outros rituais que complementam o de iniciação são realizados, mas o *status* de yaô (esposa mais nova) se mantém.

De yaô a ebomi, nova transformação é feita nos artefatos, além de o filho (agora com o *status* de pai/mãe) poder passar a ocupar um lugar na roda central, mais próxima ao ari-axé[24] do terreiro, durante as festas.[25] Após a obrigação de sete anos, não há mais marcadores em artefatos para se sinalizar o envelhecimento no santo, só o saber-saber e saber-fazer (no candomblé, *fundamento*) a serem adquiridos e performados no dia-a-dia.

Assim, o envelhecimento do corpo das mulheres, conjugado à idade de santo, expressa pelas vestes próprias às ebomis, e seus locais na roda de dança, performam senioridade no santo, ao mesmo tempo em que escamoteiam a real

18. Mais velhos no santo: pessoas que completaram o ciclo iniciático com a obrigação de sete anos cumprida.
19. Iniciadas do sexo feminino que não experimentam o estado de transe.
20. Iniciados.
21. Filhos-de-santo aguardando a iniciação.
22. Iniciação.
23. Iniciado.
24. Centro do salão de dança, onde está fixada a força/axé do terreiro.
25. Com a obrigação de sete anos, artefatos que marcam o *status* de *mais velho* podem ser utilizados: as mulheres podem passar a usar bata por cima do "camisu", os fios de conta ganham outra conformação, os panos de cabeça são amarrados de forma diferente das yaôs. De fato, diz Pai Carlos, esta é a última das obrigações formais do candomblé. Depois desta, as outras (14, 21 etc.) são agrado aos orixás e à cabeça, não sendo tão fundamentais. Com a obrigação dos sete anos, o iniciado, idealmente, já pode caminhar com suas próprias pernas e, se tiver escrito em seu destino, abrir o seu próprio terreiro.

idade de santo destas mulheres. De outro modo, o conjunto de mulheres ebomis/maduras no salão dá a impressão de se estar em um terreiro mais antigo do que realmente é (o Ilê Asé de Pai Carlos tem em torno de 11 anos de existência). O certo é que, para os que estão afastados do cotidiano da casa, aquele conjunto de mulheres bailando no xirê tem mais que sete...

Santo mulher na cabeça de homem: abrindo caminho para o "veadeiro"...

No caso dos yaôs, o jogo performático apresentado nas festas destina-se a agenciar e articular bem mais questões de gênero e erotismo que de idade e geração. Um primeiro ponto a ser assinalado é a relação numérica entre homens e mulheres na roda de dança: um homem para cinco mulheres. A meu ver, este fato, articulado com outros eventos da ordem das políticas de gênero e sexualidade/erotismo, também está a serviço de se fazer percebido como tradicional, em contraposição a ser percebido como um "outro qualquer", e/ou, sobretudo, como um candomblé do "veadeiro".

Nesta linha, Pai Carlos não raspa orixás femininos em cabeça de homem, tão pouco os veste com saia (no caso do segundo santo e de visitas). Pai Carlos não desconsidera a possibilidade de este fenômeno acontecer (iabá[26] na cabeça de homem), contudo como modo de manter afastados alguns adés[27] que, segundo ele, "só procuram os terreiros para 'montar nos orixás' e fazer os seus shows" e que, muitas vezes, – prossegue – "trazem problemas para as casas de santo sérias". Ele prefere estabelecer esta norma e pede que a pessoa procure outro local para se iniciar ou zelar o santo. Quanto a raspar santos masculinos em cabeça de mulher, Pai Carlos não vê nenhum problema.

Este foi o caso de um rapaz que, sendo de Iansã, procurou o Pai Carlos para dar obrigação de 7 anos. Embora Pai Carlos não tenha de pronto se negado a realizar o ritual, o informou que em sua casa os santos femininos são vestidos com bombachos. Fato que fez com que o dito rapaz (20 anos) logo desistisse do intento. Em conversa anterior, ele havia dito que a roda da saia de uma das roupas de sua Iansã não passaria na porta do ronkó.[28]

O rapaz foi identificado por todos como a típica "bicha quaquaqua"[29] que freqüenta os candomblés. Conforme os comentários, ele faz da incorporação um modo de chamar atenção do público para ele. Em uma das festas, pude observar este tipo de performance: embora não tenha sido permitido

26. Rainha. Orixá feminino.
27. Homossexuais que usam da feminilidade para marcar suas orientações de sexualidade/erotismo.
28. Quarto de santo.
29. Homossexuais que exageram nas performances feminilizadas para chamar a atenção das pessoas e demarcar suas orientações eróticas.

que sua santa dançasse, o fato de "virar"[30] várias vezes durante a festa, constantemente sendo recolhido ao quarto de santo para "desvirar", e a gestualidade exagerada da Iansã, sobretudo no jicá (comprimento corporal), no momento em que o santo se volta para, de costas para o quarto e de frente para o público, entrar no ronkó, acenam para um ekê.[31]

Por essas e outras, Pai Carlos não vê com bons olhos santo mulher na cabeça de homem. Afirma que acha muito difícil a "aclimatação" orixá-pessoa nesses casos. Se a pessoa é muito tímida, não dá possibilidade para o desvelamento da "entidade" em sua feminilidade; se a pessoa se deixar de fato ser conduzida pelas vontades do santo, e ainda que seja uma pessoa séria, poderá ser percebida pelos "outros" como realizando ekê. Sobretudo quando se trata de Iansã, uma santa de muita volúpia quando incorporada e, recorrentemente, dizem as "más línguas" do santo, utilizada pelos veados quaquaqua para as suas performances *fechativas* (cf. Birman, 1995 e 1997; Rios, 1997).

Ainda mais – lembro – quando todos sabem que, de fato, o transe é algo sob perene suspeita: estar ou não com o santo é questão de crença que precisa ser, a cada ritual, demonstrada por atos (passos de dança, incorporar nos momentos certos, gestualidade e postura etc.) e, eventualmente, os recados deixados pelos orixás.

Assim, se há a necessidade de ter filhos jovens e feitos no barracão, que se esmeram na aprendizagem e na execução da dança dos orixás (Birman, 1997), todo cuidado é pouco para que as performances destes não sejam percebidas como mera encenação, sobretudo quando realizadas por homens e quando se tem como "júri" as poderosas yalorixás – estejam elas de corpos presentes ou representadas por seus informantes, as redes são acionadas e as notícias se espalham.

No mesmo registro, também devem ser mantidas a seriedade (atenção para com o uso do lúdico-grotesco,[32] comuns no dia-a-dia das casas) e a austeridade nos dias de festa pública, no trato com as visitas e na roda de dança. No caso dos filhos-de-santo homens, as "cantadas" e "paqueras", também comuns nos terreiros, devem ser terminantemente evitadas. Quando chegam das visitas, devem ser polidamente ignoradas.

---

30. Entrar em transe.

31. Falso transe.

32. Tomei de empréstimo de Bakhtin (1996) esta expressão, a fim de descrever o funcionamento do sistema erótico (Parker, 1991) apresentado nos terreiros. Preponderante no cotidiano, este brinca com os signos e sentidos do gênero e da sexualidade, redescrevendo-os numa lógica que tem nos corpos, prazeres e transgressões elementos-chave (cf. também Parker, *op. cit.*). Vale pontuar os mecanismos que usa para provocar o riso, que transmuta os fenômenos do cotidiano em prazer discursivo: a carnavalização do mundo, a conversão do sagrado em objetos de burla e de blasfêmia, e, sobretudo, a ênfase na vida material e na vida corporal (imagens do corpo, da bebida, da comida, da satisfação de necessidades naturais e da vida sexual). Através deste regime de imagens, ditos e ritos, o povo de santo ritualizaria, na degradação e na materialização, a fertilidade, o crescimento e a superabundância; se renovaria, brincando e gargalhando do instituído, alargando os limites do mundo vivido.

Nesse cenário, talvez para os que estejam localizados do lado do "veadeiro", a macumba[33] de Pai Carlos deixe a desejar com tanta restrição de espaço às incorporações em homens de usos e costumes, vestes, performances e orixás femininos. Em outras palavras, por uma certa desvalorização da homossexualidade sinalizada pelas coisas do santo. Por outro lado, o babalorixá obedece a uma regra compartilhada entre os reconhecidamente tradicionais na esperança de que a "harmonia" e o "conjunto" agradem às "mokotonas"[34] do ketu baiano-carioca.

Um passo atrás: de volta à hierarquia das (homos)sexualidades

Para quem pensava tratar-se o candomblé de um "paraíso das bichas", vale destacar que a coisa não funciona bem assim. Como tentei mostrar, o campo é extremamente fragmentado e os sentidos da homossexualidade variam. Neste contexto, o modo de os fiéis performarem suas homossexualidades por meio dos gêneros vai ser matizado pela posição de suas comunidades religiosas no campo religioso e, sobretudo, para onde estas comunidades "olham" em busca de reconhecimento (tradicionalidade). No caso dos ketus, ainda que as sexualidades não normativas sejam aceitas, as pessoas precisam adequar suas performances a determinados roteiros, que tendem a coibir (mas não a apagar) uma certa visibilidade homossexual via feminilidade. Ao que parece, os sacerdotes não querem ver suas casas remetidas ao "veadeiro" e denegridas em suas presumidas tradicionalidades.

O erótico, ainda conceitualizado por muitos como do âmbito da vida privada, se revela na etnografia aqui apresentada como determinado por normas e regras sociais e públicas (ainda que muitas vezes não explícitas discursivamente) e, para ganhar expressão, se revela dependente da mediação das políticas da sexualidade e do gênero. No momento das interações, comunidades e pessoas agenciam diferentes aspectos do socialmente disponível, buscando acionar os elementos certos em suas performances verbais e corporais a fim de mais bem responderem aos seus próprios interesses na relação que estabelecem com seus interlocutores.

Por tudo isso, quero sugerir que, em certa medida, o preconceito e a discriminação em relação às homossexualidades, hegemônicos na sociedade abrangente, ainda que metamorfoseados e atenuados, alcançam o mundo do terreiro, engendrando as relações e seus sentidos; delimitando espaços e poderes; reificando, ainda que de um modo muito particular, a cultura sexual da opressão que tem caracterizado a sociedade brasileira.

---

33. Termo utilizado para se referir de modo genérico às religiões afro-brasileiras e, em especial, aos momentos de festa.

34. As velhas matriarcas do candomblé.

Referências bibliográficas

ALTMAN, D. "Sex and Political Economy", in: *Sexuality and social change: an agenda for research and action in the 21st. Century*. Rio de Janeiro, 2000 (mimeo).

BAKHTIN. *A cultura popular na Idade Média e no Renascimento: o contexto de François Rabelais*. São Paulo; Brasília: HUCITEC/Edunb, 1996.

BIRMAN, P. *Fazendo estilo criando gênero*. Rio de Janeiro: Relume Dumará, 1995.

____________. "Futilidades levadas a sério: o candomblé como uma linguagem religiosa do sexo e do exótico", in: VIANA, H. *Galeras cariocas: territórios de conflitos e encontros culturais*. Rio de Janeiro: Ed. da UFRJ, 1997.

FOUCAULT, M. *História da sexualidade I: a vontade de saber*. Rio de Janeiro: Graal, 1993.

FRY, P. *Para inglês ver: identidade e política na cultura brasileira*. Rio de Janeiro: Zahar, 1982.

GIDDENS, A. *O mundo em descontrole*. Rio de Janeiro: Record, 2000.

HALL, S.; JEFFERSON, T. *Resistance through rituals*. London: Huchinson, 1976.

LANCASTER, R. "'That we should all turn queer?': Homosexual stigma in the making of manhood and the breaking of a revolution in Nicaragua", in: PARKER, R. e AGGLETON, P. (Eds.). *Culture, society and sexuality: a reader*. London: UCL, 1999.

LANDES, R. *A cidade das mulheres*. Rio de Janeiro: Civilização Brasileira, 1967.

PARKER, R. *Corpos, prazeres e paixões: a cultura sexual no Brasil contemporâneo*. São Paulo: Best Seller, 1991.

____________. *Na contramão da AIDS: sexualidade, intervenção, política*. Rio de Janeiro: Editora 34/ABIA, 2000.

PARNDI, R. *Os candomblés de São Paulo*. São Paulo: HUCITEC-EDUSP, 1991.

RIOS, L. "Lôce lôce, metá rê-lê! Homossexualidade e transe(tividade) de gênero no candomblé de nação". Recife: UFPE, 1997. (Dissertação de Mestrado em Antropologia.)

____________. "O cabaré de Júlia Galega: uma abordagem do corpo-lúdico nas festas de jurema", in: *Repertório: teatro e dança*. n. 1. Salvador: Ed. Universitária, 1998.

____________. "Quando o assunto é cultura sexual: um olhar sobre a mídia", in: CCR (Org.). *Olhar sobre a Mídia*. Comissão de Cidadania e Reprodução e Maza Edições, Belo Horizonte, 2002.

RUBIN, G. *O tráfico de mulheres: notas sobre a "economia política" do sexo*. Recife: SOS Corpo, 1993.

____________. "Thinking sex: notes for a radical theory of the politics of sexuality", in: NARDI, P. e SCHNEIDER, B. (Orgs.). *Social perspectives in lesbian and gay studies: a reader*. London: Routledge, 1998.

SEGATO, R. *Santos e daimones*. Brasília: Editora da UNB, 1995.

TEIXEIRA, M. "Lorogun: identidades sexuais e poder no candomblé", in: MOURA, M. *Candomblé, desvendando identidades*. Rio de Janeiro: EMW, 1987.

VANCE, C. "A Antropologia redescobre a sexualidade: um comentário teórico", in: *Physis: Revista de Saúde Coletiva*, v. 5, n. 1, Rio de Janeiro: IMS-UERJ/Relume-Dumará, 1995.

VOGUEL, A., MELLO, J. e BARROS, J. *A galinha d'angola: iniciação e identidade cultural afro-brasileira*. Rio de Janeiro: Pallas/EDUFF, 1993.

Gravidez na adolescência: interfaces entre gênero, sexualidade e reprodução

Maria Luiza Heilborn*

Este artigo trata de dar as linhas gerais de uma investigação na área de saúde coletiva sobre a temática dos comportamentos sexuais e reprodutivos dos jovens brasileiros. A pesquisa "Gravidez na adolescência: estudo multicêntrico sobre jovens, sexualidade e reprodução no Brasil"[1] adota uma perspectiva biográfica, combinando técnicas qualitativas e quantitativas, e constituiu um banco de dados que reúne um total de 123 entrevistas abertas e 4.364 questionários fechados de jovens de 18 a 24 anos, residentes nos municípios de Porto Alegre, Rio de Janeiro e Salvador (a coleta de dados foi concluída em janeiro de 2002). A investigação, fundada em uma perspectiva de reconstrução da história de vida, propõe explorar as formas pelas quais os comportamentos sexuais-afetivos e reprodutivos interagem com acontecimentos ocorridos nas esferas escolar, profissional e

* Antropóloga, Professora Adjunta do Instituto de Medicina Social UERJ.

1. O projeto "Gravidez na adolescência: estudo multicêntrico sobre jovens, sexualidade e reprodução no Brasil" (Pesquisa GRAVAD) foi elaborado originalmente por Maria Luiza Heilborn (IMS/UERJ), Michel Bozon (INED, Paris), Estela Aquino (MUSA/UFBA), Daniela Knauth (NUPACS/UFRGS) e Ondina Fachel Leal (NUPACS/UFRGS). O trabalho é realizado por três centros de pesquisa: Programa em Gênero, Sexualidade e Saúde do IMS/UERJ, Programa de Estudos em Gênero, Mulher e Saúde do ISC/UFBA e Núcleo de Pesquisa em Antropologia do Corpo e da Saúde da UFRGS. O grupo de pesquisadores compreende Maria Luiza Heilborn (coordenadora), Estela Aquino, Daniela Knauth, Michel Bozon, Ceres G. Victora, Fabíola Rohden, Cecília McCalum, Tania Salem e Elaine Reis Brandão. O consultor estatístico é Antonio José Ribeiro Dias (IBGE). A pesquisa é financiada pela Fundação Ford e conta com o apoio do CNPq.

conjugal dos jovens, consideradas as distintas condições de vida da juventude brasileira. Ela concebe o estudo da gravidez na adolescência subordinando o critério etário ao quadro analítico mais amplo da aprendizagem e da experimentação da sexualidade com parceiro. Tendo por concepção o conceito de juventude como processo e não grupo etário, propõe-se a avaliar os desdobramentos de uma gravidez ou parentalidade ocorrida no período da adolescência. E, entre outros objetivos, busca a proposição de indicadores longitudinais que possam interpretar o fenômeno da gravidez na adolescência segundo os contextos sociais em que ela ocorre, redimensionando assim o tom hegemônico na saúde pública que confere dimensões alarmistas a um "problema social". Não se trata de dizer de maneira simplista que o problema não existe, mas sim de propor uma leitura sociológica sobre os condicionantes sociais do fenômeno, descrevê-los e acentuar sua profunda conexão com o lugar que a sexualidade ocupa na transição juvenil em direção à construção de si. Há que se mencionar, ainda, que o exercício da sexualidade no contexto da sociedade brasileira não se encontra plenamente dissociado da reprodução (cf. o caso contrário – o francês – Lê Van, 1998).

As abordagens sobre a gravidez na adolescência no Brasil compartilham, em geral, as noções de "problema" e de "risco", a da supremacia do fator idade frente ao fator condições sociais e uma identificação simples entre gravidez na adolescência e as mães adolescentes, pobres e solteiras. Está presente um deslizamento semântico entre gravidez na adolescência e parentalidade, o que subestima a magnitude da "gravidez na adolescência" porque desconsidera os casos de aborto (espontâneo ou provocado). Entre os riscos sociais, existe o pressuposto de que a gravidez na adolescência conduz ao abandono escolar e a uma precária inserção no mercado de trabalho, acarretando a transmissão intergeracional da pobreza. Alguns trabalhos críticos assinalam que a evasão escolar de moças e dos rapazes seus parceiros antecede ao engravidamento. É o horizonte social limitado que torna o projeto de maternidade/paternidade antecipado uma alternativa razoável para os jovens. Outro elemento comum nas investigações diz respeito a uma relação determinística entre iniciação precoce e reprodução, que cumpre ser testada de modo mais complexo.

Descrição da pesquisa Gravad

A pesquisa "Gravidez na adolescência: estudo multicêntrico sobre jovens, sexualidade e reprodução no Brasil" (GRAVAD) é uma investigação na área de saúde coletiva sobre a gravidez na adolescência e de suas conseqüências para as trajetórias biográficas de jovens. Tem por objetivos: a) descrever as trajetórias afetivo-sexuais associadas a eventos ligados à reprodução, seja a contracepção, seja a ocorrência de gravidez; e, b) correlacionar os eventos referentes à vida privada com uma ordem de acontecimentos que têm lugar em diferentes dimensões da vida dos jovens, a saber, a esfera escolar e a do trabalho (cf. Galland, 1992 e 1995; Pais, 1993), a partir da premissa de que a sucessão de eventos ocorrida em uma dessas esferas mantém uma relação complexa com a ordem de acontecimentos presentes em outras dimensões da vida. A abordagem biográfica da pesquisa permite discutir os chamados *efeitos* de uma gravidez na adolescência, sua possível interrupção e, sobretudo, os perfis diferenciados dessa etapa da vida conforme o gênero e a inserção dos jovens em diferentes classes sociais (Heilborn, 1998a e 1998b).

A pesquisa opera com um deslocamento da faixa etária "adolescente". Os entrevistados são jovens de 18 a 24 anos, isto é, pertencentes a uma faixa etária ligeiramente superior àquela definida pela Organização Mundial de Saúde como adolescente (10 a 19 anos), o que pela reconstrução das trajetórias afetivo-sexuais da adolescência permite descrever os desdobramentos de uma possível gravidez. Em segundo lugar, foi entrevistado um número igual de indivíduos de ambos os sexos, em razão da importância conferida ao tema da sexualidade e do gênero para a compreensão dos fenômenos ligados à reprodução.

Em termos técnicos, a investigação compreendeu uma etapa qualitativa de entrevistas (n. 123) em profundidade e um procedimento quantitativo: um *survey*, mediante amostra domiciliar, realizado em três capitais brasileiras – Porto Alegre, Rio de Janeiro e Salvador (n. 4.364), com jovens de ambos os sexos.[2] A pesquisa qualitativa – baseada em entrevistas (N=123, 41 entrevistas por cidade), efetuada em 1999-2000 – foi construída segundo uma amostragem respeitando quotas de sexo, de categoria social (classe média *vs.* classe popular) e experiência reprodutiva (com filho antes de 20 anos *vs.* sem filho antes de 20 anos). Essas entrevistas permitiram *aperfeiçoar as hipóteses iniciais* da pesquisa, além de terem sido utilizadas *a título exploratório* na construção do questionário quantitativo.

Em razão da complexidade e do caráter pouco linear dos históricos escolares e profissionais, os questionários foram estruturados a partir da trajetória

2. Salienta-se que a pesquisa não visou a população brasileira em seu conjunto, limitando-se a três grandes cidades – Salvador, Rio de Janeiro e Porto Alegre –, situadas em regiões com características muito diferentes (Nordeste, Sudeste e Sul). Assim, no Estado da Bahia, aproximadamente metade das pessoas de 20 a 24 anos tem menos de 4 anos de escolaridade, o que é somente o caso de 20% de jovens dos Estados do Rio de Janeiro ou do Rio Grande do Sul. O Estado do Rio Grande do Sul é o único no qual a proporção de mulheres que utilizam pílula anticoncepcional é mais elevada do que a proporção de mulheres esterilizadas, ao contrário do que acontece nos dois outros. As rendas *per capita* são mais elevadas no Estado do Rio de Janeiro. Em termos étnicos, o Estado do Rio Grande do Sul caracteriza-se por uma população majoritariamente branca relativamente ao Estado da Bahia.

afetivo-conjugal (incluindo a sexualidade), relacionando os principais eventos às situações escolares, profissionais e residenciais dos jovens (Heilborn *et alli*, 2002a e 2002b). Assim, pergunta-se sobre a primeira relação sexual, a primeira relação amorosa de mais de três meses, a primeira vida de casal, a primeira separação de casal, a primeira gravidez, o primeiro filho, o primeiro ano depois do nascimento, o primeiro aborto. Foram abordadas igualmente a relação amorosa atual, a última gravidez, a última relação sexual, a última relação com um parceiro ocasional. As questões sobre a prática da contracepção ou o uso de preservativos são sempre colocadas com referência a relacionamentos ou a relações sexuais precisas, das quais se podem descrever o contexto e os protagonistas.

O sorteio da amostra para a etapa que utiliza inquérito por questionários (N=4.364) foi realizado da seguinte maneira (Bolfarini e Bussab, 1994): os setores censitários das três cidades foram estratificados em quatro grupos, em função de sua composição social. O sorteio aleatório de setores foi efetuado sobre-representando o setor mais favorecido, que é também o menos numeroso. Nestes setores, executou-se uma contagem/varredura das moradias compreendendo jovens de 18 a 24 anos, seguida de um novo procedimento aleatório de escolha dessas moradias. Foi realizado um piloto (N=223) para a testagem de todos os procedimentos de campo e adequação do instrumento em setembro de 2001. O inquérito populacional foi conduzido de outubro de 2001 a janeiro de 2002.

Gravidez na adolescência: do que trata a literatura

A gravidez na adolescência deve ser enquadrada na cena da rápida transição demográfica brasileira, em curso desde meados dos anos de 1960, e caracterizada no final da década de 1990 por uma redução expressiva da taxa de fecundidade ao nível da reposição das gerações e pelo aumento da taxa do uso de contracepção (BEMFAM, 1999; Camarano, 1998a). Entre 1965 e 1995, a fecundidade declina de quase seis crianças por mulher para um pouco mais de duas (Berquó, 1998). A fecundidade adolescente, ao contrário, vem aumentando sua participação relativa na fecundidade total, passando de 7,1% em 1970 para 14,1% em 1991, considerando-se que a fecundidade nos demais grupos etários declinou no período analisado. O fato de a fecundidade adolescente ir na direção inversa da transição demográfica gera o aumento de sua visibilidade, e tem propiciado a interpretação do fenômeno, acompanhando uma tendência internacional, como problema social (Heilborn *et. alli*, 2002b).

A representação contemporânea da gravidez na adolescência resulta do concurso de pelo menos três modalidades de discurso que foram progressivamente construindo o campo (Reis, 1993). A cada entrada de novos especialistas na cena correspondem inflexões discursivas no que concerne às determinações, conseqüências e também à modalidade de risco que dela decorre (Brandão, 2001; Heilborn *et. alli*, 2002a). Assim, quando o discurso biomédico foi sucedido, nos anos de 1970, pelo psicológico, a ênfase nos perigos advindos de uma gravidez "precoce" para a saúde materno-infantil cede espaço aos riscos psicossociais, condensados na categoria de "imaturidade psicológica" das adolescentes (Stern e García, 1999). A partir dos anos de 1980, surge aditivamente um arrazoado sobre as conseqüências nefastas acarretadas pela GA (gravidez na adolescência) no contexto social. Argumenta-se que o incremento das famílias monoparentais chefiadas por mulheres implica o agravamento da pobreza dessas unidades domésticas (Luker, 1994), redundando no aumento da delinqüência e da criminalidade. O abandono escolar por parte das mães adolescentes e sua decorrente inserção precária no mercado de trabalho são também invocados para caucionar a tese de que, se a GA não instaura uma situação de marginalidade social e econômica, ela certamente a agrava (Schor *et alli*, 1998).

As abordagens de cunho sociodemográfico no Brasil compartilham certos fundamentos sobre a gravidez na adolescência, definindo-a como um problema social. Versão homogênea, associada às noções de "problema" e de "risco" (Calazans, 2000) e construída por meio de uma identificação simplificadora entre gravidez na adolescência e as mães adolescentes, pobres e solteiras, as quais passam a ser encaradas como a população-alvo de uma ação profilática. Essa identificação acarreta uma dupla ocultação: a dos pais adolescentes e a dos diferenciais de classe. Com efeito, o conhecimento acerca dos pais adolescentes é limitado (Lyra, 1998) e, quando muito, apreendido por meio da percepção de suas parceiras. Silenciar sobre diferenças no modo de as classes sociais lidarem com a gravidez na adolescência também reforça a versão redutora que se tem do fenômeno. Os discursos dominantes sobre a gravidez na adolescência compartilham a excessiva ênfase no fator "idade" (Monteiro, 1998), ao qual é dado supremacia em relação às condições sociais que conformam o problema. Deve-se considerar, por último, a identificação corrente entre gravidez na adolescência e parentalidade ou gestação levada a termo. Esse deslizamento semântico subestima a magnitude da "gravidez na adolescência" porque desconsidera os casos em que as gestações foram interrompidas de modo espontâneo ou provocado. Certamente, o fato de o aborto ser uma prática ilegal no país condiciona o uso corrente da categoria nessa direção e dificulta sua mensuração, mas o tema integra por direito o cenário da gravidez na adolescência.

Várias análises têm recentemente valorizado o ponto de vista dos sujeitos implicados (cf. Costa, 2002; Roland, 1994; Menezes, 1993; Desser 1993; Borges,

1999; Katz, 1999; Daadorian, 1994 e Mota, 1998). Veja-se ainda um contraponto europeu sobre o fenômeno: o contexto francês e o português tratado por Le Van (1998) e Vilar e Gaspar (1999), respectivamente, que discordam da qualificação genérica da GA como não desejada, tipificando várias possibilidades de ocorrência do fenômeno. A gravidez na adolescência desponta como uma questão de reconhecimento social – um projeto de vida – ligada à lógica de inserção social das garotas em quatro instâncias: trabalho-escola, família, relação conjugal, ambiente extrafamiliar. Também está presente a hipótese de que numerosas gravidezes são desejadas, funcionando como um rito de iniciação à idade adulta. A gravidez, sem ser planejada pelo casal, é assimilada não só pela jovem, mas pelo parceiro, por familiares, por amigos. Esse processo de assimilação é gradual e estaria conectado aos valores associados à infância, à feminilidade e a relações de gênero. A importância da maternidade e da constituição de uma família, sobretudo nos meios populares, dá acesso a um estatuto adulto. Assim, mesmo quando a gravidez ocorre por acidente (falha de método), ela apenas adianta-se aos planos futuros do casal ou da moça, embora estivesse presente em um horizonte próximo. Em geral, os envolvidos recusam o aborto e, apesar da pressão familiar, experimentam sensação de felicidade.

Concluindo, a preocupação social que provoca a gravidez na adolescência na sociedade brasileira da virada do século XXI é, sem dúvida, mais o resultado das mudanças macrossociais do que o efeito do desenvolvimento de um fenômeno novo e específico. Um novo ideal de desenrolar da juventude emergiu. De acordo com a nova sensibilidade, é possível manter uma vida sexual na adolescência, contanto que não seja reprodutiva. A vida de casal deve ocorrer mais tarde, no momento da obtenção de um primeiro emprego. Neste novo ideal, a gravidez na adolescência aparece como desviante e mesmo socialmente perigosa.

Ao tratar o fenômeno da gravidez na adolescência inserindo-o em um campo analítico mais amplo – o da sexualidade, do gênero e da juventude – consideradas as distinções de classe, a pesquisa Gravad permite ressaltar a heterogeneidade de experiências sob o rótulo "gravidez na adolescência". O tema da *aprendizagem e da experimentação da sexualidade com parceiro* é valorizado e condensa os pressupostos da teoria da construção social da sexualidade, que tem por mérito valorizar as condições socio-históricas do que é definido como sexual, bem como de enquadrar a experiência nessa esfera da vida dentro de uma perspectiva ampla de interações sociais complexas, na qual intervêm as expectativas de gênero (a partir do sexo anatômico do indivíduo), as redes sociais para encontro de parceiros, os valores relativos à sexualidade num dado contexto, a ação de agências socializadoras como escola, família e religião.

Certamente, em função desses temas, o do Gênero destaca-se fortemente, devido sua estreita e inarredável relação com a sexualidade (Heilborn, 1993).

As análises acerca da sexualidade têm assinalado o profundo imbricamento do gênero como guia de constituição das experiências e marco dos valores que norteiam os sujeitos nessa esfera da vida (Bozon e Leridon, 1993). Entre elas se encontram aquelas que tomam o tema da carreira afetivo-sexual (Gagnon e Simon, 1973; Bozon e Heilborn, 1996) como um procedimento confiável de correlacionar as representações que os sujeitos exprimem sobre a esfera sexual e o plano das condutas. Esse estilo de análise encontra um bom exemplo de diálogo em estudos demográficos por meio da análise de biografias (Jaspard, 1997; Messiah e Mouret-Fourme, 1993). Pesquisas quantitativas sobre sexualidade são um campo pouco explorado no Brasil, com a exceção do inquérito *Pesquisa sobre comportamento sexual e percepções da população brasileira sobre HIV/AIDS* (Ministério da Saúde, SAS-PNDST/AIDS), ao passo que são mais correntes em termos internacionais (Lauman *et alli*, 1994; Spira, 1993; Lagrange e Lhomond, 1998). Do ponto de vista das ciências sociais voltadas para a análise da saúde, torna-se imperativo não restringir o sexual à dimensão reprodutiva, salientando a dinâmica das convenções culturais e do enquadramento social sobre as formas lícitas e ilícitas do exercício da sexualidade (Loyola, 1994; Hawkes, 1996). Nesse sentido, os temas preferenciais da demografia como fertilidade e nupcialidade adquirem um nova dimensão quando incorporam a dimensão da sexualidade de maneira menos evasiva.

Perspectivas da análise para a iniciação sexual

As trajetórias de vida coletadas em um instrumento quantitativo podem ser analisadas a partir de uma perspectiva longitudinal, que incorpora a dimensão da temporalidade na evolução dos acontecimentos de um ciclo de vida (Courgeau e Lelièvre, 1990). Essa abordagem, distinta da mais tradicional em demografia – a transversal – possui uma afinidade mais intensa com os procedimentos de análise qualitativa, que buscam recuperar o sentido ou uma direção e correlacionar os eventos ocorridos entre diferentes esferas da vida dos indivíduos.

O trabalho futuro de análise deverá contemplar as seguintes etapas: a) descrição das configurações de iniciação sexual, que possam permitir a construção de indicadores; b) descrição do perfil sociodemográfico peculiar a cada um desses modos de iniciação sexual; c) articulação entre os modos de iniciação sexual com os desdobramentos da trajetória sexual, afetiva e reprodutiva durante a juventude; d) integração analítica das configurações relativas à entrada na sexualidade adulta, possibilitadas pelo banco quantitativo com descrições densas, oriundas das pistas oferecidas pelo material qualitativo da pesquisa Gravad.

Desse modo, o objetivo colocado em torno deste tema é o de poder construir perfis de iniciação sexual e analisar suas vinculações a trajetórias, comportamentos, tipos de biografias sexuais posteriores. Em outras palavras, almeja-se investigar as circunstâncias em que ocorre a iniciação sexual e, a partir da construção de dados estatísticos afins, poder questionar em que medida tais indicadores podem ser utilizados como preditivos de comportamentos sexuais e reprodutivos posteriores. Este tipo de procedimento já foi realizado por alguns pesquisadores (De Coninck e Godard, 1990; Bozon, 1993). A premissa subjacente é a de que um evento biográfico se vincula ao futuro de um sujeito de diversas maneiras, podendo significar uma bifurcação ou uma inflexão decisiva que orienta o futuro, delimitando o campo de possibilidades. Outras pesquisas já demonstraram que a iniciação sexual precoce ou mais tardia está ligada a comportamentos fundamentalmente diferentes entre os indivíduos (Lagrange e Lhomond, 1997). Nesse sentido, a iniciação sexual vem a se constituir em um calendário específico para análise, em que podem ser examinados, por exemplo, o decurso de tempo que a interpõe frente à primeira união. Propõe-se uma exploração sobre o peso relativo do gênero e da classe social na delineação de trajetórias sexuais-conjugais, buscando-se padrões. Note-se que a análise preliminar dos dados da pesquisa Gravad aponta para o fato de que é muito pouco expressiva a iniciação sexual com parceiros da mesma idade e com o mesmo grau de experiência, configurando ainda um estilo de experimentação da sexualidade em que se espera do parceiro algum grau de conhecimento distinto daquele que se possui. São raros os casos de iniciação sexual compartilhada, isto é, em que ambos os jovens se iniciam ao mesmo tempo. Um outro traço significativo diz respeito ao fato de que a diferença de classe entre o universo masculino, cuja entrada na sexualidade adulta se dá antes do que a sua contraparte feminina, não apresenta diferenças significativas na idade mediana. Este traço faz com que se possa propor, como interpretação que prevalece no país, uma ideologia de gênero no tocante à masculinidade de peso significativo, de modo que outras circunstâncias sociais interfiram pouco no delineamento do início da sexualidade com parceiro. Vale dizer que entre as moças esse perfil sofre significativa variação.

No cenário da iniciação sexual intervêm elementos importantes que enquadram a idade do primeiro relacionamento sexual com um contexto mais geral de formação de valores relativos à sexualidade e ao seu modelamento em relações mais ou menos formalizadas (namoro, "ficadas", conjugalidade). Um desses traços é uma certa configuração cultural que trata o início da vida sexual sob o signo de um acontecimento que ocorre de maneira mais ou menos imprevista. Os sujeitos, quando interrogados (nas entrevistas em profundidade), insistem que o ato sexual aconteceu sem muita preparação, sobretudo entre as mulheres. O tema do preparo/despreparo da iniciação sexual articula-se de modo sensível com o tema do planejamento contraceptivo e da proteção diante das doenças sexualmente transmissíveis. Constata-se em algumas sociedades (como a francesa, por exemplo, ver Lagrange e Lhomond, 1997) que pessoas bem preparadas para a entrada na vida sexual (do ponto de vista da expectativa do acontecimento ou do aspecto da anticoncepção, por exemplo) mantêm este tipo de comportamento ao longo de sua trajetória. Assim, a conduta relativa ao planejamento – em amplo sentido – do início da vida sexual tem desdobramentos que se traduzem em planejamentos futuros da vida reprodutiva. Entretanto, a premissa em torno da possibilidade de predição de comportamentos sexuais e reprodutivos ulteriores não é sempre verdadeira, pois há, igualmente, sociedades ou grupos sociais específicos em termos de cultura em que a primeira relação sexual tem circunstâncias particulares como o caráter de "espontâneo" e imprevisto (Luker, 1996; Dadoorian, 1994) e pouco tem a ver com eventos biográficos posteriores na esfera sexual-conjugal dos sujeitos. Deve-se notar, contudo, que no caso do primeiro relacionamento sexual dois terços dos jovens inquiridos no *survey* Gravad utilizaram preservativo e nota-se nesse sentido um sucesso relativo das campanhas de esclarecimento sobre HIV/AIDS. Contudo, no decorrer do relacionamento, essa cautela, que tem repercussões claras no tocante a evitar gestações, é abandonada.

Os elementos até o momento disponíveis em termos de literatura nacional (DHS/BENFAM, 1997) assinalam que no Brasil, apesar de uma iniciação sexual desprotegida, a entrada em estado de união faz com que mudanças se produzam em termos de trajetórias contraceptivas. A elaboração de um indicador capaz de traduzir trajetórias contraceptivas é uma maneira de romper com uma análise simplista de que a contracepção reduz-se ao tema do acesso ou não à informação. A escolha do tratamento do tema da contracepção em termos de trajetórias (seqüência de eventos e seus contextos) é esclarecedora das mudanças que ocorrem nessa esfera da vida. Sabe-se que dois elementos são significativos para essas inflexões: o tipo de parceiro, decisivo para a tomada da decisão contraceptiva (com isso, a não utilização da contracepção na primeira relação sexual não prediz o seu não-uso no momento atual da vida de um sujeito) e a duração de um relacionamento com presença de filho, os quais parecem desempenhar um papel importante em prol de uma mudança na contracepção. Portanto, não são os ditos argumentos racionais ou de saúde, mas os de *caráter relacional* são os preponderantes para o perfil contraceptivo. Trata-se, assim, de propor uma ruptura com a lógica psicossocial hegemônica na interpretação sobre o uso de contraceptivos no país e adotar uma de caráter mais socioantropológico em que a entrada na sexualidade com parceiro e a configuração das relações de gênero permitam explicar de modo mais complexo o fenômeno da gravidez na adolescência no país.

Referências bibliográficas

BEMFAM. *Brasil: Pesquisa Nacional sobre Demografia e Saúde 1996*. Rio de Janeiro: BEMFAM, 1997.

________. *Adolescentes, jovens e a Pesquisa Nacional sobre Demografia e Saúde. Um estudo sobre fecundidade, comportamento sexual e saúde reprodutiva*. Rio de Janeiro: BEMFAM, 1999.

BERQUÓ, E. "Quando, como e com quem se casam os jovens brasileiros", in: *Jovens acontecendo na trilha das políticas públicas*. Brasília: Comissão Nacional da População e do Desenvolvimento, 1998, vol. 1. p. 93-107.

BOLFARINI, H.; BUSSAB, W. O. "Elementos de Amostragem". 11º SINAPE, Belo Horizonte, MG, 1994.

BOZON, Michel. "L'entrée dans la sexualité adulte: le premier rapport et ses suites", in: *Population*, ano 48, n. 5. p.1.317-1.352, 1993.

BOZON, M.; HEILBORN, M. L. "Les caresses et les mots: initiations amoureses à Rio de Janeiro et à Paris", in: *Terrain*, Paris, n. 27, 1996.

BOZON, M.; LERIDON, H. "Les constructions sociales de la sexualité", in: *Population*, Paris, n. 5, p. 1.173-1.196, 1993. (Traduzido para uso didático no Programa de Metodologia de Pesquisa em Gênero, Sexualidade e Saúde Reprodutiva, IMS/UERJ.)

BRANDÃO, E. R. "Gravidez na adolescência: juventude contemporânea e laços familiares", 2001. Projeto de Tese (Doutorado em Saúde Coletiva) – Instituto de Medicina Social, Universidade do Estado do Rio de Janeiro, Rio de Janeiro.

CALAZANS, G. "Cultura adolescente e saúde: perspectivas para investigação", in: OLIVEIRA, M. C. (Org.). *Cultura, adolescência e saúde: Argentina, Brasil e México*. Campinas: Consórcio de Programas em Saúde Reprodutiva e Sexualidade na América Latina. CEDES/COLMEX/NEPO-UNICAMP, p. 44-97, 2000.

CAMARANO, A. A. "Fecundidade e anticoncepção da população jovem", in: *Jovens acontecendo na trilha das políticas públicas*, Brasília: CNPD, vol. 1, p. 109-133, 1998a.

________________. "Fecundidade e anticoncepção da população de 15-19 anos", in: VIEIRA, E. M., *et alli* (Orgs.). *Seminário gravidez na adolescência*. São Paulo: Associação Saúde da Família, p. 35-46, 1998b.

COSTA, T. J. N. M. "Histórias que merecem ser ouvidas e contadas: uma abordagem da gravidez em adolescentes de 10 a 14 anos", 2002. Dissertação (Mestrado em Saúde Coletiva) – Instituto de Medicina Social, Universidade do Estado do Rio de Janeiro, Rio de Janeiro.

COURGEAU, D.; LELIÈVRE, E. "L'approche biographique en démographie", in: *Revue Française de Sociologie*, jan.mar., XXXI-1, 1990.

DADOORIAN, D. "A gravidez desejada em adolescentes de classes populares", 1994. Dissertação (Mestrado em Psicologia) – Pontifícia Universidade Católica do Rio de Janeiro, Rio de Janeiro.

De CONINCK, F.; GODARD, Francis. "Les fórmes temporelles de la causalité", in: *Revue Française de Sociologie*, n. 1, 3-53, 1990.

DESSER, N. A. *Adolescência sexualidade e culpa. Um estudo sobre a gravidez precoce nas adolescentes brasileiras*. Rio de Janeiro: Ed. Rosa dos Tempos/Edunb, 1993.

GAGNON, J.; SIMON, W. *Sexual conduct: the social sources of human sexuality*. Chicago: Aldine, 1973.

GALLAND, O. *Sociologie de la jeunesse*. Paris: Armand Collin, 1992.

HAWKES, G. *A Sociology of Sex and Sexuality*. Open University Press, 1996.

HEILBORN, M. L. "Gênero e Hierarquia: a costela de Adão revisitada", in: *Revista Estudos Feministas,* Rio de Janeiro, CIEC/ECO/UFRJ, vol. 1, n. 1, 1993.

______________. "Gravidez na adolescência: considerações preliminares sobre as dimensões culturais de um problema social", in: VIEIRA, E. M., FERNANDES, M. E. L., BAILEY, P.; MCKAY, A. (Orgs.). *Seminário Gravidez na Adolescência,* Saúde do Adolescente – Ministério da Saúde, Projeto de Estudos da Mulher/Family Health International, Associação Saúde da Família, Rio de Janeiro, p. 23-32, 1998a.

______________. "A primeira vez nunca se esquece: trajetórias sexuais masculinas" in: *Revista Estudos Feministas,* Rio de Janeiro: IFCS/UFRJ, vol. 6, n. 2., p. 394-405. 1998b.

______________. "Construção de si, gênero e sexualidade", in: _____ (Org.). *Sexualidade: o olhar das ciências sociais.* IMS/UERJ. Rio de Janeiro: Editora Zahar, p. 40-59. 1999.

______________. *et alli* "Aproximações socioantropológicas sobre gravidez na adolescência", in:. *Horizontes Antropológicos,* Porto Alegre, n. 17, p.54-87, 2002a.

______________. *et alli* "Por uma abordagem socioantropológica dos comportamentos sexuais e reprodutivos da juventude no Brasil: a construção da pesquisa Gravad", 2002b. (mimeo).

HEILBORN M. L.; BRANDÃO, E. R. "Ciências sociais e sexualidade", in: HEILBORN, M. L. (Org.) *Sexualidade. O olhar das ciências sociais.* Rio de Janeiro: Jorge Zahar, p.7-17, 1999a.

JASPARD, M. *La sexualité en France.* Paris: Éditions La Découverte, 1997.

KATZ, R. A. "Adolescentes e maternidade: um destino, um problema, uma escolha?" in: Dissertação (Mestrado em Saúde Pública) – Escola Nacional de Saúde Pública, Rio de Janeiro, 1998.

LAGRANGE, H.; LHOMOND, B. *L'entrée dans la sexualité.* Paris: Découverte, 1997.

LAUMANN, E. *et alli. The social organization of sexuality. Sexual practices in the United States.* Chicago: The University of Chicago Press, 1994.

LE VAN, C. *Les grossesses à l'adolescence: normes sociales, réalités vécues.* Paris: L'Harmattan, 1998.

LOYOLA, M. A. *AIDS e sexualidade: o ponto de vista das ciências sociais.* Rio de Janeiro: Relume Dumará/UERJ, 1994.

LUKER, K. *Dubious conceptions. The politics of teenage pregnancy.* Cambridge, Harvard University Press, 1996.

LYRA, J. *A construção social da invisibilidade dos pais adolescentes nos dados demográficos.* Caxambu: ABEP, 1998. Trabalho apresentado no XI Encontro Nacional de Estudos Populacionais.

MELO, A. V. *Gravidez na adolescência: uma nova tendência na transição da fecundidade no Brasil.* Caxambu: ABEP, 1996. X Encontro Nacional de Estudos Populacionais.

MENEZES, M. I. C. B. B. "A gravidez e o projeto de vida. Uma análise das adolescentes grávidas das camadas populares", 1993. Dissertação (Mestrado em Psicologia Social) – Pontifícia Universidade Católica de São Paulo, São Paulo.

MESSIAH, A. e MOURET-FOURME, E. "Homosexualité, bisexualité. Éléments de sociobiographie sexuelle", in: *Population,* ano 5, p. 1.353-1.380, 1993.

MINISTÉRIO DA SAÚDE. *Documento preliminar sobre gravidez na adolescência.* Seminário para elaboração de diretrizes e ações em sexualidade, prevenção de DST/AIDS e uso indevido de drogas para crianças e adolescentes, no período de 1998 a 2002. Fortaleza: Coordenação Nacional de DST e AIDS/MS, 1998.

MONTEIRO, D. L. M. *et alli* (Orgs.). *Gravidez na adolescência.* Rio de Janeiro: Revinter, 1998.

MOTTA, M. G. "O casal adolescente e a gravidez". Dissertação (Mestrado em Saúde da Criança e da Mulher) – Instituto Fernandes Figueira/Fundação Oswaldo Cruz, Rio de Janeiro, 1998.

PAIS, J. M. *Culturas juvenis.* Lisboa: Imprensa Nacional Casa da Moeda, 1993.

PAIVA, V. *Fazendo arte com camisinha.* São Paulo: Summus, 2000.

REIS, A. O. A. "O discurso da saúde pública sobre a adolescente grávida: avatares", 1993. Tese (Doutorado em Saúde Pública) – Faculdade de Saúde Pública, Universidade de São Paulo, São Paulo.

ROLAND, M. I. F. "A construção social do problema da gravidez na adolescência: estudo de caso sobre o campo institucional da Central da Gestante, em Piracicaba, SP", 1994. Dissertação (Mestrado em Antropologia Social) – IFCH/Universidade Estadual de Campinas, Campinas.

SCHOR, N., *et. alli. Adolescência: vida sexual e anticoncepção.* Caxambu: ABEP, 1998. XI Encontro Nacional de Estudos Populacionais.

SPIRA, A. *et alli. Les comportements sexuels en France.* Paris, La documentation Française, 1993.

STERN, C.; GARCÍA, E. "Hacia un nuevo enfoque en el campo del embarazo adolescente", in: *Reflexiones. Sexualidad. Salud y Reproducción.* México, D. F., Programa Salud Reproductiva y Sociedad, El Colegio de México, n. 13. 1999.

STERN, C.; MEDINA, G. "Adolescencia y salud en México", in: OLIVEIRA, M. C. (Org.). *Cultura, adolescência e saúde: Argentina, Brasil e México.* Campinas: Consórcio de Programas em Saúde Reprodutiva e Sexualidade na América Latina. CEDES/COLMEX/NEPO-UNICAMP, p. 98-160, 2000.

VILAR, D.; GASPAR, A. M. "Traços redondos. A gravidez em mães adolescentes", in: PAIS, J. M. (Org.). *Traços e riscos de vida. Uma abordagem qualitativa a modos de vida juvenis.* Porto: Ed. Ambar, p. 29-91, 1999.

Algumas reflexões sobre trabalhos em sexualidade e gênero com jovens em conflito com a lei

Rosalina Carvalho da Silva*

Para esta apresentação destaquei parte do trabalho de uma pesquisa que teve por objetivo avaliar metodologias participativas para promoção de saúde com ênfase na prevenção das DST/AIDS e que foram implementadas junto aos jovens internos na Fundação do Bem-Estar do Menor – Ribeirão Preto – Unidade E-3 (FEBEM–RP UE3). Para isso, selecionei alguns fragmentos de transcrições com falas e as situações nas quais elas se deram, para refletir sobre a construção dessa cultura e o lugar da sexualidade e do gênero na mesma.

As falas em discussão grupal podem ser vistas como fragmentos de relatos do eu que, como sugere Gergen (1996), permitem estabelecer identidades públicas nos rituais das relações sociais. Segundo esse mesmo autor, os relatos sobre o eu nas relações servem como meios críticos através dos quais nos fazemos inteligíveis no seio do mundo social.

Primeiramente, considero importante esclarecer a que conceito de juventude estou me referindo. Juventude não é um conceito que se defina com tranqüilidade. Como as demais épocas da vida, a juventude é uma construção social e cultural que tem sido caracterizada por seu caráter de limite entre as margens móveis da dependência infantil e a autonomia da idade adulta (Levi e Schmitt, 1996).

---

* Membro do NEPAIDS - USP.

Embora as pessoas não pertençam necessariamente a grupos etários, pois apenas os atravessam, a idade é uma das características mais utilizadas para as suas tipificações. No entanto, são os limites culturais que tratam de identificar e dar ordem e sentidos à fase da juventude que parece tipicamente como transitória. Historiadores como Levi e Schmitt (1996) afirmam que essa época de vida não pode ser delimitada claramente nem por definições jurídicas, nem por quantificações demográficas. Há, entretanto, segundo eles, uma percepção da juventude como fase, com um caráter marginal ou limítrofe que traz consigo:

> (...) significados simbólicos, de promessas e de ameaças, de potencialidades e de fragilidade nessa construção cultural, a qual, em todas as sociedades, é objeto de atenção ambígua, ao mesmo tempo cautelosa e plena de expectativas. (p. 8)

Há um olhar cruzado e ambivalente que mistura atração e desconfiança porque as sociedades constroem a juventude como um fato social e cultural intrinsecamente instável, carregado de muitos valores e usos simbólicos.

É preciso salientar, como diz Carraro (2000), que:

> (...) as sociedades complexas acenam para o jovem com possibilidades ilimitadas de informação, consumo e desenvolvimento, sugerindo o aumento da capacidade social de ação, ao mesmo tempo em que estabelecem um alto grau de controle e regulação sistêmica na produção de significados, particularmente, com os jovens oriundos das classes sociais mais desprotegidas econômica e socialmente. (p. 22)

Certamente, a mídia e a imposição de consumo têm grande responsabilidade nesse controle e nessa regulação de estilos de vida "jovem" amplamente valorizados na sociedade. E isso também ocorre em relação aos jovens pobres que vivem o drama da exclusão social e cultural.

O contexto no qual se deu a pesquisa

Desde o início da década de 1990, vínhamos trabalhando, como extensão de serviços universitários à comunidade, com promoção de saúde com ênfase na prevenção das DST/AIDS e do uso indevido de drogas junto a jovens de escolas públicas de Ribeirão Preto, interior de São Paulo. Tínhamos boas experiências com jovens que cursavam o ensino fundamental, a partir da quinta série e no ensino médio. As metodologias participativas para trabalhos grupais, que vínhamos empregando, surtiam interesse e participação desses jovens desde que se partisse dos níveis de informação e interesses por eles apresentados. Mas tínhamos dúvidas quanto à maneira de elas funcionarem com jovens excluídos desses processos formais de educação. Quando tivemos o convite para trabalhar com jovens internos da FEBEM, a primeira pergunta que nos ocorreu foi: seriam estas metodologias adequadas e bem aceitas por jovens com pouca cultura acadêmica?

Assim, planejamos um projeto de pesquisa para avaliá-las junto a uma nova população: jovens em conflito com a lei internos na unidade da FEBEM de Ribeirão Preto. Desta forma, ao mesmo tempo em que atendíamos a essa população, nos propúnhamos a avaliar esse trabalho.

O projeto "Jovens marginalizados: estratégias de clarificação de valores para promoção de saúde e Cidadania"[1] teve por objetivo avaliar metodologias participativas junto aos jovens internos na FEBEM-RP-UE3. A pesquisa foi feita em uma perspectiva metodológica qualitativa na qual se realizou a triangulação de múltiplas formas de observar, registrar e interpretar os dados do estudo. Para implementá-lo, estudantes de graduação e pós-graduação em psicologia do Departamento de Psicologia e Educação da Faculdade de Filosofia, Ciência e Letras de Ribeirão Preto – Universidade de São Paulo (FFCLRP-USP) colocaram em prática um programa com as metodologias participativas, descritas em Silva (2003), após terem passado pelo processo de formação para se tornarem coordenadores de grupos.

Um pouco do histórico da entrada na FEBEM-RP-UE3 pode ser resumido da seguinte forma: em setembro de 1997, recebemos na USP a solicitação da Diretoria da FEBEM-RP e da Promotoria Pública da Infância e Adolescência para que os trabalhos do NEPDA (Núcleo de Estudos para Prevenção das DST/AIDS e uso indevido de drogas) também fossem implantados na instituição. A primeira reação do nosso grupo, nessa reunião, foi de medo. Essa reação inicial foi quase unânime. Começamos a nos perguntar: será que a população vai se interessar pelos temas? Será que as nossas metodologias darão conta de motivar essa população? Será que não correremos "riscos" trabalhando com essa população? Estas eram algumas das questões que nos ocorriam nesse primeiro contato. Mas, ao mesmo tempo, reconhecendo que no momento as Equipes Diretiva e Técnica se mostravam extremamente abertas à busca de novas alternativas para os jovens internados, começamos a pensar nessa possibilidade.

Após esse primeiro encontro, várias reuniões ocorreram na instituição, ou seja, sem muito perceber já estávamos indo para lá. Finalmente fomos dessensibilizados quando passamos a andar pela instituição e a conversar com os próprios jovens, que se mostraram muito curiosos e ao mesmo tempo extremamente receptivos à nossa presença, na ocasião oito mulheres dentro daquele universo masculino.

1. Apoio FAPESP.

A imagem de medo, do perigoso mundo dos "delinqüentes", se afastava na medida em que nos aproximávamos dos pavilhões e nos defrontávamos com crianças e jovens muito apreensivos sobre o que poderíamos fazer lá. Pensávamos em entrevistá-los, informalmente, para verificar suas motivações em relação aos nossos trabalhos em saúde. Mas, nos primeiros contatos, eram eles que desempenhavam os papéis de entrevistadores quando nos questionavam sobre o que fazíamos, de onde éramos etc. Em seguida, queriam conversar sobre que trabalho era esse de que falávamos: como era, para que era etc. Alguns já nos perguntavam sobre as possibilidades de arranjarmos "camisinhas".

Percebemos que a imagem que tínhamos vinha muito do imaginário popular que se tem dos jovens ali internados, que é repleto de idéias, mais ou menos conscientes, de que pouco ou nada se tem a fazer com aqueles que já ingressaram no mundo da marginalidade "culpada". Aceitamos, de forma geral, que é melhor, mais indicado, mais rentável, em termos de resultados, trabalhar com a "marginalidade inocente": os carentes, os sem acesso aos bens sociais. Mas quando se trata de trabalhar com carreiras morais que envolvem "culpas" como ligação ao tráfico, uso de drogas, assaltos à mão armada, homicídios, entre outros conflitos com a lei, há uma idéia que permeia o imaginário popular de que esses jovens entraram em um "caminho sem volta" e que pouco se tem para fazer sobre isso.

Levando em conta todos os questionamentos que fazíamos, e por acreditarmos que as mudanças nas instituições podem ser conseguidas em seus cotidianos, resolvemos iniciar um trabalho de campo. Após três meses, estávamos novamente nos reunindo com a equipe para combinarmos o início de nossos trabalhos na instituição, em fevereiro de 1998.

Iniciamos nossas atividades na FEBEM-RP contando com uma equipe composta por 11 integrantes, subdividida em duplas ou trios para o desenvolvimento de trabalhos nos diferentes pavilhões. O início das atividades do NEPDA foi marcado pelas dificuldades de infra-estrutura básica para o desenvolvimento das mesmas. O ambiente dessa unidade é muito semelhante ao do sistema prisional. Em nada lembra um ambiente educacional. As atividades grupais tinham de ser desenvolvidas em algum canto do pavilhão onde se encontravam os jovens, sem salas ou cadeiras. Isso porque, pelas características dos jovens internados na unidade, os mesmos não podem ser locomovidos de um lado para o outro sem um esquema de segurança, pois, ao contrário das outras unidades do Estado de São Paulo, os jovens de Ribeirão Preto se agregam em grupos rivais que se enfrentam tanto fora quanto dentro da FEBEM.

Começamos aos poucos realizando convites para os jovens comparecerem às reuniões grupais que, pela falta de infra-estrutura, tinham de ocorrer em algum canto sossegado do pavilhão, com todos sentados no chão. Conforme o combinado, de acordo com os interesses dos jovens, a equipe levava os materiais para a realização das sessões.

Até um determinado momento, não podíamos trabalhar com um dos pavilhões considerado como "perigoso", pois a equipe diretiva temia por algum tipo de descontrole por parte dos internos. Entretanto, foram os próprios internos que demonstraram o interesse e a possibilidade de nossa entrada naquela área. Os jovens deste pavilhão souberam dos conteúdos das discussões e demonstraram com tranqüilidade que garantiriam toda a "paz" e "pela ordem" (termos deles) para que todos, segundo eles, pudessem fazer trabalhos com a "turma da USP", como eles nos chamam.

Dessa forma, teve início a expansão de nossas atividades, a essa altura já muito almejada por nossa equipe e pela da instituição. Desde então, passamos a trabalhar em todos os pavilhões.

Um pouco das características da FEBEM-RP

A unidade da FEBEM de Ribeirão Preto foi fundada em 1976 e, ao contrário das unidades da capital, fica fora do perímetro urbano da cidade, localizando-se na estrada municipal de acesso à cidade de Dumont.

A FEBEM-RP recebe jovens de 12 a 18 anos que tenham cometido ato infracional nesse município e na região. A instituição tem capacidade para atender 180 jovens, mas, em geral, mantém um número de internos superior ao previsto.

Algumas vezes, ocorrem conflitos entre grupos de bairros rivais sem que nenhum dos envolvidos tenha história anterior de enfrentamento pessoal. Ou seja, com freqüência desencadeiam-se conflitos violentos quando grupos se encontram pelo simples fato de serem de bairros considerados inimigos. Com isto, os jovens andam pela cidade em grupo para defender-se e para defender o respeito ao seu território. Observamos que, além do gregarismo muito comum à juventude, faz parte da cultura desses jovens do interior paulista a defesa de territórios e de "honras" de grupo.

Assim, constantes brigas ocorrem entre os grupos rivais e são muito comuns os tiroteios e mortes entre esses jovens. Segundo eles mesmos, alguns policiais, sabendo desses fatos, freqüentemente quando prendem um jovem soltam-no em bairros de grupos rivais. Deixam-nos fazer "o serviço que seria deles". Há também, segundo alguns, um grupo de policiais que forjam provas de delitos com o intuito de culpar um jovem já por eles conhecido por ter participado de outras ações criminosas; há ainda um outro grupo que seria responsável por matar egressos da FEBEM e de unidades prisionais da região. Esta situação gera uma constante ansiedade entre os jovens, que ficam em constante estado de alerta, temendo que a qualquer momento o confronto com seus inimigos ocorra. Para atacar ou se defender, acabam andando constantemente armados. Segundo eles, não há opção a não ser a de aliar-se e seguir rigidamente as regras de funcionamento dos grupos. Quem desobedece ou não demonstra "ser homem" como o esperado, em geral paga até mesmo com a própria vida. Desse modo, a cultura de grupo desses jovens faz com que eles vivam constantemente se envolvendo em novas brigas e criando novos inimigos, formando assim um círculo vicioso. Segundo eles, é impossível "apaziguar" esses conflitos ou, como chamam, "tretas". Os inimigos são chamados de "espinhos".

Embora nesta unidade o clima seja predominante de tensão e de intolerância entre os internos, isso não foi o que ocorreu frente à nossa equipe. Esses jovens sempre respeitaram e valorizaram muito os nossos trabalhos, de modo que existiram situações em que apaziguaram brigas que estavam ocorrendo dentro da instituição; tudo isso para que não fôssemos impedidos de trabalhar com eles.

Caracterização geral dos participantes da pesquisa

Os jovens internos na FEBEM, que participaram dessa pesquisa, eram todos do sexo masculino, tinham entre 12 e 18 anos de idade, sendo que a grande maioria estava na faixa dos 16 e 17 anos. A maior parte deles residia com os familiares na cidade de Ribeirão Preto, em bairros periféricos de baixo poder aquisitivo.

Nosso contato com os internos possibilitou a percepção de que a sua maioria tem baixo nível de escolaridade, sendo raros os casos de primeiro grau completo. E mais, muitos não chegaram a ser alfabetizados adequadamente.

Observamos entre esses jovens uma grande variedade de crenças religiosas. Apesar de a maioria afirmar que crê e confia muito em Deus, não parece ser muito comum a agregação a uma religião específica. Vários possuem e lêem a Bíblia, nas paredes aparecendo pregadas fotos de santos e/ou grafitagem de Jesus Cristo. Outros indícios de religiosidade estão no fato de muitos deles acreditarem no poder do "capeta" e na influência deste em suas condutas. Para se protegerem desses demônios, muitos adolescentes usam terços no pescoço e patuás para "fechar o corpo".

De acordo com os registros da intituição na época, entre janeiro de 1997 e setembro de 1999, a média mensal era de 77 novas internações, sendo a proporção entre internos primários e reincidentes de 48% e 52%, respectivamente, porcentagem que se manteve até o ano de 2001.

O procedimento da pesquisa

A participação nos encontros grupais oferecidos sempre foi voluntária. Ou seja, os jovens compareciam às sessões por vontade própria. As oficinas não faziam parte das atividades obrigatórias da instituição. Os convites para os jovens participarem dessas atividades se estenderam a todos os jovens dos sete pavilhões existentes na época. Pelas características da instituição a composição dos grupos variava um pouco de semana para semana, pois os internos, algumas vezes, tinham outras atividades programadas nos horários dos encontros. Ainda assim, os particiapntes eram mais ou menos fixos nos grupos de discussão em cada pavilhão.

Para a análise das metodologias foram selecionadas 52 sessões grupais, transcritas no período de março de 1999 a fevereiro de 2000. Os nossos encontros com cada um dos grupos eram semanais, com duração média de três horas.

Alguns adolescentes não chegaram a passar por nenhuma sessão de atividades do NEPDA, outros participaram só de algumas sessões (pois saíram rapidamente para cumprir outro tipo de medida) mas boa parte se mantinha constante por várias sessões, até o momento da desinternação.

No geral, a participação e a aceitação deles às metodologias propostas foram muito boas, mas diminuíam nos momentos em que a instituição passava por maior tensão e por conflitos.

As sessões grupais, como destacamos, foram realizadas em locais não usuais, ou seja, não dispúnhamos de salas especiais, mas ficávamos ora no pátio, ora em corredores, em qualquer canto que fosse possível sentarmos em círculo para trabalhar. Embora não houvesse delimitação física havia um espaço psicológico, determinado pelo grupo e respeitado por todos, participantes ou não, internos e/ou funcionários.

As estratégias metodológicas para os trabalhos grupais utilizadas eram escolhidas pelos coordenadores, levando-se em conta três aspectos. O primeiro deles eram os temas de interesse dos jovens e os trabalhados pelo NEPDA. O segundo eram a preferência e o gosto dos jovens por determinada metodologia. E o terceiro era o momento institucional, que acabava fazendo emergir novos temas.

Um exemplo claro dessa tentativa de conciliar tais aspectos deu-se no pavilhão cinco. Havíamos preparado uma dinâmica grupal com o tema AIDS, que era de interesse do pavilhão. Lá chegando, os jovens contaram sobre um episódio ocorrido no dia anterior, no qual um adolescente havia pegado um cigarro que não lhe pertencia, ou seja, sem autorização. Na "cultura" prisional, assimilada pelos internos, tal fato é considerado erro grave. O infrator fica conhecido como "rato de mocó", algo imperdoável que deve ser punido. Assim, o rapaz acabou apanhando de todo o pavilhão e, no dia seguinte, no momento de nosso encontro, todos falavam insistentemente no assunto. Frente ao tema emergente e a facilidade dos jovens que estavam no pavilhão cinco naquele momento em dramatizar, trabalhamos o tema usando a metodologia *role-play* com o objetivo de vivenciar outras formas de resolver conflitos sem o uso da violência. Esse caso também exemplifica a capacidade de improvisação exigida para os coordenadores de grupo, uma vez que nem sempre ocorria nas sessões o anteriormente planejado.

Para a realização do trabalho de pesquisa, duas bolsistas de Apoio Técnico III Fapesp, as psicólogas Sigrid R. Braga Ancheschi e Tatiane Neme Campos, realizaram as transcrições das sessões realizadas com os internos. Esses registros de pesquisa foram realizados durante todo o período de atividades da equipe NEPDA na FEBEM. Algumas dessas sessões foram gravadas em fitas de áudio ou vídeo. Foram registradas por meio de Notas de Diário de Campo as visitas à instituição, as sessões grupais, as reuniões com o juiz, as reuniões com a equipe diretiva e técnica da FEBEM, as visitas a ex-internos da FEBEM nas cadeias, as visitas familiares, as visitas dos jovens ao NEPDA na USP, os telefonemas dados e recebidos pelos familiares dos internos. Também foram instrumentos de coleta e de análise de dados as narrativas colhidas informalmente, e as fotografias e filmagens do ambiente físico, produções gráficas e artísticas produzidas nos trabalhos grupais.

Fragmentos selecionados

Para contextualizar os trechos das falas dos jovens, apresento a seguir recortes das transcrições das sessões grupais.

Metodologia: Exposição dialogada com utilização de material ilustrativo.

Dinâmica: Bonecos de papelão Gervásio e Gertrudes, articulados, com figuras dos órgãos reprodutivos, do Instituto de Saúde da Secretaria Estadual de saúde (SES), em São Paulo.

Objetivos: 1) apresentação dialogada sobre o funcionamento dos corpos reprodutivos feminino e masculino; 2) discutir os temas envolvidos na saúde reprodutiva do homem e da mulher.

Participantes: 13.

Pavilhão: cinco.

Contexto do desenvolvimento da sessão: O clima institucional estava tenso entre os funcionários em virtude de uma sindicância aberta contra um monitor que estava sendo acusado de ter espancado um adolescente. Apesar da sindicância, os rapazes estavam tranqüilos. Porém iniciava-se um novo aspecto para inquietação entre eles, uma vez que o pavilhão estava recebendo um novo interno que era considerado pelos demais como homossexual. A postura do grupo era claramente a de exclusão desse novo interno.

Essa foi a segunda sessão com esse grupo, sendo que na anterior os objetivos do nosso trabalho tinham sido apresentados e havíamos realizado um levantamento de interesses sobre temas a serem trabalhados.

Percepções dos coordenadores: houve grande interesse em conhecer e manipular partes do corpo reprodutivo feminino, existindo resistência ao corpo masculino. Interpretamos essa atitude como de medo, medo que os rapazes demonstram de serem identificados como homossexuais. Além disso, as verbalizações nesta sessão e as posturas dos jovens mostram os preconceitos com relação às condutas homossexuais masculinas. Constatamos também, por meio das indagações e dos comentários, uma grande desinformação sobre o corpo humano. Notamos um grande interesse por parte dos adolescentes em discutir os temas relativos à saúde reprodutiva, uma vez que permaneceram próximos e não dando "peão" (voltas dentro do pavilhão); mantiveram a concentração, com o olhar fixo na exposição do material e sem conversas paralelas, e suas falas eram dirigidas a todo o grupo.

Falas significativas: 1) "é bom saber disso tudo que quando a gente sair já vai saber como é que faz"; 2) (saber mais) "vai ficar melhor para transar"; 3) "esse negócio de homem transando com homem é coisa de pombagira"; 4) "mas... o nenê cresce ali onde fica a urina?"; 5) "quem transa por trás merece porrada"; 6) "E para nascer o nenê... a mulher tem que... que nem a Sra. falou? ah: sem maldade... tem que ficar com tesão para nascer o nenê?"

É interessante observar que muitos desses rapazes já são pais, alguns com mais de uma parceira, mas que o desconhecimento do corpo reprodutivo era bem maior do que o que estávamos habituados a encontrar. Em trabalho anterior pudemos observar que o nível de informação deles a respeito das DST/AIDS e saúde reprodutiva é bem menor quando comparado com o de outros jovens da mesma idade das escolas públicas com que trabalhamos. Apesar de serem praticamente todos sexualmente ativos e uma boa parte deles pais, os trechos acima ilustram o que encontramos junto aos demais internos: um grande desconhecimento em relação ao corpo e à saúde reprodutiva. Apesar disso, achamos interessante todos saberem e comentarem freqüentemente sobre os exames de DNA para confirmação de paternidade. Depois de um tempo soubemos que os exames para confirmação de paternidade fazem parte da vida de vários deles.

A homofobia é também um componente muito freqüente em suas falas e posturas. Há uma constante vigilância das posturas, das demonstrações de interesses por temas que possam ser interpretados pelos demais como características que eles atribuem à homossexualidade masculina. Entre essas características estaria a demonstração de sensibilidade, fragilidade, a mudança de atitude ou o não cumprimento do que foi assumido anteriormente em algum trato. Ser homem é não vacilar. Quem vacila é "vacilão", não serve para a vida do crime na qual, segundo eles, depois que se entra não tem saída, a não ser que se vire "crente" e se mude de cidade ou até mesmo estado de moradia. É necessário também medir ou comparar quem colabora ou medir forças com quem se contrapõe mesmo a uma simples solicitação: "...oh, mano... abaixa o som aí, véio ... óh, chapéu, abaixa esse som aí, truta ... aí, mano... hein véio cê éh mais bandido do que eu hein, mano?..."

Nesse pedido para abaixar o som, que perturbava a conversa, há uma ordem já com uma convocação de comparação de forças no caso de não atendimento.

Uma outra característica observada nas narrações é a vaidade ligada ao tornar-se atraente para as meninas. Ao iniciarmos os trabalhos, tínhamos a impressão de que eles não permitiriam o uso de câmeras fotográficas e de vídeo. Mas, à medida que eles passaram a confiar no grupo (o que se deu ao perceberem que nada do falado ou gravado era levado à equipe técnica ou ao juiz) eles passaram a solicitar o uso das câmeras e fizeram muitos vídeos com seus próprios roteiros. De modo geral, os jovens se mostraram muito vaidosos e gostaram de ver suas próprias imagens. A expressão por eles freqüentemente usada "é nóis na fita" é muito pertinente neste caso. Além disso, para participarem das gravações, eles freqüentemente subiam para os seus quartos para colocarem suas roupas, todas de determinadas marcas, muito valorizadas no grupo. A roupa das grifes chamadas por eles de *artigos* é uma das razões mais mencionadas como motivação para começar a fazer algum tipo de atividade ilegal, conseguir dinheiro e assim tornarem-se atraentes para as mulheres. O trecho a seguir exemplifica isso:

> Ah senhora... eu comecei né senhora porque/ pá/ e eu arrumei um serviço né senhora e eu trabalhei o mês inteiro... aí eu recebi de um mês inteiro né senhora, era oitenta e seis real... aí eu fui numa loja lá na cidade na Marta Estilo – não sei se a senhora sabe onde éh que éh – ... aí eu fui lá e vi os carro dos bandido que tavam voltando da Da Hui (casa noturna) aí eu pensei "eu quero uma roupa dessa"... eu pensei que era vinte real esse bagulho... aí eu queria uma de botão... (a camisa dele era de botão)... aí eu falei pra mulher mostrar pra mim / firmeza! aí eu falei "vixe essa éh nervosa (bonita, legal)... quanto que éh?... a mulher falô pra mim "setenta e oito real"... aí eu falei "vixe"... aí eu falei "me dá"... aí paguei e foi todo o dinheirinho do meu salário... eu era pequeno nessa época... aí eu procurei esse D. aí eu colei na quebrada e os cara tudo pá/

> aquele monte de artigo igual o meu (um monte de camisa igual a dele) um monte... eu falei "vixe... eu trabalhei um mês intero pra uma só"... aí os cara falô "vixe mano"... aí eu vi os cara passando perto de mim de carro com uma pá de muié, os cara catava muita muié! Senhora! – tipo assim – éh mole essa idéia ( )... as mina gosta de ladrão... de prego (ingênuo, sem dinheiro, sem posição social de destaque) as mina num gosta não... as mina gosta de ladrão – tá ciente?... ah não!!!... eu quero fama, dinheiro e muié... aí eu colei num mano e falei "então véio... num dia que cêis fô fazê um assalto leva eu... vamo vê se esses barato éh a pampa (bom, legal)... aí eu fiz o primeiro assalto e ele mi mandô mil real pra mim... aí eu fui e comprei quatro camisa dessa e duas bermuda... aí eu falei... agora eu num paro mais não...

Este jovem, em outra sessão, na qual outros presentes concordaram com a sua afirmação, disse que sabia que corria o risco de morrer cedo, mas dizia que preferia viver pouco, porém com o que considerava importante. Insistiu que mulher não gostava de "prego".

Para Carrano (2000), ao discutir juventude e suas múltiplas identidades,

> (...) a maneira de se enfeitar, os gêneros musicais e o pertencimento ao grupo funcionam como linguagens provisórias e variáveis, através das quais os indivíduos se identificam e enviam sinais de reconhecimento ao exterior. (p. 16)

Em outra sessão, na qual se discutiam as relações entre gêneros, observamos outras construções de o que é o ser homem para essa população.

Metodologia: representação gráfica de conceitos.

Dinâmica: vantagens e desvantagens de ser homem e de ser mulher.

Objetivos: 1) discutir as diferenças existentes entre homens e mulheres (biológicas e culturais); 2) discutir as desigualdades e os preconceitos advindos das diferenças entre homens e mulheres.

Participantes: 16.

Pavilhão: quatro, seis e sete.

Contexto do desenvolvimento da sessão: a escolha do tema se deu em função do fato de, na sessão anterior, os jovens terem dito que queriam conversar sobre o "mundo feminino". O clima na instituição apresentava-se um tanto tenso. Estavam acontecendo várias invasões de um pavilhão para o outro. Os jovens estavam arrancando metais das grades existentes embaixo das carteiras escolares, quando iam para as salas de aula, a fim de fazerem estiletes, que eles chamam de "narfa", variação do que na cultura prisional do estado é chamado de "nafa", provavelmente como uma variação da palavra inglesa *knife*. Em outras palavras, estavam se armando, segundo eles, para a defesa em relação aos outros internos. Além disso, era necessário tomar o máximo de cuidado com os materiais utilizados nas sessões, porque quaisquer canetas esferográficas podiam se tornar uma arma se esquecidas, pois há uma forma de afiá-las para torná-las estiletes. Apesar dessa tensão, os conflitos ou tumultos aconteciam antes ou após as sessões grupais. Durante as sessões, era estabelecida uma espécie de trégua; eram os momentos para, segundo eles, "bolar umas idéias", pensar em um monte de coisas. Os jovens que participavam do grupo exigiam que aqueles que não estavam participando não atrapalhassem a sessão.

Falas significativas: 1) "é o homem que tem que pagar a conta"; 2) quando um dos jovens tentou argumentar a favor das divisões de contas: "porque você é gigolô"; 3) "a vantagem de ser mulher é que elas não são revistadas nas boates... Só passa detector de metal"; 4) "a mulher sente mais"; 5) "elas podem demonstrar os sentimentos"; 6) "óh! Só pode demonstrar o sentimento se for por um bom motivo como a morte de um 'truta'"(amigo); 7) "se o cara não tiver dinheiro não sai... Mas não deixa a *mina pagar*".

Percepções dos coordenadores: houve resistência dos jovens para irem para o grupo que escreveria sobre as mulheres, o que diminuiu com a presença de uma das coordenadoras no grupo. Percebemos, assim, o receio dos jovens em serem vistos como conhecedores do mundo feminino, o que reflete o medo de terem a identidade sexual associada ao homossexualismo.

Em outro grupo, em um encontro com objetivos semelhantes, observamos as seguintes verbalizações:

Falas significativas: 1) "ter cabelo cumprido é questão de gosto..."; "não é só Mulher, que pode" ; 2) "aqui todo mundo tem que ter cabelo curto"– diz enfaticamente outro jovem para reafirmar quais são as regras de convivência entre eles na instituição; 3) "as mulheres têm mais sentimentos que os homens"; 4) "se o cara tem cabelo cumprido e acham um pedaço de cabelo na comida de alguém... já viu... Vão quebrar todo o cara!"; 5) "eu não choro por causa de mulher... sai fora chorar por isso... Com tanta mulher por aí...".

Em um encontro com outros jovens, ficou mais claro que, ao ser homem com a normatização que eles apresentam, se acrescentam outras regras que são as de ser homem no mundo do crime.

Em um desses encontros percebemos que os jovens estavam um pouco agitados e ansiosos com a agressão a um interno ocorrida no dia anterior. O jovem foi considerado "rato de mocó", ou seja, ladrão que rouba ladrão, por isso havia apanhado. As coordenadoras haviam programado outras oficinas, mas, percebendo a ansiedade dos jovens frente à briga, decidiram que esse era o tema emergente e que deveria ser trabalhado.

Falas significativas: 1) "homem que quer ser bandido não pode ter medo não"; 2) "a polícia não tem direito de bater na gente... Nós roubamos de quem tem... O rato de mocó merece apanhar porque rouba de preso que não tem nada"; 3) "nós demos a chance para ele se entregar... Se ele se apresentasse teria apanhado menos"; 4) "é regra de preso... se fosse na cadeia ele teria morrido"; 5) "a senhora pensa dum jeito e a gente pensa de outro" (frente a uma contra-argumentação); 6) "é regra, senhora, não tem jeito"; 7) "não mudaríamos nada... Esse pavilhão está bom assim" (resposta a uma indagação sobre as possibilidades de mudanças de regras feita por um dos coordenadores).

É interessante notar que todos queriam fazer a dramatização sobre o que havia ocorrido no dia anterior. Em vários momentos, os coordenadores pararam as cenas para esclarecimentos e propor reflexões e outras alternativas de ações. Os jovens mostraram-se dispostos a ouvir e a refletir sobre as colocações. Porém, as dramatizações sempre foram com o uso de termos violentos. Parecia que não conseguiam deslocar-se das falas esperadas para aquelas posições. Não lhes era possível adotar outros posicionamentos no sentido como entendem Harré e Langenhove (1999).

Em outro encontro no qual se questionou então sobre quais eram essas regras, foram mencionadas as seguintes: 1) não pode tomar banho nem usar o "boi" (banheiro) quando tiver visita no pavilhão; 2) não pode usar o "boi", para defecar, na hora de "pagar a moca" (hora do café/lanche da tarde); 3) não pode ficar sem camiseta quando tem visita na instituição; 4) não pode colocar as mãos sobre a mesa durante a "xepa" (almoço/jantar). Uma mão deve ficar no colo e a outra usa a colher; 5) tem que pagar a reza (ficar em fila e rezar) antes de "xepar"; 6) não pode entrar sem camisa ou com boné no refeitório; 7) não pode sair dos barracos (quartos) durante a faxina (realizada, todos os dias, por rodízio dos ocupantes dos quartos, após o almoço); 8) não pode entrar no "barraco" alheio sem pedir licença; 9) não pode entrar no "barraco" alheio com chinelo ou sapato; 10) não pode pegar qualquer coisa dos outros sem pedir, pois quem faz isso é considerado "rato de mocó". E, uma vez considerado "rato de mocó", poderá apanhar em qualquer pavilhão; 11) não pegar na mão a "coruja" (cueca) do outro; 12) quando o jovem chega ao pavilhão, é levado a um barraco pelos líderes, que conversam 30 minutos com ele para passar todas as regras. Então, o jovem tem uma semana para se adaptar a essas regras. Se isso não ocorre, ele passa a apanhar dos demais internos.

É importante salientar que os jovens defendem a necessidade de que as regras de convivência sejam rigidamente seguidas tanto no contexto institucional como fora dele, quando estão soltos na comunidade ou como eles chamam "no mundão". Nessas regras de convivência, quando estão em liberdade "no mundão", eles incluem o modo de tratar as mulheres com as quais se relacionam incluindo-se aí tanto companheiras como as familiares. As jovens, por sua vez, também têm de se adaptar à rigidez das regras relativas às normas de relação entre gênero e das relações "do mundo do crime". Para exemplificar, apresentamos o trecho de uma entrevista na qual um dos jovens nos relata como a sua companheira de 15 anos ajuda na manutenção de sua "bocada" (ponto de venda de drogas), enquanto ele está preso:

> (...) então quando que a mina vem no domingo e fala pra mim cê tá ligado... óh os malucos tão certinho... óh os malucos tão trabalhando errado... aí os maluco que tá (agindo) errado... eu já ligo pro mundão... já despacho, tá ligado... eu falo aí mano se eu saí pro mundão e cê tivé aí na bocada você vai sê finado (morto) mano... porque o sistema do crime éh esse!! tá ligado senhora?...

Em um dia, no qual se discutia a visão que eles acham que a sociedade tem deles, surgiu o debate sobre psicopatia. O grupo tem verdadeira aversão a quem comete estupro, sendo o mesmo associado à psicopatologia, o que, apesar de reconhecerem como doença ou distúrbio, não aceitam a necessidade de um tratamento psicológico, nem a punição por prisão, mas pela morte. E chamam a atenção as justificativas de tamanha aversão ao estupro: "poderia ser minha mãe, minha mulher ou até minha filha", "mulher é tão fácil!!! para que estuprar ?"

As mulheres mães, companheiras, parentes, profissionais consideradas "sangue bom" são dignas de respeito e merecem ser não só respeitadas como defendidas, pois em geral são frágeis! As "minas de rolê", estas não! Além disso, há a idéia de que mulher é fácil.

No que diz respeito ao conhecimento sobre riscos envolvidos nas práticas sexuais, segmentos de uma sessão são apresentados a seguir.

Metodologia: jogo de acertos e de erros.

Dinâmica: diferenciação de riscos envolvidos em práticas sexuais.

Objetivos: 1) identificar as práticas sexuais conhecidas pelo grupo e o grau de risco de contaminação pelo HIV que eles acreditam existir em cada uma delas; 2) corrigir as informações incorretas e preconceituosas relacionadas às formas de contaminação pelo HIV.

Participantes: nove.

Pavilhão: três.

Falas significativas: 1)"Nossa, olha só a maioria é de muito risco ou de muitíssimo risco"; 2) "não tem coisa melhor que um cabaço" (jovem comentando que preferia transar com garota que até então fosse virgem); 3) "com camisinha não tem risco né, senhora?"; 4) "se o cara gosta da mina e ela está naqueles dias ele topa ficar só no carinho e tal".

Inicialmente, verificamos que os jovens estavam envergonhados em listar as práticas sexuais e explicar que práticas estavam envolvidas em cada uma (anal, vaginal, oral). Porém, aos poucos, foram se soltando e explicando cada uma delas. Percebemos que os jovens divertiram-se muito com a oficina. Não houve zoeiras e brincadeiras maldosas. Notamos que os jovens confundiam riscos envolvidos nas práticas sexuais com nomenclaturas estigmatizantes dadas às mesmas. Apareceram nos relatos termos como: "menina bobagenta", "mina de rolê", "bebel", "galinha", que são termos empregados em relação a garotas que "transam" com muitas pessoas. Apareceram também vários tipos de carícias e preliminares nas quais não havia penetração, sobre as quais eles tinham dúvidas a respeito do risco para o HIV, o que foi bastante discutido e comentado pelos participantes.

No que diz respeito ao preservativo, percebemos que entre essa população a freqüência relatada sobre o uso do mesmo está longe da desejada e é marcada por regras para escolha de quando utilizar muito ligadas ainda à desconfiança. São de dois tipos os relatos: o primeiro ligado ao fato de a menina desejar engravidar, no caso de jovens consideradas "direitas", com o objetivo de prendê-los por compromisso ou mesmo receber deles ajuda financeira; o segundo, ainda ligado à desconfiança só dirigida às consideradas "minas de rolê". Entre as falas significativas deste encontro estão as seguintes: 1) "se a mina se recusa a usar a camisinha é porque tem alguma coisa ou está querendo engravidar"; 2) "camisinha só se a mina for bebel"; 3) "se você está com a namorada já uns dois meses não precisa usar mais"; 4) "tem que usar porque é a única que protege de doença e de engravidar"; 5) "eu falo... vamo usá porque eu sou novo pra ser pai"; 6) contando o que acontece se a jovem propõe o uso: "você está duvidando de mim?"; 7) "é que nem bala com papel".

Muitos dos participantes reconheceram a importância do uso do preservativo, mas, ainda assim, manifestaram muita resistência em usá-lo quando consideravam a relação estável. A maioria deles relatava que usava camisinha algumas vezes e outras não. Poucos disseram que sempre usavam. A maioria associou o tempo de namoro (dois meses são suficientes) como determinante para suspender o uso do preservativo. Isso porque, para eles, se você está há dois meses com a mesma pessoa é porque confia nela, embora quase todos relatem que não são fiéis.

Os fragmentos dos diálogos ou narrativas aqui apresentados são apenas uma pequena amostra da cultura sexual desses jovens. Quando começamos a trabalhar com eles, tivemos a impressão de estarmos de frente ao que se via relatado nos trabalhos com adolescentes brasileiros no fim da década de 1980, pois, antes de iniciarmos na FEBEM, estávamos trabalhando com populações de escolas públicas e as práticas discursivas se mostravam muito diferentes das destes jovens internos. A falta de acesso aos bens sociais e culturais que eles têm é extremamente grande. As possibilidades de saídas dessa cultura de violência, inclusive de gênero, demandam políticas públicas específicas que podem surtir bons efeitos. Não só o nosso trabalho, mas também o de outros grupos que trabalham com população e metodologias semelhantes, têm mostrado que há uma grande receptividade nesse sentido e que muitas mudanças positivas são verificadas depois da permanência dos jovens em programas similares ao que foi implementado.

As análises aqui apresentadas são apenas algumas das realizadas na pesquisa. Ao refletirmos sobre essas análises de transcrição, percebemos que o fator mais frenqüentemente apontado como ponto forte das estratégias metodológicas é o aspecto lúdico. Ele as torna atrativas, além de produzir um clima de descontração e também de integração grupal. A criação de espaços de discussão com essas características facilita o surgimento de reflexão sobre pensamentos, crenças, concepções e sentimentos dos participantes.

O importante não é apenas trabalhar estas temáticas, mas sim a forma como se trabalha, pois é necessário considerar as especificidades dessa população. Ou seja: o importante é saber como se facilita o processo de construção de novos significados para questões que pareciam já estar cristalizadas.

As questões da saúde sexual e reprodutiva e dos relacionamentos interpessoais foram os temas mais requisitados pelos jovens. A vivência da sexualidade, para a maioria deles, é algo conflituoso, repleto de medos, angústias, desejos e prazeres, não sendo diferente para nenhum em particular. A predominância desses temas pode ser explicada por serem as relações sociais entre eles o que tumultuadas, gera constantemente brigas, ferimentos graves e até mortes.

A escolha do tema adequado ao interesse do grupo foi um aspecto que se destacou como fundamental para o sucesso ou não de uma sessão ou oficina implementada.

Na FEBEM-RP, percebemos também que as letras de "rap" e os vídeos produzidos pelos próprios jovens proporcionaram discussões ricas e profundas, funcionando como bons disparadores temáticos para discussões. Os "rap" relatam as dificuldades, os conflitos, os sentimentos e as experiências presentes na vida destes garotos. Os vídeos gravados por eles mesmos, na instituição, mostram o dia-a-dia de cada um e facilitam a identificação de aspectos interessantes para as discussões.

Durante algumas sessões, principalmente nas que se ouviam e discutiam letras de "rap", alguns desses rapazes compunham letras e pediam à equipe para digitar e/ou corrigir os erros de português. As músicas produzidas por eles também se constituíram em ótimos disparadores temáticos para debates de idéias ou mesmo conversas informais sobre os temas.

O *role-play* também permitiu a elaboração de respostas adequadas a situações diversas e inusitadas, como os estudos de casos e debates de idéias.

Entretanto, o *role-play* mobilizou muito mais os aspectos emocionais e intuitivos dos participantes, uma vez que sai sempre do plano reflexivo para entrar no plano da vivência. Ele trabalha diretamente com o lúdico e com a espontaneidade dos participantes, ao mesmo tempo em que promove o treino em habilidades sociais. A aceitabilidade desta estratégia variou conforme o grupo de jovens. Na verdade, a aceitabilidade de todas as técnicas varia conforme as características dos grupos, mas isso se evidenciou mais nas dramatizações.

Com relação às exposições dialogadas, o que as tornava bem atrativas era o uso de materiais ilustrativos de fácil manuseio pelos jovens, o que despertou o interesse dos participantes e lhes propiciou uma participação mais ativa do que nas tradicionais aulas expositivas. Além disso, os materiais ilustrativos facilitaram a abordagem de temas que, para os jovens, são desconhecidos e cercados de tabus, como os relacionados à sexualidade. Por exemplo, é superficial discutir corpo reprodutivo, falando de útero, trompas de falópio, ovários, próstata, vesícula seminal, sem a presença de um material que permita a visualização e a manipulação de modelos desses órgãos. Assim, pareceu-nos muito adequado e motivador o uso dos bonecos articulados dos corpos reprodutivos-sexuais feminino e masculino, por exemplo, Gervásio e Gertrudez, criados pelos profissionais do Instituto de Saúde da Secretaria Estadual de Saúde do Estado de São Paulo. O mesmo acontece no debate a cerca de contraceptivos, quando surgem questionamentos como: "Como será realmente esse tal de diafragma?" ou "O que é esse tal de DIU?". Logo, o material ilustrativo de manuseio torna questionamentos como a aprendizagem relacionada à saúde mais dinâmica e provável.

Já as estratégias de representação gráfica de conceitos mostraram-se menos eficientes com essa população. De modo geral, as dinâmicas que fazem uso da escrita são aversivas para estes rapazes, pois são provavelmente associadas às suas experiências escolares. Nessas atividades, o interesse pelo desenho prevaleceu sobre o pela escrita e, da mesma maneira, aconteceu com a riqueza do conteúdo verbal em relação à escrita.

Completando os aspectos expostos, apareceram outras indicações de que as metodologias participativas para trabalhos grupais funcionam com essa população. Primeiramente, vale ressaltar que a instituição e os jovens solicitaram a expansão do trabalho para todos os pavilhões, uma vez que o entendiam como de grande valia para os internos. Outros fatores que demonstram a aceitabilidade do trabalho é que os jovens pediam para os monitores acordá-los a fim de participarem dos grupos do NEPDA, limpavam o local antes de iniciar a sessão e cobravam silêncio daqueles que não participavam da atividade para que não atrapalhassem as sessões grupais.

Outro indício a ser considerado foi a manutenção do vínculo com o NEPDA, por alguns jovens egressos da FEBEM, que mostravam que as trocas de experiências na instituição foram positivamente significativas para eles. Muitas vezes esse vínculo se estendeu aos familiares dos jovens, e alguns deles queriam que conhecêssemos a sua família, a sua casa, seus amigos. Enfim, queriam compartilhar as suas vidas com os pesquisadores. Indicações de vínculos construídos junto aos jovens, o que é essencial em trabalhos como esse, foram, por exemplo, o telefonema de uma mãe, que disse: "Eu estou telefonando para desejar Feliz Natal porque eu tenho certeza de que, se o meu filho estivesse vivo, ele estaria fazendo isso"; ou, ainda, a fala de outra mãe: "Vocês são as primeiras psicólogas de quem meu filho gosta. Ele fala muito de vocês e dos trabalhos que vocês fazem com eles." E, por fim: "Meu filho queria convidar vocês para almoçar. Ele disse que eu não precisava me preocupar, que vocês eram simples: arroz e carne moída estava bom."

Além disso, há outras verbalizações que sustentam que as sessões grupais foram capazes de sensibilizar para os aspectos da saúde integral dos jovens. Entre estas verbalizações tem-se: "Eu vou guardar isto (folheto com os sintomas das DST) na carteira e entregar um para a minha namorada"; "repete de novo isso para eu não esquecer (formas de transmissão da AIDS); "tem que se cuidar porque não tem uma plaquinha dizendo quem tem AIDS" e "quando faz assalto corre risco de ir preso e morrer... É, senhora, não estamos dando valor nenhum na nossa vida... tô pensando nisso".

Nas análises da pesquisa da qual foram extraídos esses recortes, percebemos, de modo geral, em relação à nossa população, muita semelhança ao que Serrão e Baleeiro (1999) consideraram ao traçar um perfil dos jovens das camadas populares. As autoras chamam a nossa atenção para as seguintes características: a dificuldade de reconhecer neles próprios atitudes de racismo introjetadas pela história de discriminações sofridas; a valorização da sensualidade da música e da dança como forma de expressão; falta de perspectivas para o futuro pela percepção das desigualdades sociais; percepção da limitação da escola pública e a preocupação com o despreparo profissional; definição mais rígida de papéis de gênero masculino e feminino; falta de privacidade na vida pessoal; forte relação com a mãe; ausência da figura paterna; percepção da cidadania como conceito abstrato; a auto-estima fragilizada; auto-imagem contaminada por preconceitos; medo de expressar-se e serem discriminados pelo modo de expressão.

Considerações finais

Concluindo, consideramos que as metodologias participativas para trabalhos grupais podem ser importantes instrumentos para que sejam produzidas mudanças nos sentidos da experiência que leva ao aprendizado. No contexto da FEBEM, algumas metodologias se destacaram por serem lúdicas, utilizarem materiais ilustrativos e por facilitarem a emergência de discussões, cujos conteúdos eram polêmicos e muito próximos da realidade de vida dessa população. Sendo assim, destacaram-se os estudos de casos, os jogos de associação de idéias, o debate de idéias e a exposição dialogada com uso de materiais ilustrativos. Por fim, o que pareceu fundamental, nos tipos de trabalhos propostos, foram a facilitação da emancipação social das pessoas e, conseqüentemente, a construção de novas formas de intersubjetividades e sociabilidades mais saudáveis. É necessário propiciar espaços de discussão e reflexão para que esses jovens não fiquem prisioneiros de suas autonarrações causais.

Referências bibliográficas

CARRARO, P. C. R. "Juventude: as identidades são múltiplas", in: *Movimento, Revista da Faculdade de Educação da Universidade Federal Fluminense,* Niterói, n.1 p.11-27, 2000.

GERGEN, K. *Realidades e relaciones: aproximaciones a la construcion social.* Barcelona: Paidós, 1996.

HARRÉ, R . & LANGENHOVE, L. V. *Positioning Theory.* Oxford: Blackwell Publishers, 1999.

LEVI, G.; SCHMITT, J. C. *História dos jovens da antiguidade à era moderna,* vol. 1. São Paulo: Companhia das Letras, 1996.

SERRÃO, M.; BALEEIRO, M. C. *Aprendendo a ser e conviver.* São Paulo: FTD, 1999.

SILVA, R. C. *Metodologias participativas para trabalhos de Promoção de Saúde e Cidadania.* São Paulo: Vetor Editora, 2003.

PARTE 3

Intervenção

Masculinidade bissexual e violência estrutural: tentativas de compreensão, modalidades de intervenção

Fernando Seffner*

Situações e procedimentos nomeados como violentos constituem hoje em dia tema prioritário em noticiários, conversas familiares, discussões em campanha eleitoral e movimentos sociais. A sexualidade, por sua vez, é matéria-prima no anúncio de todo tipo de produto, presença obrigatória em programas de TV e no cinema, motivo de debate na escola, nas famílias, nas igrejas, em propostas que oscilam da ênfase na liberação total até a necessidade de repressão intensa. Buscamos neste texto recortar uma modalidade específica de violência, a chamada violência estrutural, e mostramos algumas formas de sua manifestação no terreno da masculinidade bissexual, envolvendo homens que mantêm relações afetivas e sexuais com homens e mulheres. Ao fazer isso, apresentamos a modalidade de intervenção junto a este grupo que nos permitiu fomentar estratégias de resistência e coletar depoimentos: a Rede Bis-Brasil.

O presente texto está estruturado em duas partes. Na primeira, é apresentado e discutido um conjunto de questões a respeito do tema da violência estrutural, especialmente em suas interseções com o campo dos direitos humanos, com o campo da sexualidade e da vulnerabilidade à AIDS, com os processos de globalização e com as categorias conceituais de estigma e

* Professor da Faculdade de Educação da Universidade Federal do Rio Grande do Sul (UFRGS).

discriminação. Na segunda, articulamos considerações acerca da masculinidade bissexual a partir de situações de violência estrutural, ressaltando as ações da Rede Bis-Brasil, que se configuram em práticas de resistência ou confrontação a esta situação. Nas duas seções do texto nos valemos de depoimentos e relatos de episódios ocorridos no âmbito da Rede.

Em outras palavras, apresentamos uma discussão breve acerca da problemática do poder, abordando a seguir as questões de sexualidade e violência como possibilidade particular do exercício do poder. Exemplificamos, ou mostramos como isso "funciona", no terreno da masculinidade bissexual, a partir da análise da experiência e de alguns dos depoimentos coletados no funcionamento da Rede Bis-Brasil, que envolve principalmente homens que se autonomeiam como bissexuais. O tema do poder é por demais vasto para ser aqui abordado. De maneira pragmática, construímos uma sucinta noção de poder, vinculando-a a violência, estigma e discriminação, e depois verificamos como ela opera no terreno da sexualidade, percebendo a violência estrutural como uma determinada forma – ou como determinadas formas – de manifestação do poder. E a exemplificamos abordando uma modalidade de intervenção, mais especificamente tratando do funcionamento da Rede Bis-Brasil.

A Rede Bis-Brasil nasceu de um projeto de pesquisa e intervenção social financiado pela Fundação MacArthur, que visava investigar comportamentos, hábitos e atitudes entre homens bissexuais, buscando identificar, descrever e analisar sua vulnerabilidade frente ao HIV/AIDS, visando gerar instrumentos de comunicação efetiva no sentido de favorecer sua capacitação em estabelecer estratégias de prevenção à infecção pelo HIV/AIDS, tanto para si como na relação com seus(suas) parceiros(as). O projeto, iniciado em agosto de 1995, testou diversos caminhos de relação com o universo dos homens que mantêm relações afetivas e sexuais com homens e mulheres e terminou fixando-se na construção de uma rede postal de troca de cartas e boletins que se revelou uma modalidade frutífera de relação com o público-alvo, tanto para o encaminhamento de ações de prevenção à AIDS quanto para a pesquisa sobre identidade e modos de subjetivação destes homens.

Por um lado, a Rede oferecia um serviço, na forma de um canal para troca de informações, ampliação das possibilidades de amizade e de realização de encontros eróticos entre homens que manifestam o mesmo desejo. Por outro, abordava temas de relevância para este grupo, notadamente questões ligadas à prevenção da AIDS, relação com a família, violência sexual, necessidade de sigilo, relações com a homossexualidade etc. A face de pesquisa deu-se pelo estreitamento da relação com os associados da rede, sendo possível entrevistá-los ou coletar deles depoimentos escritos, abordando questões relacionadas à sexualidade e ao amor por homens e mulheres, à vida familiar, filhos e paternidade, planos de futuro, modalidades de sigilo e discrição, cuidados com a AIDS.

Construir uma rede representa um projeto prático que, segundo o que nos esclarece Foucault (1980), ao mesmo tempo em que estuda e conhece, localiza e pode controlar aqueles que são objeto do estudo. Se, por um lado, as estratégias de exclusão são marginalizadoras, punitivas, fundamentalmente negativas, a inclusão aparece como seu reverso: incluir é trazer para o centro, valorizar, positivar. Se exclusão é desconhecimento, inclusão é uma estratégia de conhecimento:

> Enquanto a exclusão é o afastamento, o desconhecimento, a inclusão, cujo modelo inicial é o controle da população vítima da peste na Idade Média, é o modelo do conhecimento, do exame. (Pinto, 1999, p. 37)

Aqui o poder aparece na dimensão de produtor de verdades. De forma semelhante, a Rede Bis-Brasil produziu um conjunto de verdades acerca da masculinidade bissexual brasileira, quanto mais não seja pela quase absoluta ausência de trabalhos mais sistemáticos sobre este grupo no país. As "verdades" produzidas estão ligadas ao dispositivo de produção, no caso uma rede de contatos por via postal acompanhada de entrevistas com os associados. O uso de outro dispositivo poderia proporcionar a construção de outro conjunto de verdades, algumas próximas daquelas que serão apresentadas, outras mais distantes, algumas talvez até mesmo em contradição com o que vai ser afirmado.

Outra forma de ver as coisas é dizer que, ao montar a rede, estávamos armados da chamada razão técnico-científica, que associa conhecer a manipular: "(...) o objeto de investigação científica já é percebido sob a forma de sua funcionalidade virtual" (Rouanet, 2001, p. 16). Pode-se afirmar que a estratégia "funcionou" no sentido de aproximar estes homens, organizá-los para algumas atividades de caráter prático, dar-lhes alguma visibilidade preservando seu anonimato, colocar cada um deles em contato com numerosos outros. Organizar os homens em uma rede implica construir uma identidade, ou seja, buscar o idêntico neles, de alguma forma "padronizá-los" como indivíduos. Dois fatores parecem concorrer para o caso. Em primeiro lugar, uma certa necessidade, derivada da modernidade, de construir identidades, o que inclusive concede um determinado poder a quem "possui" uma identidade, tal como discutido por Castells (2000), vinculado à noção de rede, de certa forma semelhante à situação que aqui temos. Por outro lado, ao lidar com políticas públicas de saúde, temos necessidade de imaginar um sujeito, alvo destas políticas, com razoável grau de previsibilidade de suas ações. Neste sentido, buscar "entender" o que é a masculinidade bissexual, no âmbito deste trabalho, necessariamente passou por constituir estes homens como objetos da política pública de prevenção à AIDS, uma vez que foi no âmbito dessas preocupações que este trabalho se gerou. Essa observação em nada diminui a pertinência das conclusões a que se chegou, apenas servindo para iluminar um determinado percurso metodológico que foi seguido, fruto de escolhas, conscientes algumas, outras nem tanto.

Vamos utilizar de modo preferencial, neste texto, as expressões masculinidade bissexual e homens bissexuais, procurando enfatizar a questão de gênero – masculino, homem – precedendo a questão da orientação sexual – bissexual. Reconhecemos o viés essencialista presente na expressão bissexual, e suas derivadas, bissexualidade e bissexualismo, em desacordo com o referencial construcionista, que orienta a pesquisa e este texto em particular. Nesse sentido, utilizamos também, de maneira livre, a designação "homens que mantêm relações afetivas e/ou sexuais com homens e mulheres", mas para a qual também temos restrições, especialmente por parecer soslaiar a questão da identidade, problemática quando a pensamos como propriedade do idêntico, mas ainda um conceito bom para fazer pensar, especialmente quando tratamos de identidades culturais, que não são fixas, não derivam diretamente do corpo, são fluidas, podem ser contraditórias, são relacionais, não designam indivíduos prontos e acabados. Sempre que utilizarmos aqui alguma destas expressões, gostaríamos de que elas fossem entendidas a partir de uma riqueza de significações presentes na cultura impossível de ser apreendida por qualquer conceito.

Para manter o sigilo e a discrição que caracterizam todo o trabalho que realizamos com estes homens, os nomes citados nos depoimentos a seguir são fictícios e as cidades de origem foram omitidas, mas a idade, o grau de escolaridade, a profissão e outros detalhes da situação socioeconômica do indivíduo correspondem àquilo que efetivamente foi informado.

Violência estrutural, poder e sexualidade: algumas considerações

A designação de violência estrutural refere-se àquelas formas de violência que não se apresentam de maneira súbita, nem são derivadas de situações excepcionais, como guerras, mas estão instaladas na intimidade da vida cotidiana dos indivíduos, atuando de forma constante e sendo muitas vezes dificilmente nomeadas como violentas, uma vez que se apresentam quase "naturalizadas". Apesar do crescimento da riqueza e da diminuição da pobreza em muitos lugares no mundo, a desigualdade econômica vem aumentando nos últimos anos, o que colabora para a geração de situações institucionalizadas de violência. Essa desigualdade pode se apresentar como desigualdade de gênero, de orientação sexual, de raça, de etnia, de religião, de nacionalidade, de faixa etária, todas essas dimensões atuando de forma sinérgica com a desigualdade de acesso à renda, aos bens materiais e simbólicos e às oportunidades oferecidas pela vida em sociedade. Não há relação de determinação direta entre a desigualdade econômica e outras formas de desigualdade, mas uma interação complexa de muitos fatores, aumentando a vulnerabilidade de grupos e populações e ampliando o campo da violência estrutural.

A vida social tem implicado, ao longo da história, graus diferenciados de dominação de alguns indivíduos sobre outros, não havendo registro de sociedade em que tal não tenha acontecido. Desta forma, chega-se a pensar que a vida em sociedade nos torna "prisioneiros" uns dos outros e que a violência, daí derivada, não se resolve, apenas se administra. Assumindo este postulado como verdadeiro, de imediato se pode afirmar que uma das tarefas da vida em sociedade é administrar a violência; talvez resolvê-la. Não se pode perder de vista o fato de que a vida social é regida por um desejo de hegemonia e poder, de grupos e/ou de indivíduos, que pode redundar em situações de violência. Imaginar um mundo sem violência pode parecer distante e demasiado utópico, mas com certeza uma das tarefas urgentes da vida em sociedade é a de impor medidas de administração da violência.

O conceito de violência, como qualquer outra construção conceitual, é histórico e social. Por histórico entenda-se que nossa leitura hoje em dia das sociedades do passado, a partir do conjunto de direitos humanos que a sociedade contemporânea construiu, nos faz nomear como violência muitas formas e modos que não foram vivenciados pelos indivíduos como violentos, e muito menos nomeados dessa forma, em sua época. O aspecto social da conceituação de violência refere-se a que, em um grupo social, alguns vão nomear como violência algo que outros poderão considerar como corriqueiro ou não violento, isso na dependência de fatores culturais. Em nossa sociedade, sob muitos aspectos a considerar, a violência parece ter-se tornado cotidiana e isso verificamos especialmente no consumo dos produtos da mídia: jornais, revistas, programas de televisão e rádio. A partir daí, alguns afirmam que a violência é hoje em dia um elemento fundante das relações sociais. Ou seja, que a forma de estabelecimento das relações seria a violência, desde aquela mais branda, como a competição entre indivíduos por uma vaga, até a barbárie dos assassinatos, passando por situações vividas no trânsito das grandes cidades, constrangimentos diversos, violência simbólica, vergonha pela falta de dinheiro, sensação de impotência por não se poder consumir o que se deseja etc.

Dizer que se vive em uma cultura da violência é dizer que os modos de vida dos membros da sociedade incorporaram a violência em seu funcionamento cotidiano; significa dizer que os sistemas de inter-relações que ligam os indivíduos em conjunto admitem a prática da violência de forma rotineira. Esta é a situação que estamos nomeando como de violência estrutural. Entretanto, acreditamos que a violência, em que pese ter uma positividade produtiva, não é fundante da vida social, ao contrário do que muitas crenças difundem. Os elementos fundantes das relações sociais são principalmente a classe, a raça/etnia, o gênero, a faixa etária, a religião, a nacionalidade e região, entre outros. Ou seja, a maior parte das relações sociais de que participamos se dá a partir da negociação entre diferenças de classe, raça/ etnia, gênero, religião, geração etc. Essas diferenças são muitas vezes a matéria da própria relação, o que está em jogo nela mesma, aquilo que no momento estamos "trocando" com o outro.

A violência pode aparecer como um complemento fundante da articulação entre esses elementos. Ela pode atuar como o lubrificante dessas relações. Ela pode ser necessária para que um grupo preserve a dominação sobre outro, em um corte de gênero (homens violentam mulheres), em um corte de região (determinadas nações no planeta utilizam a violência para manter a dominação sobre outras), em um corte religioso (há o exercício da violência na relação entre grupos religiosos, como na Irlanda), em um corte étnico-racial (veja-se o caso da África do Sul) e de muitas outras formas.

Em 24 horas da vida de um indivíduo, o que está em jogo, na maior parte do tempo, em sua construção identitária, são trocas relacionadas a diferenças de classe, raça ou etnia, gênero, geração, região, nacionalidade. João não estabelece relações com Paulo, Pedro ou Maria *a partir* da violência, mas a relação que ele pode estabelecer com cada uma dessas pessoas, sendo por exemplo Maria mulher e João homem, ou Pedro norte-americano e João brasileiro, ou Paulo homossexual e João heterossexual, pode ter um complemento fundante, que é a violência, que poderá estar muito ou pouco dimensionada, dependendo de um conjunto amplo de fatores. Repetimos: uma das tarefas da vida em sociedade é justamente administrar a violência que pode estar presente nestas relações.

Apoiando-se na discussão que Anderson (2001) faz sobre a opressão, comentando o pensamento da Escola de Frankfurt, verifica-se que para aprofundar o tema da violência estrutural precisamos ter uma *concepção de história e sociedade baseada na luta dos grupos sociais por reconhecimento*. Há um papel central no conflito entre grupos sociais mais do que entre indivíduos. Esta posição nos diferencia de outras correntes teóricas, que vão priorizar os conflitos entre indivíduos, na linha de Hobbes. A história humana e o funcionamento da sociedade se caracterizam por conflitos entre grupos sociais, que buscam reconhecimento. Esses conflitos podem redundar em violência. Esta pode assumir a modalidade de violência estrutural. Na violência estrutural temos um caráter genuinamente social:

> (...) uma consideração do social que enfatiza que a sociedade se reproduz por meio da interação muitas vezes conflituosa dos grupos sociais reais, que são eles mesmos produtos de atividades em curso de interpretação e luta, por parte dos participantes. (Anderson, 2001)

Em suma, a trajetória histórica de uma sociedade se representa pela força dos conflitos entre os grupos sociais que a constituem.

Uma forma de ampliar o campo de compreensão da violência estrutural, especialmente na sua interface com a sexualidade, é relacioná-la a dois outros conceitos – exclusão social e desigualdade – de uma forma mais rigorosa que aquela que viemos praticando nos parágrafos anteriores. Em uma proposta de matriz que organiza estes termos, estabelecida por Castells, cada um deles faz parte de um conjunto de outros três. Desigualdade aparece no eixo de domínio das relações de distribuição/consumo ou apropriação diferencial da riqueza gerada pelo esforço coletivo, junto com polarização, pobreza e miséria: "Entende-se por desigualdade a apropriação diferencial de riqueza (renda e bens) por parte de indivíduos e grupos sociais distintos que se relacionam entre si" (Castells, 2000a, p. 96).

Já exclusão social aparece como um dos processos específicos das relações de produção, ao lado de individualização do trabalho, superexploração dos trabalhadores e integração perversa. Em que pese estarem os dois termos definidos de forma vinculada ao eixo produção-distribuição-consumo, podem ser ferramentas úteis para auxiliar na compreensão da violência estrutural a que estão sujeitos os homens bissexuais associados à Rede Bis-Brasil.

Grupos sociais discriminados por causa de sua preferência sexual podem estar sujeitos a uma situação de estigma (Goffman, 1982), que lhes dificulta participarem da distribuição da riqueza em pé de igualdade a outros indivíduos e grupos. Esta é uma percepção clara entre muitos informantes da Rede Bis-Brasil, havendo relatos de hostilidade no local de trabalho, com claros reflexos nos planos de ascensão profissional, como é o caso de Bruno, 29 anos, solteiro, membro da equipe de mecânicos especializados de uma concessionária de veículos de uma grande cidade:

> Os meus colegas estão sempre falando de mulher, o tempo todo. E aproveitam qualquer oportunidade para chamar algum dos chefes de "veado", "boiola", "mãozinha

frouxa", referindo-se ao fato de que os chefes ficam balançando as folhas de requisição na mão, e chamando a gente para atender os clientes. O pior de tudo é que todo dia contam alguma história da vida privada de algum chefe, não sei como ficam sabendo, sempre coisas envolvendo sexo e mulheres, e também casos de sexo entre um chefe e algum outro funcionário, um cara da limpeza, ou um dos caras da segurança. Já fui cogitado para ser subchefe, fiquei com medo de aceitar, falei que estava estudando, não ia ter tempo para ficar até mais tarde na oficina, mas na verdade fiquei pensando que algum deles podia me descobrir quando saio com outros caras. Enquanto eu sou um mecânico igual a eles, fico quietinho no meu canto, e eles não se metem na minha vida. Mas se virar chefe com certeza eles vão virar a minha vida do avesso. E aí fica ruim para mim.

O medo de ficar exposto a uma situação vexatória derivada da revelação de sua vida sexual, especialmente entre os homens, nos indica que:

(...) a possibilidade de sentir, interpretar e perceber as próprias necessidades e desejos, em suma, a própria possibilidade de ser alguém depende crucialmente do desenvolvimento de autoconfiança, auto-respeito e auto-estima. (Anderson, 2001, p. 12)

Essa vinculação entre o sentir e a auto-estima tem ligação direta com a questão da vulnerabilidade à AIDS. A auto-estima só pode ser construída se estou participando de um relacionamento em que não preciso esconder algo de muito importante a respeito da minha vida. Esse foi um fator de atração e também uma preocupação de inúmeros homens que se aproximaram da Rede Bis-Brasil. Dispostos a conseguir um lugar para conversar a respeito de suas preferências, temiam que a Rede não fosse um ambiente "confiável", conforme nos revela a carta de Mauro, 35 anos, trabalhador do comércio, morador em cidade da região metropolitana de Porto Alegre, solteiro:

Fico aliviado por saber que o anúncio é coisa séria, afinal não podemos ficar nos expondo a situações que nos comprometam e atrapalhem, não só a nossa vida pessoal, mas também a profissional, isso porque existe discriminação na nossa sociedade e em algumas áreas ela é maior ou menor. Será interessante conversar com pessoas iguais, sem se preocupar em esconder alguma coisa, e da maneira como vocês parecem estar conduzindo a coisa, isso me deixa tranqüilo e ansioso para o primeiro encontro. Se precisarem de mais alguma informação a meu respeito, por favor, peçam, para que possamos nos conhecer melhor. Um abraço.

Os exemplos transcritos servem também para ilustrar a situação definida pelo conceito de exclusão social:

(...) processo pelo qual determinados grupos e indivíduos são sistematicamente impedidos do acesso a posições que lhes permitiriam uma existência autônoma dentro dos padrões sociais determinados por instituições e valores inseridos em um dado contexto (...). A exclusão social é um processo, não uma condição. Desse modo, seus limites se mantêm sempre móveis e os excluídos e incluídos podem se revezar no processo ao longo do tempo, dependendo de seu grau de escolaridade, (...) preconceitos sociais, (...) (Castells, 2000a, p. 98)

Castells comenta também que, embora o desemprego seja o principal mecanismo de exclusão social, e o depoimento acima não se refira a um caso desses, "os motivos pelos quais indivíduos e grupos são expostos a dificuldades/impossibilidades estruturais de prover o próprio sustento seguem trajetórias totalmente diversas", (op. cit., 2000a, p.98) sendo este com certeza um dos casos dessas trajetórias diversas.

Ao falar em processos de exclusão social, de imediato nomeamos dois sujeitos: o incluído e o excluído. Tornou-se hoje em dia lugar-comum utilizar este vocabulário, que já está presente tanto em análises do Banco Mundial quanto em discursos de todos os matizes partidários ou programas de ONGs. O "sucesso" dessa designação nos leva a refletir sobre a necessidade de sua problematização. Por um lado, verificamos que processos de exclusão e inclusão estiveram presentes em todas as formas de organização social, posicionando os indivíduos dentro e fora de redes de sociabilidade, benefícios sociais, acesso à terra, oportunidades econômicas, listas eleitorais, direitos econômicos etc. Por outro lado, a designação de indivíduos e grupos sociais envolvidos nesses processos nem sempre foi aquela que hoje nos acostumamos a utilizar, de incluídos e excluídos. No vocabulário marxista, por exemplo, burguesia e proletariado nos indicam situações respectivamente de inclusão e exclusão. À primeira vista, pode parecer que houve uma simples troca. Entretanto, nomear como proletário um indivíduo ou grupo – na linguagem marxista, uma classe – nos remete de imediato à sua inserção no mundo do trabalho e rapidamente localizamos o grupo – classe – que é seu oponente antagônico, a burguesia. Ao falar em incluídos e excluídos, as fronteiras tornam-se mais móveis:

> (...) o excluído substituiu, com vantagens, uma série de outros agentes sociais que estavam marcados, ao longo da história, por lutas, por oposições, por relações de poder perversas. A noção de excluído aparece como que diluindo a materialidade dos sujeitos historicamente construídos. (Pinto, 1999, p. 34)

A mobilidade das fronteiras entre incluídos e excluídos se revela também no fato de que ninguém é inteiramente incluído ou inteiramente excluído. Essa possibilidade está colocada na noção de Castells (citada anteriormente), ao enfatizar que exclusão é processo, e não uma condição fixa. Ser um excluído tem então uma materialidade menos fixa do que ser um proletário, que não era um processo, mas uma condição de classe. Na dialética marxista, os proletários não lutam para ser a burguesia, mas para eliminar a burguesia. Mas os excluídos lutam para ser incluídos, parece não haver um antagonismo direto. Ninguém luta contra o incluído, todos querem ser incluídos:

> (...) os brasileiros pobres, trabalhadores, empregados e desempregados, (...) perderam essa identidade, que lhes garantia no mínimo um inimigo (mesmo que este estivesse

dotado de escasso conteúdo) e passaram a fazer parte de um grande e disforme grupo, o dos excluídos. (Pinto, 1999, p. 34)

Uma saída para esta situação de aparente confusão, que pode se prestar a afirmações do tipo "todos somos excluídos", é nomear, a cada momento do processo, o incluído e o excluído em disputa, por exemplo, o grande proprietário de terra e o sem-terra, estabelecendo entre eles a relação dialética marxista que indica que o sem-terra existe – o excluído – porque o grande proprietário de terras existe – o incluído –, resgatando em parte a noção de contradição entre burguesia e proletariado, presente em Marx.

Há um conjunto de crenças atualmente em vigor na sociedade que assume a desigualdade como pressuposto. Em especial, podemo-nos referir àquelas crenças derivadas da idéia de livre mercado, que postula um regime de concorrência entre os indivíduos, sendo os "perdedores" naturalmente tidos como menos capazes, portanto culpados de sua própria derrota, seja por sua falta de estudo, por sua falta de flexibilidade para enfrentar as novas formas de trabalho, por sua falta de adaptação. Igualmente, temos um conjunto de crenças que estruturam a masculinidade, estabelecendo hierarquias, atributos, preferências, modos de vida. Essas crenças configuram uma masculinidade hegemônica e estabelecem de imediato as masculinidades subordinadas, tais como a homossexualidade, a masculinidade bissexual, o travestismo etc. Os homens são marcados por uma especificidade genérica, que reúne atributos de força e poder. Mas, em suas existências específicas, a maioria dos homens não se sente assim tão poderosa. Como enfoque metodológico, queremos abordar o homem não como genérico de humanidade, mas como ser social marcado por especificidades. Na interface com o conjunto de crenças do livre mercado, produzem-se situações de masculinidade subordinada – ou dominada – entre homens de classes baixas, (que têm dificuldade em cumprir seu papel de provedores) jovens adolescentes desempregados, gays pobres e outros.

No caso brasileiro, e creio que podemos estender o raciocínio aos demais países latino-americanos, a sociedade e o Estado não garantem a todos os grupos sociais um tratamento de igualdade e eqüidade. As desigualdades de poder são organizadas em geral segundo três eixos – raça, classe e gênero, – e suas combinações. Podemos dizer que são os estigmas de raça, classe e gênero. A diversidade em geral não é contemplada no ordenamento jurídico desses países, o que contribui para reforçar as situações de violência estrutural, e priva os indivíduos de meios para se defender da exclusão, do desrespeito, das atitudes preconceituosas, da discriminação, da hipocrisia. Entre os grupos que experimentam constrangimento e não são contemplados pela legislação, destacam-se aqueles tradicionalmente chamados de "minorias sexuais". Temos hoje na América Latina sociedades em que amplos setores reconhecem e aceitam que a heterossexualidade não constitui a única forma de expressão da sexualidade humana. Lutar pelos "direitos referentes à livre orientação sexual insere-se em um contexto internacional de construção dos direitos humanos" (Pimentel, 2002) e constitui uma tarefa social de grande importância, que visa enfrentar a desvantagem histórica desses grupos frente a outros.

Parker e Aggleton (2001) retomam questões ligadas a estigma e discriminação para tratar da epidemia de AIDS e nos fornecem elementos para pensar questões ligadas à sexualidade e à violência estrutural. A questão da AIDS e da orientação sexual se configura, para os homens informantes da Rede Bis-Brasil, como fonte de estigma e discriminação, entendida aqui como tratamento injusto, e, portanto, potencialmente gerador de violência estrutural. O estigma em relação ao homem de prática bissexual pode se dar por diversos caminhos. Um deles vincula a orientação bissexual com indecisão, ambigüidade, falta de força de vontade, incapacidade de firmar uma orientação, configurando um indivíduo fraco. Outra fonte de estigma é pensar a masculinidade bissexual como desregramento, vontade de querer intensificar a vida sexual, querer fazer tudo, soltar-se, entregar-se aos prazeres com quem quer que seja, buscar o prazer sem limites, ou seja, fala-se aqui de um indivíduo forte, em uma intensidade de potência sexual desmedida. Ainda uma outra fonte importante de estigma refere-se ao fato de que a masculinidade bissexual impacta fortemente a discussão da fidelidade e da relação monogâmica.

Uma conseqüência importante do processo de estigmatização é retirar a voz destes indivíduos. Todos falam em nome dos homens bissexuais: médicos, psicólogos, cientistas sociais, autoridades sanitárias, mas raras vezes algum homem bissexual fala publicamente sobre sua orientação ou sobre seus problemas. Conforme nos alertam Parker e Aggleton:

> (...) dentro de tal estrutura, a construção do estigma (ou, de forma mais simples, a estigmatização) envolve a sinalização de diferenças significativas entre categorias de pessoas e, por meio de tal marcação, sua inserção nos sistemas ou estruturas de poder. (Parker e Aggleton, 2001, p. 14)

Em outras palavras, e seguindo de perto idéias de Foucault, estabelece-se um regime de conhecimento e poder acerca da masculinidade bissexual, composto por discursos de várias ordens.

Este "excêntrico", o homem bissexual, é necessário para a definição do normal, da heteronormatividade masculina. Produz-se esta diferença, que é valorizada negativamente, o que contribui para reforçar a centralidade da masculinidade heterossexual hegemônica. Neste sentido, a "construção social do estigma é central para o trabalho do poder" (Parker e Aggleton, 2001, p. 14) e posiciona-se o homem bissexual ou como uma mistura de indeciso e libertino nos dias de hoje, ou como o representante do "sexo do futuro" em muitas revistas. A discriminação contra os homens bissexuais não se baseia em regras ou leis, mas é uma violência simbólica, derivada do peso da masculinidade hegemônica, que transforma essa diferença em desigualdade. Desigualdade essa que pode ser aceita passivamente, o que se verifica nas cartas dos informantes por idéias e pensamentos do tipo "somos minoritários", ou a constatação de que lhes falta algo em termos de definição e decisão, ou porque se descrevem a partir do modelo da heterossexualidade, lhes "faltando" ou lhes "sobrando" alguma coisa. Poucos são os informantes que manifestam postura de luta pela igualdade em termos de orientação sexual.

Masculinidade bissexual e violência estrutural

A maior parte da correspondência enviada pelos associados da Rede Bis-Brasil diz respeito a suas vidas sexuais, confirmando que desejos e práticas sexuais ocupam posição de importância em suas vidas. Talvez estes homens associados à Rede não tenham muito mais a trocar entre si além da conversa a respeito de suas vidas sexuais, mas isto já será muito, uma vez que as diferentes disposições sexuais têm um impacto profundo na construção de suas vidas. Segundo Dowsett (1996), temos a criação de vidas ao redor da masculinidade bissexual, a possibilidade de ver como a vida sexual influencia a construção da vida em geral. Isto envolve vida sexual amorosa com homens e mulheres, encontros casuais para sexo, uso de pornografia, freqüência a lugares como saunas, parques, banheiros públicos etc.

O primeiro elemento que se destaca ao falar da vida sexual com estes homens é a prática de silêncio – ninguém sabe de sua orientação sexual, com ninguém o indivíduo conversa a respeito disso – e o anonimato – encontros furtivos e casuais na maioria das vezes, dando origem a um sofrimento silencioso, o que foi entendido nesta análise como uma modalidade de violência estrutural, uma vez que parte importante da vida de muitos deles se estrutura a partir destas vivências silenciosas. O anonimato não pode ser visto unicamente pela ótica negativa, pode, sim, ser entendido como prática de resistência. A questão é lidar com os problemas que o anonimato pode trazer e equacioná-los. Um fator que colabora para a situação de violência estrutural é a inexistência de uma organização entre estes homens, com locais de encontro, troca de idéias e sociabilidade. Embora se faça sempre a vinculação entre organização, visibilidade e saída do anonimato, acreditamos ser possível manter uma organização atuante contra a violência preservando o anonimato que os homens desejam ter em relação à sua vida afetivo-sexual. Nesse sentido, exemplificamos com uma ação da Rede Bis-Brasil. Na medida em que a rede é composta por indivíduos que possuem uma caixa postal do correio, e um nome fantasia, foi possível mobilizar, por meio de cartas, o conjunto dos associados para responder a artigos publicados na imprensa e que continham um conjunto de acusações aos homens bissexuais, em especial aquela de serem vetores de transmissão do HIV. Localizado o artigo na imprensa, este foi fotocopiado e enviado a todos os informantes – mais de 500 indivíduos em todo o país. Ao enviar, acrescentamos o endereço do jornal e o correio eletrônico do autor e solicitamos que cada um escrevesse ao periódico, manifestando sua inconformidade com o referido artigo, da forma como achasse mais conveniente. Este recurso foi utilizado em cinco ocasiões, e sempre com sucesso, na medida em que diversos associados escreveram tanto aos jornais quanto aos autores dos artigos, preservando seu anonimato – e por conta disso nunca tendo a carta publicada no jornal – mas de alguma forma tendo manifestado seu inconformismo.

As operações de tornar visível ou invisível são uma estratégia constante na vida da maioria dos informantes. Muitos deles procuram tornar bastante visível sua relação com mulheres, o que pode implicar ter namorada, noiva, esposa, ou ser visto simplesmente como um homem que atrai e é atraído por mulheres, ou, mais simplesmente ainda, um homem que fala constantemente sobre mulheres com os outros homens. A face da invisibilidade se dá nas relações com os homens, que é regida por sigilo e discrição, encontros fortuitos e não estabelecimento de vínculos duradouros. Metáforas como luz e escuridão, visível e invisível, mostrar e esconder são muito utilizadas para descrever estes trânsitos. Mas a administração de mundos às vezes tão diferentes exige habilidade e pode gerar tensão, como se observa na carta a seguir, enviada por José, 36 anos, metalúrgico de uma grande empresa, baixo nível de escolaridade, morador da região metropolitana de Porto Alegre:

> Caros, peço que não me escrevam mais para este endereço pois tive o azar de minha esposa pegar a correspondência e agora estou em apuros. Mas peço um telefone qualquer, não quero perder contato com vocês peço que me liguem para o meu trabalho, fone ramal, perguntem por José. Trabalho em turno rotativo se ligarem e eu não estiver perguntem quando estarei trabalhando. Por favor me ligue preciso falar urgente, insisto não me escreva para o meu endereço mais. Cuidado se receber carta de... pois é sobre este assunto que quero que liguem. Desculpem o transtorno, assinado José.

Outra fonte de violência que atinge os informantes parece ser derivada das idéias de desvio e exclusão da normalidade em que vivem. A noção de que a masculinidade bissexual é uma masculinidade degradada, que está desviada em relação ao padrão aceito de relações sociais entre homens e mulheres, provoca tensão, mesmo entre aqueles que revelam ter uma confortável vida de relações afetivas e sexuais com parceiros dos dois sexos. Daí parece vir a tendência em limitar este "desvio" a alguns encontros, sempre fortuitos, entre homens, ou envolvendo também mulheres, e levar uma vida pública "regular" com mulheres. Isto tem a ver com a não existência de modos socialmente aceitos de viver a masculinidade bissexual e a conseqüente baixa auto-estima que se gera.

A violência estrutural neste caso está ligada (ou ajuda a explicar) à cultura de encontros entre homens, em geral exclusivamente para sexo, preservando uma vida pública e social com a parceira mulher. Mesmo na mídia, conforme podemos demonstrar por meio de ampla quantidade de material coletado, envolvendo pequenas histórias, quadrinhos, charges, relatos de casos e reportagens, temos numerosos exemplos de que uma relação entre dois homens é possível quando derivada de um acontecimento fortuito, um momento, algo que não vai propiciar a criação de vínculos permanentes entre os envolvidos.

A Rede Bis-Brasil serviu para que se manifestassem homens interessados em fazer frente à discriminação em que vivem, propondo a criação de mecanismos já utilizados por outros grupos para se defender. É o que verificamos na correspondência de Hugo, 31 anos, segundo grau completo, solteiro, que no momento do envio da carta estava mantendo relação fixa com uma mulher, e nos últimos seis meses havia mantido relações sexuais com um homem e duas outras mulheres:

> São Paulo, 22/10/96. Estou escrevendo para vocês porque me interessei muito pelo trabalho de vocês, eu acho que chegou a hora de nós bissexuais ter um tipo de Associação só para nós de nível nacional, e por que não dizer de nível internacional também, pois já existem Associações para gays e lésbicas, e por que não nós bissexuais criarmos uma Associação só nossa. Gostaria de fazer algumas perguntas para vocês dois, e também fazer algumas sugestões, gostaria de ter uma resposta de vocês, OK? Eu sou um bissexual e penso dessa maneira, quero saber se vocês dois também pensam da mesma forma que eu, OK? No meu modo de entender, ser bissexual não é ser homossexual, pois os homossexuais só gostam de pessoas do mesmo sexo, mas já o bissexual gosta de ter relações com os dois sexos, ou seja, com homens e mulheres, e nas relações gosta de ser ativo e passivo com os dois, com homens *e mulheres também*, OK?

A citação da homossexualidade masculina, feita na carta de Hugo, é merecedora de considerações. Um elemento muito presente na correspondência enviada pelos homens da Rede, bem como nas entrevistas, é a negação de relações de qualquer tipo com os homossexuais ou a proximidade com modos de ser homossexuais. Isto não é uma regra mas é, com certeza, uma opinião que agrega mais da metade do universo pesquisado. Em determinado momento, colocamos em votação entre os participantes da Rede se deveríamos aceitar a presença de homossexuais como associados ou não. Estabeleceu-se um debate intenso, com opiniões contra e a favor. Feito um plebiscito, venceu por pequena maioria a posição de que os homossexuais poderiam participar da Rede. Mas houve vivas manifestações de que, se por um lado os homossexuais poderiam ser admitidos, a preferência era para aqueles que não fossem efeminados. Podemos pensar que são mínimas as diferenças entre bissexuais e homossexuais, colocados ambos em situação de marginalidade frente à masculinidade hegemônica. Poderíamos até mesmo pensar que entre esses dois grupos deveria existir alguma solidariedade, pois que seus membros enfrentam numerosas situações parecidas em termos de discriminação e do medo de serem descobertos, quando confrontados com a heteronormatividade.

Essa pequena diferença existente parece constituir, para os homens bissexuais, um problema maior do que as grandes diferenças que possam vir a existir entre eles e os homens exclusivamente heterossexuais. A aproximação com a homossexualidade, especialmente na sua face de homem efeminado, com trejeitos, é recusada de forma peremptória, e isto se expressa de forma muito clara nos anúncios, nos quais são freqüentes referências como "descartam-se bichas efeminadas, pré-travequinhas, entendidos afetados e outros metidos a mulher". Essa "violência das mínimas diferenças" tem várias raízes:

> Num ensaio relativamente menor, "O Tabu da Virgindade", publicado pela primeira vez em 1917, Freud cunhou a expressão "o narcisismo das diferenças menores" para descrever um fenômeno que se repete com freqüência: a hostilidade entre grupos sociais que são iguais ou semelhantes em todos, menos em alguns, os aspectos menores. Sua observação pode ser expressa na forma de uma hipótese ou teoria geral: a de que grupos sociais distintos, porém semelhantes, têm probabilidade maior de serem hostis entre si do que grupos que possuem diferenças óbvias. (Burke, 2000, p. 16)

Ora, se a identidade diz respeito às diferenças, então há que se preocupar justamente com aqueles que são mais parecidos conosco e que mais ameaçam trazer confusão para a definição de nossa identidade. Portanto, é necessário afirmar a diferença contra o que é mais próximo, e que, portanto, mais nos ameaça.

Isto pode levar a uma falsa idéia de que os homens bissexuais tenham preferência por se relacionar com homens másculos, decididamente viris e masculinos. De forma impressionista, até podemos dizer que talvez esta seja a preferência da maior parte, pelo menos entre nossos informantes, mas encontramos na correspondência, bem como nos anúncios de jornais e em nosso próprio boletim, a busca de homens por parceiros efeminados, claramente femininos. Tudo isso evidencia a complexidade de uma construção identitária localizada na fronteira, ou com trânsito entre a visibilidade e a invisibilidade, o claro e o escuro, o laço conjugal e o encontro fortuito, entre homens e mulheres. Torna-se uma manobra exigente manter uma identidade no meio de tantos fluxos e trânsitos; podemos no meio de um deslocamento desses "perder" algo:

> (...) "não são as diferenças que dão lugar à violência e ao caos, e sim a perda delas". Mais precisamente, é a ameaça da perda das diferenças menores que constituem ou simbolizam a identidade que desencadeia a violência em defesa delas. Afinal, a violência não é a única estratégia possível para o que poderíamos chamar de a "administração" das diferenças, que às vezes persistem por séculos, como no caso dos ingleses e escoceses, sem cair na violência. (Burke, 2000, p. 16)

Os determinantes de raça e etnia são claramente causadores de situações de violência estrutural, e isto podemos perceber na carta a seguir, na qual se misturam também questões de pertencimento a um grupo religioso. O informante é negro, 31 anos, mora com a família em cidade de tamanho médio no interior do Rio Grande do Sul, trabalha e estuda, e convive muito intensamente no meio religioso:

> Amigos, tenho umas perguntas: como faço para conhecer caras do meu nível, não bonitos de rosto, sem preconceitos de cor, raça, credo, e que sejam adeptos do sexo interracial, que gostem de sexo entre branco e negro? Como fazer amigos como nós? Bissexuais sem ter que se decepcionar? Pretendo em breve morar só, mas eu queria ter a companhia de um amigo freqüentemente, ou visita de amigos como nós bissexuais, como fazer? Estou supercansado da monotonia, queria sentir-me mais feliz, isto não significa só sexo, mas amizade pura e sincera, onde haja fidelidade e confiança mútua. O que me deixa mais triste é que pertenço a uma família grande e faço parte de uma organização religiosa, e não tenho liberdade para coisas íntimas. Amigos não tenho muitos, só dois, e moram longe, o resto são só conhecidos, não posso ter e nem falar de coisas íntimas. O que fazer?

Uma face da violência estrutural que permeia as relações entre os homens desse grupo é a heteronormatividade masculina hegemônica. As possibilidades de ser homem são muito estreitas, há pouco espaço para a variação. Desta forma, qualquer outra maneira de viver o masculino, que não seja a tradicional, pode ser rapidamente identificada com a homossexualidade, o que é um grande temor para esses homens. Outras das causas de violência estrutural são as dicotomias entre homem e mulher, naturalizadas como forte *versus* fraco, ativo *versus* passivo. Aqueles homens que têm preferência pela posição passiva na relação com outros homens tendem a se sentir diminuídos em sua masculinidade. Um terceiro aspecto diz respeito à intimidade entre homens, que é sempre difícil. Os homens em geral estabelecem redes pobres, de pouca qualidade, de pouca intimidade, e sofrem por conta desta limitação. Isso se reflete no desejo de associação de alguns homens à Rede, nitidamente no sentido de conseguir um parceiro para conversas íntimas e não apenas para relação sexual. Como resultado desse conjunto de fatores, vemos que a Rede Bis-Brasil serviu como local para que a grande maioria dos homens discutisse suas relações com outros homens, falasse do temor da homossexualidade, buscasse encontrar homens para relações de amizade e conversa íntima etc. Poucas vezes a relação com mulheres foi tematizada e, quando foi, deveu-se ao fato de serem homens que gostam de manter relações com um homem e uma mulher ao mesmo tempo. Em geral, esses homens buscam um casal para se relacionar e, neste contexto, falaram a respeito de suas preferências femininas.

Por fim, podemos pensar o universo da masculinidade bissexual, em sua interface com a violência estrutural, organizando o campo de possibilidades de encontros entre esses homens a partir da classificação organizada por Kenneth Plummer para a homossexualidade, citada por Giddens (1997), da qual nos permitimos extrair um trecho mais longo:

> Kenneth Plummer distinguiu quatro tipos de homossexualidade na moderna cultura ocidental. A homossexualidade casual é um encontro homossexual passageiro que, em geral, não estrutura substancialmente a vida sexual do indivíduo. Os afagos entre companheiros de colégio, ou a masturbação mútua, são exemplos disso mesmo. A homossexualidade como atividade situada diz respeito a situações em que atividades homossexuais são regularmente mantidas, mas em que estas não se transformam numa preferência dominante do indivíduo. Em muitos contextos carcerários, como as cadeias ou os quartéis, este tipo de comportamento homossexual é comum. É visto mais como um substituto do comportamento heterossexual do que como uma preferência. A homossexualidade personalizada alude a casos de indivíduos que têm uma preferência por atividades homossexuais, mas que estão isolados dos grupos onde elas são facilmente aceitas. A homossexualidade, neste caso, é uma atividade furtiva, escondida de amigos e colegas. A homossexualidade como estilo de vida refere-se aos indivíduos que "assumiram" a sua homossexualidade e se associaram a outros com gostos semelhantes. Estas pessoas pertencem normalmente a subculturas "gay", nas quais as atividades homossexuais estão integradas num estilo de vida distinto. (Plummer, 1975)

Pensando esta proposta em termos de nosso objeto de pesquisa, teríamos em primeiro lugar a masculinidade bissexual ocasional, aquela dos homens que se envolveram em encontros casuais com homens e mulheres, em geral na fase adolescente. Em princípio, estes homens não estariam participando da Rede, uma vez que atualmente não estão envolvidos em relações eróticas e afetivas com homens e mulheres. Entretanto, estes desejos podem ser, mais adiante na vida, "reativados", e encontramos casos entre os informantes, como podemos ver na carta a seguir:

> Caros amigos, meu nome é Gilberto, tenho 32 anos, sou casado, e nunca tive nenhum contato como esse. Algum tempo venho desejando, mas não tive ainda oportunidade. Só fiz alguma coisa assim no colégio. Como já disse, sou casado, e por isso sigilo e discrição

> são essenciais. (...) Espero uma resposta, ansiosamente, e que talvez no grupo possa resolver esse meu desejo. Um abraço. Gilberto.

Esta carta nos alerta para uma modalidade muito comum de compreensão da sexualidade entre os homens informantes, que é a de estabelecer "fases". Dessa maneira, temos a revelação do medo de alguns homens de que, intensificando seus encontros com outros homens, acabem por "virar" homossexuais, se desinteressando por mulheres. A idéia de fases, de indefinição, também auxilia a provocar tensão pessoal, uma vez que o indivíduo fica esperando que a fase se defina. Enquanto isso, ele se sente incompleto e inseguro, ou fica apavorado pensando que está caminhando inexoravelmente para um determinado ponto, em geral no sentido de "virar" homossexual. Isto de fato é relatado por diversos homens, muitas vezes em situações dramáticas, como no trecho a seguir, retirado de uma longa correspondência do informante, que é casado, tem 46 anos, mora em uma capital e descreve, com muitos detalhes, como pouco a pouco foi aumentando sua relação com homens, terminando por desinteressar-se do casamento com sua esposa. Reproduzimos apenas o parágrafo inicial de uma das cartas:

> Tomei conhecimento de tua existência e de teu trabalho através da revista *Caros Amigos*, (...) eu tenho três filhas e continuo casado embora minha união (que já dura 22 anos) esteja, eu sinto, afundando inexoravelmente em função desta minha compulsão que me impele para as pessoas do mesmo sexo.

A segunda modalidade pode ser pensada como a masculinidade bissexual situada, agregando os relatos de experiências de homens em quartéis, retiros e treinamentos de muitos dias, em locais onde estavam apenas homens. Não temos na Rede Bis-Brasil relatos de marinheiros ou presidiários, a situação clássica desse tipo de relacionamento. Temos relatos de homens que falam de seu tempo no quartel e detalham as relações que tiveram com outros homens, seguindo uma certa descrição que parece ser clássica, do tipo: "estávamos há muitos dias em um acampamento ou prestando serviço interno em um quartel, fulano e eu éramos muito amigos, em uma noite de inverno ele foi me levar uma caneca de café na guarita, acabamos nos abraçando, fizemos sexo dentro da guarita mesmo" e outras variantes desse tipo. Parece já haver uma certa forma padrão de descrever esse tipo de acontecimento, que se repete em numerosos relatos, tanto em revistas quanto nas cartas dos informantes, e nas quais se enfatizam dois elementos: a prolongada ausência de contatos afetivos com mulheres e o inesperado de um momento que tornou possível a aproximação com algum amigo ou simples colega.

A terceira modalidade seria a da masculinidade bissexual personalizada, e que parece ser sem dúvida aquela em que a maioria dos informantes vive. Aqui os indivíduos sabem o que querem, procuram satisfazer seus desejos, mas o fazem de forma individual, jamais chegando a pertencer a uma rede, ou freqüentando locais de sociabilidade onde poderiam encontrar outros semelhantes. A instauração da Rede Bis-Brasil representou para os indivíduos que a ela aderiram uma prática de resistência à violência estrutural que certamente é intensa em um grupo que convive de forma tão individualizada com seus desejos, ao permitir uma estruturação, mesmo que mínima, de estratégias coletivas de relacionamento com a masculinidade hegemônica.

A última modalidade, a masculinidade bissexual como estilo de vida, trazida para nosso universo encontra poucos adeptos, uma vez que não existem maneiras socialmente construídas de viver esta forma de masculinidade em nosso meio de modo visível, com locais de encontro do tipo bares e boates, publicações especializadas, *sites* na Internet, datas de comemoração, tal como encontramos para a homossexualidade masculina. Desta forma, torna-se inclusive difícil falar de masculinidade bissexual como um estilo de vida, especialmente quando pensamos nos numerosos homens casados associados à Rede. Nesta situação, a organização de redes de afinidade e movimentos de solidariedade e a criação de espaços de sociabilidade para que esses homens possam dialogar e construir modalidades compartilhadas de compreensão de sua situação se fazem urgentes. Estas são estratégias efetivas para diminuir a vulnerabilidade desses indivíduos e grupos à violência estrutural.

Referências bibliográficas

ANDERSON, J. "A opressão invisível", in: *Folha de S. Paulo*, São Paulo, 22 jul. Caderno Mais!, p. 8-13, 2001.

BURKE, P. "A violência das mínimas diferenças", in: *Folha de S. Paulo*, São Paulo, 21 mai. Caderno Mais!, p. 16, 2000.

CASTELLS, M. *O poder da identidade*. São Paulo: Paz e Terra, 2000.

____________. *Fim de milênio*. São Paulo: Paz e Terra, 2000a.

CRUZ NETTO, O. "Um país de desigualdades", in: *Boletim ABIA*, Rio de Janeiro, jan./mar., n. 44, p. 6-7, 2000.

DOWSETT, G. *Practicing Desire: homosexual sex in the era of AIDS*. California: Stanford University Press, 1996.

FOUCAULT, M. *História da Sexualidade I: A vontade de saber*. Rio de Janeiro: Graal, 1980.

GIDDENS, A. *Sociologia*. Lisboa: Fundação Calouste Gulbenkian, 1997.

GOFFMAN, E. *Estigma: notas sobre a manipulação da identidade deteriorada*. Rio de Janeiro: Zahar Editor, 1982.

HONNETH, A. "Escola de Frankfurt: a nova geração", in: *Folha de S. Paulo*, São Paulo, 22 jul. Caderno Mais!, p. 4-7, 2001.

PARKER, R.; CAMARGO JR., K. R. "AIDS em tempos de globalização", in: *Boletim ABIA*, Rio de Janeiro, n. 44, p. 8-9, jan./mar. 2000.

PARKER, R.; TERTO JR., V.; RAXACH, J. C. "Respostas ao HIV na América Latina", in: *Boletim ABIA*, Rio de Janeiro, n. 44, p. 2-3, jan./mar. 2000.

PARKER, R.; AGGLETON, P. *Estigma, discriminação e AIDS*. Rio de Janeiro: ABIA, 2001.

PIMENTEL, S. "Uma questão de justiça." *Folha de S. Paulo*, São Paulo, 12 jan. p. A3, 2002.

PINTO, C. R. J. "Foucault e as Constituições Brasileiras: quando a lepra e a peste se encontram com os nossos excluídos", in: *Revista Educação & Realidade*, vol. 24, n. 2, p. 33-56, 1999.

PLUMMER, K.; AGGLETON, P. "Sexual Stigma: an interactive account." Londres: Routlege and Kegan Paul, 1975.

ROUANET, S. P. "A técnica segundo Derrida", in: *Folha de S. Paulo*, São Paulo, 19 ago. Caderno Mais!, p. 16-17, 2001.

SILVA, T. T. *O currículo como fetiche*. Belo Horizonte: Autêntica, 1999.

(Re)pensando as "masculinidades adolescentes": homens jovens, gênero e saúde[1]

Marcos Nascimento*

Este artigo é fruto de reflexões sobre nossa prática de intervenção social com grupos de homens adolescentes e jovens, em bairros da periferia da cidade do Rio de Janeiro. A ênfase nesse projeto tem sido a promoção da saúde e da eqüidade de gênero entre homens de 15 a 24 anos de idade. Nesse sentido, cabe destacar que este trabalho vem sendo desenvolvido a partir de uma perspectiva de gênero, com o objetivo de repensar a construção dessas masculinidades adolescentes e as conseqüências que a socialização de gênero traz para o cotidiano desses jovens, para a sua relação com suas namoradas, parceiras, pares, famílias e comunidades.

Mapeando um contexto: homens e masculinidades

Os movimentos sociais, como o feminista, o negro, o gay e o lésbico, contribuíram para delinear novos comportamentos, produzindo novos contornos para a relação entre homens e mulheres no que se refere ao exercício da sexualidade, à compreensão do casamento, da família e dos possíveis arranjos de parcerias afetivas, ao mundo do trabalho, ao que é ser homem e ao que é ser mulher. Esses movimentos tiveram forte conotação política,

1. Agradeço a todos os colegas do Instituto PROMUNDO e, especialmente, aos integrantes do grupo *De Jovem para Jovem*, por todos os ensinamentos.

* Psicólogo, Mestre em Saúde Coletiva (IMS/UERJ), Coordenador da iniciativa "Juventude, Gênero e Saúde" do Instituto Promundo (RJ). Endereço eletrônico (m.nascimento@promundo.org.br).

alertando para injustiças e desigualdades, reivindicando direitos de cidadania pública e privada, marcando presença e promovendo novas configurações para a sociedade contemporânea (Nascimento, 2001). E essas novas configurações não se deram somente no plano do mundo público, mas também trouxeram conseqüências para o plano da vida privada cotidiana de homens e mulheres, produzindo transformações no plano das subjetividades de todos os atores envolvidos.[2]

Mais recentemente, o surgimento da AIDS contribuiu ainda mais para desvendar toda uma sorte de experiências no que se refere ao exercício da sexualidade, à construção de identidade sexual e, por conseguinte, problematizando ainda mais a noção corrente do masculino e do feminino, suas inter-relações, seus discursos, representações e significados (Parker e Barbosa, 1996; Paiva, 2000).

Atualmente, várias frentes se abrem para dar conta desta múltipla realidade, incorporando o debate sobre os homens, sobre o que é ser homem, o processo de construção dessas masculinidades e, por conseguinte, a relação que a socialização masculina traz para a vida dos próprios homens e também para a vida das mulheres. Daí surgirem discursos referentes a um "novo homem", à "crise da masculinidade", à "desconstrução do masculino", entre outros, dentro e fora da academia, tentando dar conta desse sistema de complexidade, incertezas e mudanças no mundo da vida cotidiana (Nolasco, 1993, 1997; Da Matta, 1997; Valdés, 2000).

Por um lado, aparecem narrativas masculinas[3] vinculadas a um modelo de homem forte, provedor, chefe de família, conectado ao mundo público, da "rua" e do trabalho, competitivo, muitas vezes opressor, com pouca conexão com a esfera da vida privada, que não chora, não expressa sentimentos, que não possui intimidade com o terreno dos afetos, e que se comporta, às vezes, de forma agressiva e violenta. Por outro, aparecem narrativas femininas baseadas em um modelo de fragilidade, sensibilidade, afetividade, muitas vezes de submissão, encarnando os papéis de esposa, mãe e dona-de-casa. Essas narrativas "tradicionais" não dão conta da dimensão e da diversidade de experiências humanas e passam a ser relativizadas por outros atributos presentes na vida cotidiana.

2. Entendemos por subjetividade as formas de pensar, sentir, perceber, agir, não como da natureza ou da essência dos indivíduos, mas como produções históricas, datadas e localizáveis, como propõem Guattari e Rolnik (1986).

3. Entendemos por narrativa (masculina e feminina) e as formas como homens e mulheres atuam no mundo, incorporando as masculinidades e feminilidades operadas pela cultura, inseridas em um determinado contexto social e momento histórico (Connell, 1995; Vale de Almeida, 1995).

Portanto, a narrativa do senso comum que parte da premissa de que "homem é tudo igual" não dá conta de toda a diversidade da experiência masculina. E ser homem não trata somente da experiência subjetiva do sexo masculino. Trata, também, de uma experiência que se constrói social e culturalmente, datada historicamente, permeada de códigos, práticas e representações que são produzidos em cada sociedade, e que conforma um certo modelo hegemônico de homem, com um leque de referenciais de conduta a ser seguido e que acaba se traduzindo em um modelo de "homem de verdade", em um *script* predeterminado de narrativa possível para a sua história pessoal (Nolasco, 1993, 1997; Da Matta, 1997).

A existência de um modelo para a narrativa implica, necessariamente, produção de desvios, alterações desta narrativa convencional. Assim, nesse espaço – entre o idealizado e o que realmente existe no mundo cotidiano –, é que surgem e ganham forma diferentes possibilidades de exercício da masculinidade, conectadas com seus contextos, suas realidades e sua historicidade. O exercício de masculinidade de um homem branco, heterossexual e de classe média certamente não é o mesmo de um homem negro, homossexual e pobre. Nesse sentido, gênero se intercruza com raça e etnia, classe social e orientação sexual. O fato de ambos serem "homens" por si só não basta como validação de masculinidade. Outras dimensões de vida se conectam às narrativas masculinas e produzem "homens e masculinidades". Nesse sentido, cabe ressaltar que nem todos os homens estão conectados com os privilégios do exercício de poder do sistema patriarcal. Esses privilégios são mediados pela classe social e econômica, pela raça e pela etnia, pela idade e pela orientação sexual (Greig, Kimmel e Lang, 2000). Desta forma, partimos da perspectiva de uma masculinidade que não é outorgada, mas que, ao contrário, é construída, afirmada, negociada e desconstruída ao longo da vida como experiência social e subjetiva que é, pertencente a uma certa cultura e datada historicamente (Parker, 1991; Connell, 1995, 2000; Vale de Almeida, 1995). E, se o gênero é um produto histórico, ele está aberto a mudanças. Da Matta (1997), referindo-se ao exercício de masculinidade dos rapazes de uma pequena cidade do interior do Brasil, fala dos rituais inerentes à construção de "ser homem", e das dúvidas, incertezas e angústias da confirmação de "não ser mulher" e "nem ser veado". Assim, o masculino não funciona somente como o pólo oposto do feminino, mas também necessita da confirmação e da validação de outros homens a cada momento, já que nada garante sua confirmação para todo o sempre. Isso por si só, como aponta Vale de Almeida (1995), já traz indícios de uma masculinidade sempre em negociação, ou seja, sempre passível de refutação e/ou confirmação por parte do outro, na qual os atributos de comportamento precisam ser constantemente avaliados, negociados, relembrados – um fazer-se contínuo.

Então, se as masculinidades passam a ser vistas como um projeto de gênero, de acordo com Connell (1995), a adolescência e a juventude passam a ser um período privilegiado da vida para processos de intervenção com os homens. Neste período, eles se encontram mais abertos à participação em atividades educativas, estão em um processo de experimentação, de questionamentos e de construção de valores e de crenças, que, grande parte das vezes, contribuirá sobremaneira para a construção de suas trajetórias afetivas na vida adulta, para a construção de um estilo de vida, em que o autocuidado e o cuidado com o outro estejam presentes ou não, e, por fim, atrelam-se a determinados modelos de masculinidade.

Masculinidades adolescentes: repertórios em construção

Dados de pesquisas recentes revelam que os homens jovens estão diretamente ligados a questões referentes à saúde sexual e reprodutiva das mulheres; que, geralmente, não se envolvem com as tarefas de cuidado com os filhos e que são assintomáticos para uma série de doenças sexualmente transmissíveis (Barker e Lowenstein, 1997).

Em quase todo o mundo, iniciam sua atividade sexual mais cedo e com mais parceiros do que as mulheres. A atividade sexual é encarada mais como uma "prova de performance" do que como um exercício de intimidade, de troca. E "homem que é homem" já sabe tudo sobre o sexo, não demonstra dúvidas, incertezas ou angústias em relação ao sexo. E é comum valerem-se de coerção para terem relações sexuais. Geralmente, são os rapazes que determinam quando e de que forma vão manter relações sexuais com as meninas. Existe também uma cultura do risco, ou seja, muitas vezes fazer sexo com risco se torna "mais atraente" do que fazer sexo seguro. Isso é bastante representativo desta cultura de enfrentamento do risco, de uma "aura de invulnerabilidade" que cerca homens jovens e adultos. Muitas vezes, situações de vulnerabilidade não são percebidas como tal. Temer essas situações pode ser interpretado como sinal de fraqueza ou de mau desempenho.

Em relação à epidemia da AIDS, estão cada vez mais na "linha de frente" da transmissão do HIV (UNESCO, 2002). E, ainda que o uso do preservativo masculino entre homens jovens tenha aumentado, ele é inconsistente, ou seja, não está incorporado na vida dos jovens. Pesquisa realizada no Rio de Janeiro aponta que os meninos têm informação sobre o preservativo, mas ainda persistem "velhos mitos" sobre o seu uso que, além das dificuldades de acesso ao preservativo, contribuem para um uso esporádico e não como algo inerente a suas práticas sexuais (PROMUNDO e NOOS, 2002).

Um outro ponto importante a ser considerado revela que nem sempre a atividade sexual dos homens jovens corresponde à sua identidade sexual. Rapazes que fazem sexo com outros homens nem sempre podem revelar sua orientação sexual por medo do preconceito, da homofobia, assim como da reação de suas famílias, da localidade onde vivem, da sociedade de uma maneira geral.

Da mesma forma que enfatizamos que nem todos os homens são iguais, também podemos afirmar que nem todos os rapazes são iguais. Se, por um lado, existem rapazes com narrativas atreladas a um modelo hegemônico, patriarcal e machista, por outro, também precisamos reconhecer, existem aqueles que estão atrelados a modelos mais alternativos do que é ser homem, construindo para si, e para suas relações afetivas e sexuais, outras possibilidades – o que Barker (2000) denomina de rapazes "mais eqüitativos nas relações de gênero".

E, também, precisamos ter em mente que os homens jovens têm necessidades para além das questões referentes à sexualidade. Pesquisas mostram que a taxa de evasão escolar é maior entre os meninos do que entre as meninas; que as taxas de mortalidade entre homens jovens é muito superior à das mulheres jovens, sobretudo no que se refere a causas externas como a violência e os acidentes de trânsito; que as dificuldades de ingresso no mercado de trabalho, sobretudo para os jovens de camadas populares, sem formação específica e/ou escolaridade suficiente, torna-se outro grave problema.

Então, como podemos pensar em alternativas para os rapazes? Como podemos pensar em outros modelos e estratégias para a construção de outras narrativas para estes jovens? Incluí-los em espaços como os de saúde e de educação nos parece muito relevante, desde que se perceba que os homens jovens possuem necessidades específicas em termos de saúde. Não podemos ter em mente a simples reprodução de programas e projetos voltados para as meninas ou para grupos mistos. É necessário que fiquemos atentos para dois eixos importantes no trabalho com os jovens. A especificidade de gênero, ou seja, como os meninos são socializados, o que aprendem e apreendem dos modelos que estão disponíveis em sua família, em sua comunidade; e a eqüidade de gênero, ou seja, o que podemos fazer para promover um canal de expressão de afetos, de emoções, de diálogo entre homens e mulheres e que produzam relações mais eqüitativas, justas e solidárias em nossa sociedade.

Assim sendo, é fundamental que os meninos tenham espaços para falar. O silêncio masculino acerca dos afetos e das emoções, como um território não explorado, muitas vezes é causador de atitudes e de comportamentos ligados à violência, à cultura do risco e da coerção. O silêncio de alguns homens acerca da discriminação e da violência contra mulheres e homossexuais também é uma forma de cumplicidade com este mundo "não eqüitativo" (Barker, 2000; Nascimento, 2001). Espaços onde seja possível falar sobre os mais variados assuntos sem juízos de valor, demonstrar dúvidas e perceber que elas não são somente suas, abrir um espaço de troca de informações, afetos, conflitos – onde se procuram soluções para além da violência. Ter contato com homens atrelados a outros modelos de masculinidades menos tradicionais, através destes grupos de homens, pode se tornar uma alternativa para a construção de outras narrativas.

É importante pensar que trabalhar questões de gênero, saúde, cidadania com os meninos traz benefícios para eles mesmos, mas certamente também os traz para as mulheres. Esse caráter relacional tem sido a ênfase do trabalho desenvolvido com os homens jovens. Pensar diferentemente do que normalmente pensa e desconstruir um modelo que séculos de História construíram não é fácil mas, ao mesmo tempo, se torna fundamental para a construção de uma sociedade baseada em outros valores que não a injustiça, a desigualdade, o cerceamento de possibilidades para um cotidiano mais pleno. Faz-se necessário pensar nos rapazes como aliados desse processo, para além das estatísticas de morbidade e de mortalidade que acabam por revelar que a socialização dos meninos ainda os impele para uma cultura do risco, da violência, da demonstração de coragem, em um proceesso de confirmação e de validação de suas masculinidades ainda em constrtução, segundo normas e valores tradicionais, machistas e sexistas, e, portanto, de vulnerabilização.

A inclusão dos homens jovens nas agendas internacionais a respeito de saúde, da saúde da mulher, da violência contra a mulher, da AIDS, nos parece fundamental e, ao mesmo tempo, instigante para pensar nos desafios e paradoxos que ainda precisamos enfrentar. A inclusão dos homens em debates de temas como sexualidade, família, paternidade, violência, saúde, tem sido cada vez mais crescente. Pensá-los como interlocutores nesse processo, focalizar no que temos de potencial para seguir em direção à transformação dos projetos de gênero de homens e mulheres, parece ser o ponto de partida. Desafios como a construção de uma agenda para a questão dos "homens e AIDS", de encontrar uma agenda comum entre homens que fazem sexo com homens e homens que fazem sexo com mulheres, ainda que respeitando a diversidade e a especificidade de cada um desses grupos, de incluir os homens nos debates acerca da violência contra a mulher,[4] de seu engajamento em programas e políticas voltados

4. Dados referentes à questão de homens trabalhando pelo fim da violência contra a mulher podem ser obtidos no *site* <www.lacobranco.org>, da Campanha do Laço Branco no Brasil – Homens trabalhando pelo fim da violência contra a mulher.

para a promoção da saúde, no sentido mais amplo, que contemple a diversidade e a especificidade de cada um dos atores envolvidos, homens e mulheres, beneficiam a todos.

Conclusão

Os desafios a serem superados na transformação da masculinidade tradicional para uma direção que rume para a eqüidade são muitos. A inclusão dos homens, em especial dos homens jovens, nas agendas nacionais e internacionais no que se refere a questões como os direitos sexuais e reprodutivos, a violência contra a mulher, a homofobia, a AIDS, entre outros, nos parece fundamental para estimular o debate acerca das relações de gênero, para pensar em políticas e programas que incluam as relações de gênero como um dos pilares de transformação social, e que, sobretudo, possam ver os homens como aliados na promoção de saúde e da eqüidade de gênero.

Nosso trabalho vem ao encontro de uma lacuna no que se refere à atenção aos rapazes, em termos de saúde. Se, por um lado, é verdade que o mundo em que vivemos ainda é produtor de muitas desigualdades, por outro, as "pequenas" revoluções do cotidiano nos levam a crer que a construção de uma sociedade justa e igualitária é tarefa de todos nós: educadores e profissionais de saúde, pesquisadores, homens e mulheres.

Referências bibliográficas

ARILHA, Margareth; RIDENTI, Sandra G. U.; MEDRADO, Benedito. "Introdução", in: ARILHA, Margareth; RIDENTI, Sandra G. U.; MEDRADO, Benedito (Orgs.). Homens e masculinidades: outras palavras. São Paulo: ECOS; Ed. 34, 1998, p. 15-28.

BARBOSA, Regina Maria (Org.). Sexualidades pelo avesso: direitos, identidades e poder. Rio de Janeiro: IMS/UERJ; São Paulo: Ed. 34, 1999, pp. 89-98.

BARKER, Gary. "Non-violent males in violent settings: an exploratory qualitative study of prosocial low-income adolescent males in two Chicago (USA) neighborhoods", in: Childhood: a Global Journal of Child Research, London, vol. 5, n. 4, p. 437-461, nov. 1998.

________. "Gender equitable boys in a gender inequitable world: reflections from qualitative research and programme development in Rio de Janeiro", in: Sexual and relationship therapy, London, vol. 5, n. 3, p. 263-282, 2000.

BARKER, Gary; LOWENSTEIN, Irene. "Where the boys are: Attitudes related to masculinity, fatherhood and violence toward women among low income adolescent and adult males in Rio de Janeiro, Brazil", in: *Youth and Society*. London, vol. 29, p. 166-196, 1997.

CONNELL, Robert. Masculinities. California: Stanford, 1995.

________. The men and the boys. Cambridge: Polity, 2000.

DA MATTA, Roberto. "Tem pente aí?: reflexões sobre a identidade masculina", in: CALDAS, Dario (Org.). Homens. São Paulo: SENAC, 1997, p. 33-49.

GIDDENS, Anthony. A transformação da intimidade: sexualidade, amor e erotismo nas sociedades modernas. São Paulo: Ed. UNESP, 1993.

GREIG, Alan; KIMMEL, Michael; LANG, James. Men, masculinities and development: broadening our work towards gender equality. Gender in Development. UNDP (United Nations Development Programme). New York, 2000. (Monograph Series, n. 10.)

GUATTARI, Felix. Revolução Molecular: pulsações políticas do desejo. São Paulo: Brasiliense, 1987.

GUATTARI, Felix; ROLNIK, Suely. Micropolítica: cartografias do desejo. Petrópolis: Vozes, 1986.

LAURENTI, Ruy et alli. Perfil epidemiológico da saúde masculina na região das Américas: uma contribuição para o enfoque de gênero. Faculdade de Saúde Pública da USP, 1998. (Relatório de pesquisa.)

NASCIMENTO, Marcos. "Desaprendendo o silêncio: uma experiência de trabalho com grupos de homens autores de violência contra a mulher." – Instituto de Medicina Social, UERJ. Rio de Janeiro, 2001. (Dissertação / Mestrado.)

NOLASCO, Sócrates. O mito da masculinidade. Rio de Janeiro: Rocco, 1993.

________. "Um homem de verdade", in: CALDAS, Dario (Org.). Homens. São Paulo: SENAC, 1997, p. 13-29.

OLAVARRÍA, José (Ed.). Masculinidades y equidad de género en América Latina. Santiago: FLACSO, 1998, p. 106-129.

PAIVA, Vera. Fazendo arte com a camisinha: sexualidades jovens em tempos de AIDS. São Paulo: Summus, 2000.

PARKER, Richard. Corpos, prazeres e paixões: a cultura sexual no Brasil contemporâneo. Rio de Janeiro: Best Seller, 1991.

PARKER, Richard; BARBOSA, Regina Maria. "Introdução", in: PARKER, Richard; BARBOSA, Regina Maria (Orgs.). Sexualidades Brasileiras. Rio de Janeiro: Relume Dumará, 1996, p. 7-13.

PROMUNDO e NOOS. Homens, violência de gênero, saúde sexual e reprodutiva: um estudo sobre homens no Rio de Janeiro. Rio de Janeiro, 2002. (Relatório de pesquisa.)

UNESCO, UNAIDS. AIDS: o que pensam os jovens. Brasília: UNESCO, UNAIDS, 2002.

VALDÉS, Teresa. "Presentación", in: OLAVARRÍA, José; PARRINI, Rodrigo (Ed.). Masculinidad/es. Identidad, sexualidad y familia. Santiago: FLACSO, 2000, p. 5-7.

VALE DE ALMEIDA, Miguel. Senhores de si: uma interpretação antropológica da masculinidade. Lisboa: Fim de Século, 1995.

Travestis: subjetividades em construção permanente

Wiliam Siqueira Peres*

Os chamados Estudos Gays e Lésbicos vêm apresentando uma variedade muito grande de pesquisas voltadas para essa população, principalmente no que tange ao enfrentamento da epidemia do HIV/AIDS, notadamente voltados para HSH (homens que fazem sexo com homens), estando entre elas o compilado de pesquisas brasileiras organizadas por Parker e Terto Jr. (1998).

Porém, quando se trata de estudos a respeito da cultura travesti e suas respostas frente à epidemia do HIV/AIDS, praticamente inexistem referências a serem consideradas.

Nos últimos anos, ao realizar levantamento bibliográfico sobre as produções voltadas para a realidade das travestis brasileiras, assim como de outras nacionalidades, deparamos com uma pequena produção intelectual voltada para essa população, sendo que as poucas referências encontradas nos remetem a etnografias realizadas por antropólogos, centradas na análise da cultura travesti, no cotidiano da construção de seus corpos e relações, tais como os trabalhos realizados por Hélio Silva (1993, 1996, 1996), Oliveira (1994), Hugo Denizart (1997), Don Kulick (1997), Charles Klein (1998) e, mais recentemente, os trabalhos de Josefina Fernandez (2000), em Buenos Aires, e de

* Professor Assistente do Departamento de Psicologia Clínica FCL/UNESP - Campus de Assis (SP); Psicólogo, Mestre em Psicologia, Doutorando em Saúde Coletiva pelo IMS/UERJ, Professor do Departamento de Psicologia Clínica da UNESP/Assis-SP. E-mail: (wiliam_siqueira@uol.com.br).

Marcos Benedetti (2000), em Porto Alegre, que investigaram a respeito das construções de gêneros.

É interessante pontuar que muitas aproximações feitas até o momento entre pesquisadores e a cultura/comunidade travesti, se deram a partir de interesses em estudos de gênero (Benedetti, 2000; Fernandez, 2000; Martin e Vorhies, 1978; Roscoe, 1996).

Uma perspectiva mais voltada para a epidemia do HIV/AIDS, assim como para a defesa dos direitos humanos e construção da cidadania da comunidade travesti, se restringe apenas a dois trabalhos, dentro de nossa revisão bibliográfica: à pesquisa realizada por Charles Klein (1998) com as travestis de Porto Alegre (RS) e aos trabalhos de Josefina Fernandez com as travestis argentinas de Buenos Aires.

Querendo contribuir com as discussões a respeito da comunidade travesti, sua cultura e sua relação com a epidemia do HIV/AIDS, temos tentado estudar essa população a partir de diversas atividades que vimos coordenando, quer pelas oficinas sobre prevenção e cidadania que realizamos semanalmente com as travestis de Londrina, pelas nossas incursões preventivas pelos "pontos de batalha" da cidade, quer pela participação no ENTLAIDS - Encontro Nacional de Travestis e Liberados que trabalham com AIDS, que se encontra no momento da representação do presente trabalho em sua nona edição (a última se realizou em Curitiba – PR, 25 a 28 de junho de 2002), também realizando oficinas, além de contatos pessoais com diversas lideranças travestis de diversas cidades do país.

Vale lembrar que o primeiro ENTLAIDS aconteceu em 1993, no Rio de Janeiro, a partir da idealização e organização da travesti Jovanna Baby, do Grupo Astral/RJ, e serviu como um disparador para que outros grupos de travestis se organizassem em diferentes cidades brasileiras.

Em nossas observações e escutas, temos nos atentado sempre para as reais condições de vida dessa população, suas experiências vividas frente ao estigma e à discriminação, assim como para as respostas possíveis de enfrentamento às opressões e à infecção e à reinfecção do HIV/AIDS, tomando como referência de análise a violência estrutural, na forma proposta por Parker (2000), que seria composta pela divisão e pela desigualdade sociais; opressão sexual e discriminação de HSH/profissionais do sexo; marginalização e criminalização de usuários de drogas injetáveis (UDIs); relações de poder e gênero sobre as mulheres; e injustiça econômica sobre os pobres.

Acreditamos que a problematização desses componentes da formação da violência estrutural poderá fornecer subsídios para o conhecimento das reais formas de vulnerabilidades individuais e sociais que expõem as travestis à infecção e reinfecção do HIV.

A experiência que temos tido com as travestis até agora, através de oficinas de prevenção e cidadania, tem mostrado que, muito mais que encontrar respostas, elas nos formulam novas perguntas, promovendo uma inquietação positiva que estimula a curiosidade e a vontade de realizar uma cartografia que visibilize os pontos de conflito entre a comunidade travesti e a sociedade, favorecendo assim estratégias de aproximação e convívio entre as diferenças.

Quando em 1995 realizamos a primeira Oficina de Prevenção do HIV/AIDS, com travestis de Londrina (PR), não imaginávamos a complexidade do universo existencial que compunha a vida dessas pessoas, apesar de nossa implicação com a homossexualidade e suas especificidades.

Tratava-se de um grupo de oito travestis que se mostravam dispostas a discutir as formas de infecção e reinfecção do HIV/AIDS no contexto em que estavam inseridas, como profissionais do sexo que batalhavam pela sua sobrevivência nas ruas da cidade (distribuídas em quatro "pontos" principais: rua Uruguai/Santa Catarina - travestis mais antigas (acima de quarenta anos); av. Tiradentes/Bar Fim de Noite - travestis com idade entre 20 e 25 anos; av. Tiradentes - travestis com idade entre 20 e 30 anos; av. Leste Oeste - travestis com idade entre 14 e 20 anos (espaço das travestis iniciantes e com pouco tempo de serviço).

Nessa primeira oficina, além das dúvidas a respeito das formas de infecção e prevenção das DST/HIV/AIDS, as travestis começaram a pontuar outras questões que diziam respeito à experiência de vida que as mesmas tinham, falando de questões mais pessoais a respeito de suas relações com a família, com as pessoas em seu entorno e consigo mesmas, pontuando as dificuldades que encontravam para se inserirem no espaço social e comunitário.

Para nós, ficava clara a necessidade urgente da criação de um espaço que propiciasse reflexão das travestis sobre as suas reais condições de vida, indo além da prevenção do HIV/AIDS, problematizando a respeito de suas dificuldades econômincas e sociais, considerando tratar-se de um grupo de pessoas cada vez mais estigmatizadas e excluídas, logo, expostas a maior vulnerabilidade de infecção e reinfecção pelo vírus HIV.

Suas falas nos traziam relatos que mostravam a experiência concreta da discriminação e do preconceito, que, devido à intensidade que era imposta pelas instituições disciplinares (igreja, família, estado, hospitais), levavam as travestis a se sentirem destituídas de direitos e acesso a bens e serviços, evidenciando a destruição da auto-estima e a crença na cidadania como algo de segunda categoria.

É interessante marcar que, diante desse cenário de exclusão e de discriminação, as novas travestis que entram nesse contexto concebem a situação como natural, ou seja, por desconhecerem outras formas de expressar sua singularidade, assim como por ouvirem histórias de outras travestis que nunca puderam ser cidadãs, acabam tomando este cenário como naturalizado, expressando frases do tipo: "travesti não tem jeito não: pode juntar uns quarenta e torcer que não dá uma." Sob nosso ponto de vista, isto evidencia a total destruição da auto-estima e da dignidade humanas.

Tais situações nos levam a problematizar a respeito do massacre da singularidade, ou seja, da total indiferença para com as diferenças em nossa sociedade, que rouba o direito de as pessoas poderem expressar seus desejos e direitos, tendo muitas vezes de viver de aparências, compondo uma imagem externa visualizada como normal, bem como um mundo interno de horrores, culpabilizações e sofrimento.

Acreditamos na necessidade de estabelecer estratégias que favoreçam a promoção da auto-estima das travestis, assim como de produção do sentimento de solidariedade entre seus pares, favorecendo a inserção no espaço social e coletivo, garantindo a sua participação nas discussões e tomadas de decisão da sociedade como um todo. A esse exercício de participação social e política nas tomadas de decisão da sociedade damos o nome de Cidadania.

Nosso percurso realizado, até então, com as travestis de Londrina (PR), com os ENTLAIDS e contatos pessoais com lideranças travestis nacionais, pode ser assim demarcado:

• 1995 / 1996 (freqüência mensal) - Primeira oficina de prevenção do HIV/AIDS com travestis.

Local: Terreiro de Candomblé e Casa de Travesti.

- Enfoque na prevenção das DST/HIV/AIDS.
- Formação de multiplicadores.
- Oficinas sobre solidariedade.
- Atividades de socialização (jogos dramáticos).
- Estratégias de *empowerment* (auto-estima).

• 1997/1998 (freqüência quinzenal) - Oficinas de prevenção e cidadania.

Local: Casa de Travesti.

- O grupo das veteranas (travestis com idade entre 30 e 50 anos).
- Atividades lúdicas, recreacionistas e dramatizações sobre prevenção e cidadania.
- Debates sobre temas gerais trazidos pelas travestis (drogas, família, religião etc.).

• Final de 1997 - Descobre-se que as travestis multiplicadoras não passavam na av. Tiradentes, por não terem boas relações com as travestis daquela região, solicitando que se construíssem oficinas separadas.

Local: Boate "Dois por Acaso".

- O grupo das calouras (travestis com idade entre 18 e 25 anos).

- Atividades lúdicas, recreacionistas e dramatizações sobre prevenção e cidadania.

- Debates sobre temas gerais trazidos pelas travestis (amor, amizade, hormônios...).

• Final de 1998 - Fundação do GHL - Grupo Homossexual Londrinense.

- Espaço de aproximação entre os grupos de travestis.

1999/2000 (freqüência quinzenal) - Oficinas de prevenção e cidadania.

Local: sede do GHL.

- Atividades lúdicas, recreacionistas e dramatizações sobre prevenção e cidadania.

- Debates sobre temas trazidos pelas travestis (direitos humanos, saúde, educação...).

• Fevereiro/2000 - O GHL (Grupo Homossexual de Londrina) se desfaz devido a problemas de relacionamentos entre as lideranças e afastamento de seu presidente por problemas de saúde, em decorrência de sua condição sorológica.

• 2001/2002 - Em março de 2001, um grupo de travestis que participava do extinto GHL se reúne e resolve criar um novo grupo: ADE FIDAN - Homens de fino trato.

- Promoção, ações de prevenção junto às travestis profissionais do sexo, através da distribuição de preservativos e material educativo, com o apoio da Coordenação Estadual de DST/AIDS do Paraná.

• 12 de outubro de 2001 - Vitimada pela AIDS, falece uma das travestis do grupo, muito respeitada pela comunidade, chamada Saara Santana.

• Primeiro de dezembro de 2001 - Entre as atividades do dia mundial de luta contra a AIDS é inaugurada em Londrina a Casa de Vivência "Saara Santana", uma instituição que cuidará de travestis vivendo com HIV/AIDS, em parceria com o grupo ADE FIDAN. A Casa de Vivência conta hoje com financiamento do Ministério da Saúde e apoio das Coordenações Municipais e Estaduais de DST/AIDS.

• Janeiro de 2002 - Retomada das oficinas de prevenção e cidadania. As primeiras oficinas se pautaram em atividades preventivas para o carnaval, resultando em duas intervenções:

- Blitz da prevenção - Escolheu-se o ponto de batalha de maior movimento noturno, onde se instalou uma barraca, com tochas acesas, distribuindo preservativos e material educativo junto às pessoas que passavam pelo local, durante o período das 20:00h às 4:00h da manhã. Foram distribuídos 1.200 preservativos.

- Carro da Prevenção - Foi construído um carro alegórico que fez a abertura do carnaval de rua de Londrina (PR), onde foram distribuídos 2.600 preservativos.

• Março de 2002/outubro de 2002 - Em oficinas com encontros semanais, foram incentivadas discussões a respeito das formas de infecção e reinfecção pelo HIV, dentro do contexto existencial das travestis londrinenses, fazendo "ligações" com fatos concretos experimentados no dia-a-dia, tais como:

- a relação estabelecida com os clientes (pré-adolescentes/homens casados na faixa dos 40 anos);
- a relação estabelecida com os companheiros de batalha;
- a relação estabelecida com os policiais;
- a relação estabelecida com os desejos e projetos para o futuro (emprego; estudo; companheiro; relação familiar; ir para a Europa, no caso, a Itália).

A partir de nossa relação com as travestis, temos nos referido às mesmas no feminino por respeito à solicitação das próprias travestis, assim como temos questionado o uso da palavra "travestismo" considerando que o sufixo "ismo" remete à designação de patologia, propondo como substituição a palavra Travestilidade.

A idéia de "travestilidade", sob nosso ponto de vista, contemplaria a imensa complexidade das formas de expressão travesti existentes, considerando a heterogeneidade dos modos de ser no mundo que é configurado pela subcultura travesti.

Nossas experiências com a comunidade travesti, através de nossas observações e escutas, nos têm permitido inicialmente pontuar alguns dados que abordaremos a seguir.

Da relação com a infância

Amparados por dados de pesquisas realizadas por outros estudiosos da subcultura travesti, tais como os estudos realizados por Silva (1993, 1996), por Denizart (1997), Kulick (1997), Klein (1998), Fernandez (2000) e Benedetti (2000), também em nossos dados encontramos relatos em que a maioria das travestis nos falam de experiências de expulsões ou abandonos por suas famílias, perdendo o que seria mais importante na formação psíquica de qualquer ser humano: o acolhimento afetivo e emocional. Nos relatos que temos recebido pelas travestis, a queixa de abandono familiar aparece como uma experiência de sofrimento, dada a sensação de rejeição e de rebaixamento da auto-estima.

Essa violência inicial vivida com a expulsão da família se expande pela vizinhança, que faz chacota e humilhação para com as travestis, prejudicando sua socialização imposta por intensa segregação, limitando seu espaço social, estabelecendo o que Morello e Ferrer (1988) chamaram de "sociabilidade de gueto", ou ainda, "subjetividade de gueto". Por subjetividade temos considerado o modo pelo qual uma pessoa é colocada à disposição do campo social, com todos os valores e significados que lhes são pertinentes.

A partir da exclusão familiar, a relação com a escola também passa a ficar prejudicada, no momento em que sua base emocional está fragilizada, não encontra forças para enfrentar o estigma e a discriminação que a própria escola, com seus alunos, professores e dirigentes, exercem, dada a desinfor-mação a respeito do convívio com a diferença e com suas singularidades.

Essas ocorrências por sua vez prejudicam a própria socialização dessas pessoas, que passam a ter um universo existencial bastante restrito ao gueto, inserindo-se em um contexto de opressão e marginalização que solicita a sua adequação à subcultura travesti, que, além de ter linguagens específicas à sua realidade, impõe regras de aceitabilidade, tais como a transformação do corpo e reprodução de modelo previamente dado de como ser uma travesti, ensinamentos estes que são passados de forma oral e corporal: informações de como se transformar e se montar de acordo com os modelos dados, de encontrar os produtos certos para sua transformação estética e corporal.

Essas experiências iniciais vão configurando o que gostaríamos de chamar "redes de exclusão", um processo que vai se fortalecendo na medida em que se encontram ausentes ações de enfrentamento ao estigma e ao preconceito, assim como de políticas públicas que contemplem suas necessidades básicas, como direito de acesso aos estudos, à profissionalização e a bens e serviços de qualidade em saúde, habitação e segurança.

Da relação com o corpo

A maioria das travestis nos fala a respeito de sua inserção no universo transgênero a partir de uma forte identificação com a imagem da travesti que é vista em programas de televisão, ou ainda, quando se deparam com as mesmas nas esquinas dos pontos de batalha. Ao ver a figura da travesti, é como se uma onda de encantamento se apoderasse de si mesma, levando-a a desejar urgentemente pela sua transformação de modo a ser igual ao modelo visualizado. Fernandez (2000) fala de três modelos de identificação que são tomados como referências das travestis de Buenos Aires e que, de certa forma, também estão presentes nas referências tidas pelas travestis brasileiras: a Vedete, a Prostituta, a Mãe. Da Vedete retira o *glamour* e a performace criada para os grandes espetáculos teatrais, da Mãe, a feminilidade e o modelo de relação entre homem e mulher, e, da Prostituta, a possibilidade de sobrevivência dentro de uma sociedade que não lhes dá oportunidades de estudo ou de formação profissional.

Ao aproximar-se da figura modelar, busca informações de como se transformar, recebendo inicialmente as dicas de como adquirir e ingerir hormônios, assim como de aplicação de silicone, de onde adquirir roupas, sapatos, perucas, maquiagens e outros equipamentos que a transformarão em uma nova travesti.

Uma clarificação a respeito da produção do corpo e da imagem das travestis pode ser encontrada nos trabalhos realizados por Silva (1992, 1996), Denizart (1997) e Benedetti (2000).

Marcadas pelas exclusões familiares, escolares e sociais, acabam se inserindo em um círculo característico da comunidade travesti, qual seja, o de morar em pensões que alugam quartos para travestis ou em repúblicas previamente montadas por uma travesti mais esperta (mais velha) que receberá o nome de cafetina, ou, mais comumente, de dona da pensão, ou, ainda, de forma mais carinhosa, de "mãezinha" ou de "mainha", dependendo da região brasileira.

Nesse novo universo, como não consegue emprego para sua sobrevivência, a maioria das travestis é levada para a única forma de subsistência: a prostituição. Uma determinação da sociedade que não coloca a prostituição como opção, mas como imposição, impossibilitando às mesmas o acesso a empregos e vida digna.

Da relação com a comunidade travesti

Nossa experiência com oficinas de prevenção e cidadania com as travestis tem mostrado as dificuldades de trabalhar com as mesmas, dadas as dificuldades em acreditar na mudança de suas condições de vida, fazendo com que as mesmas sejam desconfiadas diante de qualquer ação que se proponha a ajudá-las.

Nas discussões a respeito da organização do grupo de travestis é muito comum ouvirmos relatos de que não é possível às mesmas serem amigas, pois a situação da batalha implica uma competição pouco favorável à união.

Apresentam dificuldades em problematizar suas experiências cotidianas, homogeneizando todas as relações que mantêm com as pessoas, com o mundo e consigo mesmas como sendo iguais. Como exemplo, podemos pontuar algumas falas de travesti diante de alguns temas: amor - "amor pra mim são dólares"; amizade - "travesti nenhuma é amiga de ninguém. Sua única amiga é a solidão"; solidariedade - "solidariedade são os cinqüenta reais que o cliente me paga".

Estas expressões são exemplos de dificuldades de trabalho com travestis que foram destituídas de direitos e que são defensivas diante de qualquer proposta de clarificação de valores, ou de melhoria de suas reais condições de vida.

Diante da realidade de exclusão social vivida pelas travestis brasileiras, que temos observado em nossa experiência, fica evidente a necessidade de oficinas preventivas e de cidadania com travestis sejam freqüentes, de modo a clarificar a respeito dos direitos humanos, para que as mesmas acreditem na proposta coletiva de organização do grupo, bem incentive as ações preventivas, lembrando sempre do uso do preservativo, assim como de outros componentes ligados à prevenção, tais como cuidado com o corpo, com a saúde e a alimentação, mesmo porque, no cenário da prostituição, a rotatividade das pessoas é muito grande, sempre tendo companheiras novas nos locais de batalha, que oferecem sexo inseguro para os clientes, criando novas demandas.

Parker e Camargo Jr. (2000) têm feito menção às questões de rotatividade que ocorre com profissionais do sexo feminino, e que, sob nosso ponto de vista, se ajustam perfeitamente à realidade das travestis profissionais do sexo. No mesmo artigo, os autores fazem menção às dificuldades de estratégias de negociação do preservativo com os clientes, vividas pelas profissionais do sexo feminino, questões que temos encontrado na relação com as práticas preventivas que realizamos com as travestis.

Da relação com o espaço social

Marcadas por nossa sociedade conservadora, que é muito influenciada pelas premissas do heterossexismo e do patriarcalismo, as travestis experimentam todo tipo de discriminação, desde serem travestis profissionais do sexo até outras complicações, dadas as associações com a pobreza, com a cor da pele, as práticas sexuais e as classificações de gênero.

Essas vivências de estigma e discriminação podem ser encontradas também nos trabalhos de Don Kulick (1997) e Charles Klein (1998).

Nos pontos de batalha vivenciam todo tipo de humilhação física e verbal, entendidas como reforçadoras de sua condição de cidadãs de segunda categoria, marcadas por atrocidades que muitas vezes têm provocado a morte de muitas travestis. Em artigo escrito por Klein (1998), temos a análise do assassinato de uma travesti em Porto Alegre, conhecida como "Cris Loira", executada pela própria polícia, entre tantos outros casos de que temos tido conhecimento pela mídia, produzindo reação entre as travestis que se organizaram e criaram uma instituição de defesa dos direitos das travestis gaúchas.

Em Londrina, felizmente, a relação da polícia com as travestis é cordial e pacífica. O problema é a extorsão praticada sobre os clientes por alguns policiais.

Na relação específica com a vizinhança da Casa de Vivência "Saara Santana", através das oficinas de cidadania que problematizam a relação das travestis com a sociedade, seus direitos e deveres, temos conseguido construir novas formas de relações entre elas, que começam a questionar suas condutas, como a de ficar nua na rua, de reações agressivas com os clientes, companheiros e consigo mesmas, assim como a partir de organização de "bingos" beneficentes, nos quais as pessoas vizinhas têm colaborado, assim como participado de oficinas de artesanato em conjunto com as travestis.

As dificuldades maiores com a comunidade em geral têm sido com os estabelecimentos comerciais, que ora as atendem de forma "blazê", ora com risos irônicos e depreciativos, ou simplesmente se negando a atendê-las.

Para enfrentar essas discriminações, Londrina conta hoje com uma recém-sancionada lei, que pune os estabelecimentos comerciais que discriminam pessoas por orientação sexual. É interessante pontuar que, quando da votação da lei na Câmara Municipal, as travestis compareceram em massa, com seus títulos de eleitor em mãos, lembrando os vereadores de suas condições de "cidadãs" eleitoras.

Na avaliação feita em oficina sobre a participação das travestis na Câmara Municipal, ficou clara para o grupo a necessidade de uma maior participação ativa das mesmas em outras atividades, como forma de exercitar suas reais condições de cidadãs.

Da organização social e política

Como estratégias de organização social e política, temos nos pautado sempre nas premissas dos direitos humanos universais, priorizando o princípio de dignidade, assim como de construção da cidadania, incentivando as travestis à participação em eventos públicos, tais como: manifestação na Câmara Municipal para aprovação de lei antidiscriminatória; participação em eventos promovidos pelas secretarias de saúde (comissão municipal de saúde), pela Secretaria Municipal do Trabalho (seminários sobre empregos) e pela Secretaria da Ação Social (reuniões administrativas de convênios).

Reflexões

Essas constatações nos levam a refletir a respeito do que Richard Parker (2000) vem denominando "sinergia de vulnerabilidades", ou seja, dadas as diversas formas de exclusão às quais as travestis são expostas, assim como as variadas formas de opressão experimentadas em suas vidas, as mesmas acabam sendo expostas mais intensamente às possibilidades reais de infecção e reinfecção ao HIV/AIDS.

O cenário em que as travestis transitam e se relacionam traz como marcas aquilo que Castells (2000) tem chamado de "inclusão perversa". Essa perversa forma de inclusão, por sua vez, leva as travestis a inventar um novo mundo, com relações próprias, linguagem singular, sistema de valores diferenciados, crenças específicas, que por sua vez nos levam a acreditar na existência de uma subcultura travesti, que solicita políticas públicas urgentes que venham ao encontro às reais necessidades de enfrentamento ao estigma, ao preconceito e à discriminação, como forma de enfrentar as vulnerabilidades que as expõem à epidemia do HIV/AIDS, assim como a de melhorar a qualidade de vida e de erradicar da miséria econômica, social e cultural pela qual as mesmas estão expostas.

Em sua maioria, as travestis vivem em situações desfavoráveis a uma vida digna, morando em habitações de condições precárias, em intenso estado de miséria econômica, social e cultural, efetivando os efeitos da violência estrutural, que se torna mais complexa ainda quando associada às condições de pessoas vivendo com HIV/AIDS.

Pesquisas realizadas por Paul Farmer (1992) em outras localidades, tais como Haiti e Peru, têm mostrado o quanto as políticas internacionais e mesmo intergovernamentais têm favorecido a desintegração de estruturas econômicas, aumentando, assim, os níveis de desigualdades sociais, econômicas e culturais, desta forma propiciando o aumento da vulnerabilidade da epidemia da AIDS nos países em desenvolvimento.

Trabalhos realizados por Parker em parceria com Aggleton (2001) e Camargo Jr. (2000), tanto quanto os apontamentos que tivemos com Jonathan Mann (1993), têm demonstrado essas evidências, da associação entre pobreza e AIDS, assim como do desenvolvimento de estigmas que levam essa população empobrecida e miserável a perder as referências de cidadania, o que, por sua vez, aumenta a exposição ao vírus HIV e a destruição de seus direitos como cidadãs.

No caso das travestis brasileiras, e de outros países da América Latina, como tem apontado as pesquisas de Fernandez (2000), na Argentina, e de Osimani (2001) no Uruguai, cada vez mais percebemos a ausência de políticas que se voltem para essas populações, deixando-as assim à mercê de todo tipo de infortúnio e desigualdade, o que por sua vez as torna mais e mais oprimidas, conseqüentemente aumentando a sua vulnerabilidade e risco frente ao HIV/AIDS.

Precisamos, urgentemente, da criação de um fórum específico para discussão de políticas e ações voltadas para a população travesti, considerando as especificidades de suas existências, conforme a cartografia que vimos apresentando ao longo desta exposição, das dificuldades em se incluir essas pessoas nas agendas de prioridades das ações governamentais, de forma a diminuir a incidência de infecção das DST/HIV/AIDS e hepatite, e permitir a essas pessoas o resgate de sua dignidade, mesmo porque a dignidade é um dos princípios norteadores fundamentais dos Direitos Humanos e da vida como valor maior.

Considerando os níveis de exclusão social, econômica e cultural em que as travestis estão inseridas, e considerando que as mesmas, em sua maioria, se encontram em profunda relação com os bolsões de pobreza e miserabilidade, podemos perceber que a luta pela defesa dos seus direitos está apenas começando.

Tais lutas podem ser evidenciadas através de diversos projetos que vêm sendo desenvolvidos em parceria com a CN-DST/HIV/AIDS do Ministério da Saúde, e vários grupos organizados de travestis, como é o caso de Fortaleza (CE), Curitiba (PR), Londrina (PR), Porto Alegre (RS) e Rio de Janeiro (RJ), Aracaju (SE), Florianópolis (SC) entre outros, visando ao resgate da auto-estima das travestis e possíveis profissionalizações.

Um outro agravante considerado por nós diz respeito à rotatividade dessas pessoas que vagam de cidade em cidade, na esperança de conseguir melhores condições socioeconômicas, mas também como estratégia de segurança. Conforme vão sendo muito visadas por clientes marginais freqüentes e pelos próprios policiais, vão ganhando outros estigmas que fazem com que fiquem mais expostas às violências e perseguições. Essa alta rotatividade impede, por exemplo, que ações efetivas e contínuas possam ser empreendidas. No caso da prevenção das DST/HIV/AIDS, assim como das oficinas que visam ao resgate da auto-estima e da dignidade humana das travestis, temos percebido a necessidade de programas continuados da prevenção que fiquem lembrando o tempo todo a respeito dos cuidados a serem tomados. Marcados pela condição socioeconômica desfavorecida, muitas vezes a oferta de altos valores monetários por parte de clientes faz com que muitas das profissionais do sexo se exponham a riscos e vulnerabilidades ao HIV/AIDS, em decorrência de possibilidades de melhores ganhos.

Desta forma, a negociação de preservativo com clientes fica muito comprometida, evidenciando que os programas e ações de prevenção realizados não têm atingido essa população, solicitando urgentemente a abertura de fórum específico para discussão e revisão das ações, que temos defendido em nossas discussões com agentes de governo e ONGs.

As condições nas quais os profissionais do sexo vivem hoje denunciam a intolerância e a estigmatização vividas por essas pessoas, como conseqüência de um cenário cosmopolita e fascista que se impõe a todo instante nos modos de sociabilização e cristalização de modelos previamente dados, normatizandos as práticas através da disciplinarização dos corpos e seus prazeres.

Os modos de prostituição, de atendimento sexual profissional exercido pelas profissionais do sexo, poderiam ser muito interessantes a partir do livre-arbítrio das pessoas em poderem escolher tornarem-se profissionais do sexo e não como forma impositiva e excludente como vem sendo feito pela sociedade, ao negar acesso a oportunidades iguais para todos. Mas, infelizmente, o que percebemos em nossa realidade social é a tomada da prostituição de forma negativa, estigmatizando e marginalizando todas as pessoas que exercem essas atividades, sem considerar os fatores sociais, econômicos, políticos e culturais que as levaram a exercer tais papéis.

Referências bibliográficas

BENEDETTI, M. "Toda feita – O corpo e o gênero das travestis." Porto Alegre, (2000) (Dissertação/Mestrado) – Programa de Pós-Graduação em Antropologia Social, da UFRGS.

DENIZART, H. *Engenharia erótica: travestis no Rio de Janeiro.* Rio de Janeiro: Jorge Zahar Editor, 1998.

FARMER, P. *Infections and inequalities: the modern plagues.* Berkeley: University of California Press, 1999.

FERNANDEZ, J. *El travestismo: ruptura de las identidades sexuales, reforzamiento de los procesos de generización o identidad paradójica?* (Primeira versión del informe final). Buenos Aires, 2000.

KLEIN, C. "From one 'battle' to another: the making of a travesti political movement in a brazilian city", in: *Sexualities,* vol.1, n.3, p.327-342, 1998.

KULICK, D. "The gender of brazilian transgendered prostitutes", in: *American Anthropologist,* ano 99, n.3, p.574-585, 1997.

MANN, J.; TARANTELA, D. J. M.; NETTER, T. W. (Orgs.). *A AIDS no mundo.* Rio de Janeiro: Relume-Dumará; ABIA:IMS/UERJ, 1993.

MARTIN, K.; VORHIES, B. "Sexos supernumerarios", in: *La Mujer: um enfoque antropológico.* Madrid: Anagrama, 1978.

MORELLO, C.; FERRER, C. "El si y los otros em la obra de Richard Sennett", in: ABRAHAM, T., *Foucault y la Ética.* Buenos Aires: Editorial Biblos, 1988.

OLIVEIRA, N. M. *Damas de paus – O jogo aberto dos travestis no espelho da mulher.* Salvador: Centro Editorial e Didático da UFBA, 1984.

OSIMANI, M.L. (Org.) *Sida y drogas: investigación y dilemas en la construcción de la agenda pública.* Montevideo: Instituto IDES, 2001.

PARKER, R. *Na contramão da AIDS: sexualidade, intervenção, política.* Rio de Janeiro: ABIA; São Paulo: Editora 34, 2000.

PARKER, R.; AGGLETON, P. *Estigma, discriminação e AIDS.* Rio de Janeiro: Coleção ABIA - Cidadania e Direitos, n. 1, 2001.

PARKER, R.; CAMARGO Jr., K. "Pobreza e HIV/AIDS: aspectos antropológicos e sociológicos", in: *Cadernos de Saúde Pública.* Rio de Janeiro, vol. 16 (supl. 1): 89-102, 2000.

PARKER, R.; TERTO JR, V. (Orgs.). *Entre homens: homossexualidade e AIDS no Brasil.* Rio de Janeiro: ABIA, 1998.

ROSCOE, W. "How to become a berdache: toward an unified analysis of gender diversity", in: HERDT, G. (Ed.). *Third sex, third gender – Beyond sexual dimorphism in culture and history.* New York: Zone Book, 1996.

SILVA, H. *Travesti – A invenção do feminino.* Rio de Janeiro: Relume Dumará, 1993.

________. *Certas cariocas: travestis e vida de rua no Rio de Janeiro.* Rio de Janeiro, Relume Dumará, 1996.

SILVA, H.; FLORENTINO, C. "A Sociedade dos Travestis: espelhos, papéis e interpretações", in: PARKER, R.; BARBOSA, R. (Orgs.). *Sexualidades Brasileiras.* Rio de Janeiro: ABIA/IMS/ Relume Dumará, 1996.

PARTE 4

Identidades

Heterossexuais em eventos públicos gays: a "Parada Livre" em Porto Alegre, 2002

Benjamin Junge*

Eventos públicos que celebram a expressão de sexualidades masculinas não-normativas não são novidade no Brasil. A celebração anual, durante o carnaval, de figuras supostamente transgressivas, como as *drag queens* e travestis, por exemplo, tem chamado a atenção de acadêmicos de ciências sociais há décadas.[1] Os anos de 1990, no entanto, presenciaram o surgimento de um tipo completamente novo de evento: o festival de grande porte do "orgulho gay".[2] Diferentemente do carnaval, esses eventos não são simplesmente espaços para a demonstração de sexualidades não-normativas. A sexualidade normativa é o princípio central de organização que estrutura a variedade de atividades que acontecem e levam indivíduos de orientação sexual normativa e não-normativa a participar. Freqüentemente realizados em

* Mestre em saúde pública, Doutorando em Antropologia na Emory University, em Atlanta, Georgia (EUA). Tema da pesquisa de campo: experiências de gênero e política entre moradores de vila em Porto Alegre. Endereço eletrônico: (bjunge@emory.edu).

1. Ver, por exemplo, DaMatta (1979/1993), Parker (1991), e Green (2000).
2. Aqui uso o termo "orgulho gay" com relutância. Problemas com este uso incluem a tendência a assumir-se que: a) os participantes do evento compartilham uma *identidade* gay e não simplesmente uma atração erótica/afetiva pelo mesmo sexo (o que pode ocorrer na falta de identidade reflexiva); b) que a maioria ou todos os participantes dos eventos são, de fato, gays (um pressuposto que esta análise examinará empiricamente); e, c) que a identidade gay que se pode encontrar em um festival do orgulho gay no Brasil, apesar de muito encontrada, é mais ou menos a mesma encontrada nos Estados Unidos e na Europa. Uma vez que o termo "gay" é cada vez mais entendido como incluindo sexualidades não-normativas entre mulheres, assim como entre homens, o seu uso corre o risco de mascarar diferenças importantes entre as participações de homens e mulheres nesses festivais.

parques ou praças municipais centrais, juntamente com uma parada ou marcha, esses festivais são tipicamente produzidos por organizações não-governamentais (ONGs), que se consideram parte de um movimento gay *brasileiro* – um movimento com conferências, organizações nacionais e ligações internacionais. O evento é geralmente considerado "cultural" (pela típica predominância de shows de *drags*, danças etc.) e "político" (pela presença comum de discursos e marchas tratando de questões de direitos humanos, democracia e violência). Estas últimas questões políticas são particularmente significativas, uma vez que são freqüentemente representadas em uma retórica de cidadania – uma retórica que, apesar de ser ajustada às peculiaridades da sexualidade não-normativa, compartilha de uma lógica parecida à encontrada em discursos de movimentos sociais referentes à raça, ao gênero.[3] Isso abre a possibilidade de que representações de cidadania em eventos gays de grande porte possam incentivar uma forma de identificação para os participantes já familiarizados com a cidadania no contexto de outras lutas.

Explicar a proliferação impressionante de eventos públicos gays de grande porte nos últimos anos não é tarefa fácil.[4] O amadurecimento do movimento gay brasileiro, surgido junto a outros movimentos sociais (por exemplo, o movimento de mulheres, o movimento negro etc.) no contexto de uma frente popular de resistência mais ampla (*frente popular*) ao regime militar de 1964-1985 no Brasil e na subseqüente redemocratização da sociedade brasileira é, com certeza, um fator importante (MacRae, 1990). O movimento gay surgiu em uma relação dialética, no entanto, com o crescimento de referências solidárias como a homossexualidade em várias formas de cultura popular. De linhas secundárias de ação em novelas em horário nobre mostrando relacionamentos gays; à imprensa falada e escrita

---

3. Por exemplo, a "Marcha pela Cidadania", em 1995, no Rio de Janeiro, uma parada divulgada nacionalmente, que nas cidades americanas e européias seria provavelmente chamada de "orgulho gay", mas, no contexto brasileiro, foi apresentada como, acima de tudo, sobre cidadania (Green, 2000). Placas, faixas e cartazes invocando a cidadania são muito comuns nesses eventos.
4. Além da Parada Livre de Porto Alegre (1997-2002), eventos públicos de grande porte organizados em torno de sexualidades não-normativas têm sido organizados pelo menos nas seguintes cidades brasileiras: Marcha do Orgulho Gay de Belo Horizonte (1998-2002); Parada Brasiliense do Orgulho Gay em Brasília (1998-2002); Parada Livre em Caxias do Sul (2002); Parada do Orgulho Gay em Curitiba (2002); Parada pela Diversidade Sexual do Ceará em Fortaleza (2000-2002); Rainbow Fest em Juiz de Fora (1998-2002); Avenida da Diversidade em Pelotas (2002); Parada da Diversidade no Recife (2002); Marcha pela Cidadania no Rio de Janeiro (1995) e Parada do Orgulho Rio (1999, 2000, 2002); Parada do Orgulho Gay em Salvador (2002); Parada GLSBT em São José do Rio Preto (2001 e 2002); e Parada do Orgulho Gay em São Paulo (1997-2002). Festivais e paradas também foram realizados em Goiânia (2002), Goiás (2002) e Itaim Paulista (2002).

cobrindo questões abrangentes como casamento gay, direitos de adoção para gays, o "sair do armário" entre adolescentes e bairros gays nas grandes cidades,[5] brasileiros de origens socioeconômicas e étnicas diversas são cada vez mais expostos a representações/demonstrações de sexualidade homem-homem que pareceriam inconsistentes com o estigma homossexual no qual a lógica de gênero tradicional é freqüentemente baseada. Décadas recentes, além disso, presenciaram o crescimento de "comunidades gays" e subculturas urbanas homossexuais (Parker, 1999). É cada vez mais comum conhecer alguém ou, pelo menos, saber de alguém que se auto-identifica afirmativamente como "gay".

De um lado, o trabalho de incontáveis ONGs que compõem o movimento gay no Brasil sem dúvida contribuiu para esta visibilidade crescente. Da mesma forma, a crescente familiaridade com a homossexualidade e o "gayness" como fenômenos caracterizados como tal, com certeza reforçaram o interesse e a participação em festivais públicos gays de grande porte. Um catalisador adicional no crescimento desses festivais tem sido o patrocínio de empresas grandes. Assim como cresceram as comunidades gays no Brasil, também cresceu a percepção de que elas representam um mercado fértil e inaproveitado: um vasto *pool* de consumidores gay, alvo para produtos ligados ao imaginado estilo de vida gay. O influxo de fundos que essa percepção produziu fez permitir que se fizessem festivais maiores, com mais atrações e melhor divulgação.

Como os eventos de orgulho gay de grande porte cresceram, várias pesquisas de opinião foram feitas para que se possa entender com mais clareza a população participante (por exemplo, Bruck de Freitas *et alli*, 1998). Essas pesquisas se dirigiam quase exclusivamente a participantes identificados como gays, o que é compreensível, dado o enfoque do evento, mas de qualquer forma deixando inexplorada a natureza da participação heterossexual e, talvez, mais importante, ao significado associado por estes indivíduos a suas próprias experiências do evento.

Por que um entendimento científico da participação heterossexual em festivais públicos gays seria importante? Duas respostas óbvias, mas sem dúvida importantes, seriam: a) por interesse histórico (isto é, para retratar com precisão os participantes do evento); e, b) por utilidade prática (isto é, para fornecer informações que serão úteis aos organizadores do evento que analisam seu próprio trabalho e consideram preferências públicas para even-

5. Ver, por exemplo, Propato (1999), Santos (1999), *Folha de S. Paulo* (2000), Pinheiro (2000) e *Época* (2002).

tos futuros). Um terceiro interesse nessa linha de pesquisa é teórico e se refere ao encontro do normativo com o não-normativo ou, mais precisamente: o que significa para um homem ou uma mulher heterossexual estar em um espaço público em que expressões variadas de sexualidade não-normativa predominam e, na sua absoluta abundância e desembaraço, assumem um caráter normativo. Deste conjunto de questões emergem muitas perguntas importantes: os participantes heterossexuais são um grupo relativamente "progressista" no que diz respeito a questões de homossexualidade? Os heterossexuais participam do evento em termos principalmente "culturais" ou são ligações feitas entre demonstrações de sexualidade não-normativa e questões mais convencionalmente "políticas" de direitos, cidadania e democracia? A experiência é "relaxada" para os heterossexuais? Isto é, estes homens e mulheres vivenciam as formas de diferença sexual que encontram nestes eventos como simplesmente "diversão" ou o encontro é de alguma forma perturbador ou mesmo ameaçador?

Este estudo procura tratar destas questões por meio da análise de dados de pesquisa quantitativa coletados de uma amostragem representativa de participantes da "Parada Livre", um festival organizado em torno da expressão pública de sexualidades não-normativas realizado em 2002, pelo sexto ano consecutivo, em Porto Alegre (RS).

Metodologia

Local da pesquisa

A cidade de Porto Alegre fica situada aproximadamente 300 quilômetros ao norte da fronteira com o Uruguai. Capital do Estado do Rio Grande do Sul, no extremo sul do Brasil, Porto Alegre tem 1,3 milhão de habitantes e quase o mesmo número na área metropolitana da Grande Porto Alegre (da Costa *et alli*, 2000). Desde 1989, a prefeitura da cidade de Porto Alegre é controlada pelo PT (Partido dos Trabalhadores). Entre outras coisas, o PT se destacou em Porto Alegre pela criação do Orçamento Participativo, uma experiência de democracia participativa muito discutida, que tenta levar o controle dos cofres da cidade mais diretamente para as mãos da população (dos Santos, 1998; Fedozzi, 1999; Abers, 2000). Porto Alegre abriga um rico mosaico de organizações de movimentos sociais, defendendo direitos das mulheres, dos trabalhadores, das pessoas pobres, das pessoas portadoras de deficiência, dos afro-brasileiros e dos homossexuais. Nos primeiros anos da década atual, Porto Alegre também ficou conhecida internacionalmente em grande parte por ser sede do Fórum Social Mundial, como um foco de críticas aos modelos neoliberais de globalização.

A Parada Livre de 2002 foi primeiramente organizada pela ONG Nuances, que desde 1991 luta contra políticas sociais que restringem a livre expressão sexual[6] e produz inúmeros eventos públicos e campanhas de intervenção, tendo como alvo indivíduos de orientação sexual não-normativa.[7] A Parada foi realizada no sábado, dia 23 de junho, no conhecido Parque Farroupilha, também chamado de Redenção, na área central de Porto Alegre. A Redenção é muito freqüentada, principalmente durante os fins de semana, por famílias, casais, idosos e transeuntes de vários tipos. Algumas partes do parque são áreas de *pegação* masculina, outras são conhecidas como pontos de prostituição masculina. Nas tardes de domingo, um grande número de residentes de áreas vizinhas vai passear pelo brique semanal ou para jogar futebol. Com sua diversidade de freqüentadores, diferentes tipos de pessoas consideram a Redenção o "seu espaço", constituindo-se um lugar onde diversos tipos de pessoas entram em contato.

A Parada de 2002 se consistiu de três atividades principais: a) um festival de dia inteiro (com shows de *drags* e discursos políticos em um grande palco) no meio do parque, cercado por quiosques atendidos por voluntários de várias organizações de movimentos sociais; b) uma parada de fim de tarde pelo parque em direção a um grande largo de concreto onde, c) foi realizada uma festa noturna, *rave*. Os dados relatados neste artigo vêm de questionários aplicados durante o dia no festival, que atraiu um público estimado em 25.000 pessoas.

Objetivos da pesquisa

Os dados foram coletados para tratar de três objetivos básicos: a) para determinar/medir a extensão da participação heterossexual no festival da Parada Livre de 2002; b) para caracterizar os participantes heterossexuais conforme características sociodemográficas; e, c) comparar participantes heterossexuais e homossexuais.

Da mesma forma, o questionário utilizado foi dividido em três grupos básicos de perguntas. O primeiro grupo se referia a variáveis sociodemográficas

6. Por seu enfoque filosófico e organizacional de "livre expressão sexual", a Nuances difere de muitas ONGs semelhantes de outros lugares do Brasil que promovem princípios como "direitos gay", "orgulho gay ", "sair do armário" – ou seja, princípios mais diretamente baseados em uma identidade gay reflexiva.

7. Pela primeira vez nos seis anos de história do evento, a Parada Livre recebeu assistência de planejamento também de outras ONGs. Estes grupos, todos criados recentemente, são: "Legau", um grupo que enfoca sexualidade do mesmo sexo entre mulheres; "Somos", um grupo que tem como objetivo a comunicação e na intervenção centrada na homossexualidade e AIDS; e o "Grupo Gay Gaúcho", Como nota histórica, vale a pena mencionar a criação, um pouco antes da Parada, do "Desobedeça!", um grupo de base de defesa de direitos gays.

básicas (idade, gênero/sexo, raça, residência em Porto Alegre (sim/não), situação familiar, filhos (sim/não), estado civil, escolaridade, prática religiosa/religião e orientação sexual), além de perguntas para saber se o respondente participa de pelo menos um movimento social e/ou do programa do Orçamento Participativo de Porto Alegre. O segundo grupo de perguntas se referia a familiaridade e atitude em relação à AIDS e à homossexualidade. (O respondente conhece alguém com AIDS ou alguém que seja gay? O respondente acredita que a homossexualidade seja um pecado? Ou uma doença? O que o respondente acharia se o professor(a) de seus filhos fosse gay ou lésbica? Ou sobre uma lei aprovando a união civil de gays?) Estas últimas quatro perguntas foram usadas para identificar a presença, na Parada, de indivíduos com atitudes ou opiniões homofóbicas.

O terceiro e último grupo de perguntas se referia à participação e às impressões do respondente em relação à Parada em si, bem como preferências por atividades para paradas futuras. Foi perguntado a cada respondente se ele havia chegado no momento da entrevista (ou se já estava há algum tempo na Parada), se já tinha participado de outras Paradas e se foi ao Parque da Redenção naquele dia *especificamente* para participar da Parada (ou se apenas estava passando por ali). Aos respondentes que foram especificamente para a Parada foi perguntado como descobriram sobre o evento e por que compareceram. A pesquisa também investigou se todos os entrevistados já tinham ouvido a palavra ou o conceito de "cidadania" em um evento gay e, em caso afirmativo, se isto ocorrera na Parada. Em seguida, os respondentes receberam uma lista de palavras (desde explicitamente políticas – por exemplo, democracia – até explicitamente sociais – por exemplo, diversão) e foi pedido que escolhessem as que achavam que se aplicavam à Parada. Por último, foi pedido aos respondentes que indicassem preferências para Paradas futuras em uma lista de quatro opções (show de *drags*, show com músicos locais, discurso político sobre direitos humanos/discriminação e parada/marcha).

Amostragem e métodos

A estratégia de amostragem deste estudo teve como objetivo uma amostra de probabilidade, representativa de uma população mais ampla de participantes do festival Parada Livre durante o dia. O objetivo, então, foi que todos os participantes tivessem igual probabilidade de ser abordados pelos entrevistadores. Este ideal foi operacionalizado da seguinte forma: antes do início da Parada, quatro "zonas de recrutamento" foram identificadas e demarcadas com giz, de forma que ficassem virtualmente invisíveis aos passantes.

Cada zona tinha aproximadamente 1 metro de largura por 3 metros de comprimento e se estendia por uma área de circulação dentro da área do festival. (A suposição por trás dessa decisão foi a de que seria muito provável que a vasta maioria dos participantes da Parada atravessasse pelo menos uma das quatro zonas.) Das 12 às 16 horas (hora oficial de início da marcha), cada uma das zonas ficou sob a responsabilidade de uma das 11 pessoas previamente treinadas em protocolo de recrutamento e administração de questionários. Os turnos de pessoal consistiam na repetição de uma seqüência de atividades estabelecidas. Posicionado a alguns metros da lateral da zona de recrutamento dada, um membro da equipe olharia para seus pés. A seguir, o membro da equipe olharia para a zona de recrutamento e começaria a contar os indivíduos que passavam por ali. A quinta pessoa a cruzar seria então abordada e convidada a participar do estudo.

A participação, conforme era explicado, consistia em responder a um pequeno questionário (processo realizado, em média, em cinco minutos). Não foi oferecido incentivo material, financeiro ou de qualquer outro tipo, e o único critério para uma não aceitação do recrutamento era se o respondente fosse menor de 18 anos. Se o indivíduo recusasse era feita uma anotação em um "registro de recusas", que também incluía o sexo do indivíduo, a idade estimada ("18-30", "31-45", e "acima de 45") e a raça estimada (segundo o formato do censo nacional: "branco", "negro", "pardo", "amarelo" e "indígena"). Essas informações eram coletadas para que fosse possível fazer-se algum tipo de comparação estatística entre indivíduos que aceitavam e recusavam o convite para participar do estudo. Se o indivíduo aceitasse, recebia o questionário preso a uma prancheta e uma caneta. Uma vez que o indivíduo começasse a preencher o questionário, o membro da equipe retornaria à sua zona de recrutamento e recomeçaria a seqüência.

Estratégia de análise

As respostas ao questionário foram organizadas em uma planilha do programa de análise estatística SPSS (*Statistical Package for Social Science* 1994). A análise deu-se a partir de distribuições de freqüência de variáveis-chave, inicialmente para toda a amostragem e depois comparativamente por orientação sexual ("heterossexual" *versus* "outra"). Associações entre variáveis de categoria e orientação sexual foram ajustadas pela estatística *chi-square* para tabelas de contingência. Variáveis contínuas (como a idade) foram comparadas usando-se o teste não-paramétrico U de Mann-Whitney Wilcoxon. Para buscar diferenças significativas entre os indivíduos que aceitaram e os que não aceitaram o convite para responder ao questionário, estes dois grupos foram comparados conforme três variáveis: gênero/sexo, idade e raça. Para recusas, estas variáveis foram estimadas pelo membro da equipe que convidou o indivíduo a participar. Comparações de gênero/sexo, idade e raça também foram feitas entre grupos de indivíduos recrutados com sucesso por cada membro da equipe. Valores P menores ou iguais a .050 foram considerados estatisticamente significativos.

Resultados

Ao longo de quatro horas de coleta de dados, 292 indivíduos foram convidados a participar. Destes 292, 176 (60,3%) aceitaram o convite. Todos os 176 indivíduos compõem a amostragem primária da análise apresentada a seguir. Indivíduos que recusaram diferenciavam-se significativamente daqueles que aceitaram o convite apenas em relação à idade, com "recusas" com mais probabilidade de caírem na categoria de idade ">45" (29,6% *vs.* 13,5%; p=.004). Não foram observadas diferenças significativas entre participantes baseando-se em qual membro da equipe fez o convite para participar.

Características da amostragem

Características sociodemográficas dos 176 indivíduos que responderam ao questionário são apresentadas na Tabela 1. Segue aqui um resumo simplificado. A idade média da amostra foi de 33,1 anos (desvio padrão: 10,9), havendo uma ligeira tendência da presença de mais respondentes homens que mulheres (54,6% *vs.* 45,4%). A maioria dos respondentes era de brancos (83,1%), solteiros (66,9%), católicos (63,4% dos 112 respondentes religiosos praticantes) e heterossexuais (52,1%). Deles, 31,4% tinham filhos. O tipo mais comum de situação domiciliar era "com pais/família" (31,8%), seguido de "mora sozinho" (25,6%), morando com "marido/mulher/filhos" (22,7%) e "morando com companheiro(a)" (10,8%). Menos de 28,4% participavam de pelo menos um movimento social e menos de um quinto (15,9%) participavam do Programa do Orçamento Participativo de Porto Alegre.

No que diz respeito a AIDS e homossexualidade (ver Tabela 2), aproximadamente dois quintos (43,2%) têm um amigo, parente ou conhecido com AIDS, e três quartos (77,3%) conhecem alguém que seja gay, lésbica ou travesti. No que diz respeito a atitudes ou opiniões homofóbicas, menos de um décimo dos respondentes acredita que a homossexualidade seja um pecado (6,2%) ou uma doença (8,2%); a maioria (88,8%) dos respondentes não se importaria se seus filhos tivessem um professor(a) gay ou lésbica e achariam "ótima" uma lei que aprovasse a união civil de gays

(66,3%) – 13,6% selecionaram uma resposta homofóbica a pelo menos uma das perguntas anteriores.

Conforme está registrado na Tabela 3, a maioria dos respondentes (72,7%) tinha chegado na Parada um pouco antes de responder ao questionário e cerca de um terço dos respondentes (34,3%) já havia participado de uma Parada Livre antes. Para aproximadamente três quintos (61,9%) dos que foram ao parque especificamente para participar da Parada, os meios mais comuns pelos quais ouviram falar sobre o evento foram televisão, jornal ou rádio (46,7%). Os motivos mais populares citados para o comparecimento na Parada foram "para me divertir e assistir aos shows" (55,0%), "para lutar contra o preconceito" (41,3%), "para encontrar os amigos" (35,8%), "para observar" (33,0%) e "para paquerar/flertar, para namorar" (18,3%). Um pouco menos de dois quintos dos respondentes (38,7%) já tinham visto a palavra ou o conceito de "cidadania" ser usado em um evento gay e, destes indivíduos, 60,3% viram esta associação na Parada Livre de 2002. Quando pedidos para escolherem uma palavra que associassem à Parada, a partir de uma lista de palavras predefinidas, as cinco opções preferidas foram "direitos humanos" (63,6%), "cidadania" (52,8%), "democracia" (51,1%), "movimentos sociais" (49,4%) e "diversão" (42,0%). A primeira opção mais comumente selecionada para uma atividade em paradas futuras foi "show de *drags*" (33,1%), ainda que outras opções (show de músicos locais, discurso político e parada/marcha) tenham sido escolhidas em número pouco menor (27,6%, 24,5% e 14,7%, respectivamente).

Diferenças significativas entre participantes heterossexuais e outros

A análise comparativa procurou diferenças estatisticamente significativas para cada variável mencionada na seção anterior, entre respondentes que se auto-identificaram como "heterossexuais" *versus* qualquer uma das outras três categorias mencionadas no questionário "gay/lésbica/homossexual", "bissexual" e "prefiro não definir". Uma vez que cada uma dessas categorias significa uma orientação sexual que é não-normativa no âmbito da uma sociedade brasileira como um todo, a comparação ("heterossexual" *vs.* "outra") tem como objetivo revelar diferenças ao longo do eixo da normatividade da orientação sexual.

No que diz respeito a características sociodemográficas (Tabela 1), diferenças significativas entre heterossexuais e não-heterossexuais foram as seguintes: respondentes heterossexuais tinham *mais probabilidade* de ser mulheres (56,3% *vs.* 34.%, p=.004) ou de ter filhos (35,6% *vs.* 20,3%, p=.028) e *menos probabilidade* de ser solteiros (59,3% *vs.* 78,8%, p=.036) ou de participar de pelo menos de um movimento social (21,8% *vs.* 36,3%, p=.040). Não foram observadas diferenças significativas em outras variáveis.

No que diz respeito às variáveis relatadas na Tabela 2, os heterossexuais tinham um pouco *mais de probabilidade* que os não-heterossexuais de declarar que consideravam a homossexualidade um pecado (8,5% *vs.* 1,4%, p=.044), apesar de bastante incomum entre os grupos. Tinham *menos probabilidade* de não ver "problema" se seus filhos tivessem um professor(a) gay ou lésbica (81,3% vs. 94,6%), e *menos probabilidade* de considerar "ótima" a possibilidade de uma lei que aprovasse a união civil de gays (54,4% *vs.* 81,1%, p=.002). Os heterossexuais tinham mais probabilidade de citar pelo menos uma atitude ou opinião homofóbica (17,1% *vs.* 6,9%), mas a diferença praticamente não atingiu significância estatística (p=.059).

No que diz respeito a participação, impressões e preferências na Parada (Tabela 3) os participantes heterossexuais tinham *mais probabilidade* que os não-heterossexuais de encarar a Parada como um lugar de "diversão" (44,8% *vs.* 28,8%, p=.032). Tinham menos probabilidade de ter participado de uma Parada anterior (25,0% *vs.* 46,8%, p=.004), de ter ido ao parque naquele dia especificamente para participar da Parada (41,4% *vs.* 87,5%, <001), de ter citado "paquerar/namorar" como razão para ter ido à Parada (8,3% *vs.* 24,3%, p=.047), e de encarar a Parada como local para "paquerar" (11,5% *vs.* 23,8%, p=.037). No que diz respeito a atividades preferidas para paradas futuras, proporções aproximadamente iguais de respondentes heterossexuais e não-heterossexuais citaram "show de *drags*" e "parada/marcha" como preferências (30,0%, 32,4% e 11,4%, 12,7%, respectivamente). Contudo, era *menos provável* que participantes heterossexuais citassem "discurso político sobre direitos humanos/discriminação" (14,3% *vs.* 38,0%) e *menos provável* que citassem "show de músicos locais" (42,9% *vs.* 14,1%). O valor P de todas essas diferenças foi de .001.

Discussão de resultados

A amostragem

É uma questão complicada estimar a extensão em que os padrões refletidos no conjunto primário de dados de 176 questionários podem ser generalizados para um grupo mais amplo de participantes da Parada. Apesar de dois em cada cinco indivíduos convidados a participar terem recusado o convite, os indivíduos que recusaram parecem ser pouco diferentes (mais velhos, na realidade) do que os que aceitaram. Essa diferença pode estar ligada ao fato de a idade dos que recusaram ter sido *estimada* pelos membros da equipe e não fornecida pelo próprio indivíduo (como acontecia com os recrutados). Por outro lado, também pode ser que participantes mais velhos da Parada tenham ficado realmente mais relutantes em responder a perguntas sobre o evento, talvez por um sentimento mais geral de desconforto com o cenário como um todo (e todas as suas demonstrações de sexualidade não-normativas) do que gerações mais jovens. Essa possibilidade deve ser encarada como uma hipótese a ser explorada em pesquisas subseqüentes. A falta de diferenças entre indivíduos recrutados por 11 membros diferentes da equipe sugere que a incômoda estratégia de coleta de amostras reduziu com sucesso influências subjetivas. Apesar de não serem definitivas de forma alguma, essas observações, consideradas como um todo, aumentam a confiança na representatividade da amostragem.

Predominância de participantes heterossexuais

Além da importância histórica de retratar acuradamente a população participante da Parada Livre de 2002, a análise de uma amostragem primária de 176 respondentes eliciou algumas descobertas importantes. Para começar, é surpreendente que mais da metade da amostragem seja heterossexual, uma descoberta que desafia o pressuposto comum de que o público participante em um evento "gay" seja, de fato, predominantemente gay. No mínimo, essa constatação confirma a necessidade de um maior entendimento de como eventos públicos de grande porte são vividos pelos heterossexuais. Também é interessante considerar a predominância de indivíduos que "apareceram" na Parada, mas que não planejaram participar inicialmente (2 em cada 5); se a estimativa oficial de 25.000 participantes puder ser considerada mais ou menos precisa, essa constatação implica que talvez cerca de até 10.000 indivíduos tenham sido "involuntariamente" expostos às várias demonstrações de sexualidade não-normativas da Parada. Dados estes números (mesmo que estimados imprecisamente), a questão de como eles interagem com estas demonstrações torna-se cada vez mais atraente.

Características sociodemográficas

Dadas as barreiras legais para casamentos não-heterossexuais e a criação de filhos em famílias não tradicionais, não é surpresa que as diferenças ao longo desses eixos tenham sido estatisticamente significativas quando divididas por orientação sexual. A maior proporção de homens entre não-heterossexuais (*vs.* heterossexuais) provavelmente diz mais sobre o primeiro do que o último. Isto é, o fato de que proporcionalmente mais participantes não-heterossexuais sejam homens sugere que, seja por que razão, o evento atrai com mais sucesso mulheres heterossexuais do que mulheres que se identificam como lésbicas ou bissexuais. As mulheres heterossexuais parecem sentir-se mais atraídas por este tipo de evento do que os homens heterossexuais. No entanto, a presença masculina é significativamente maior, quando se trata de não-heterossexuais. A descoberta de que proporcionalmente menos heterossexuais declarem ter participado de pelo menos um movimento social sugere que participantes gays, lésbicas e bissexuais podem, como um todo, representar um grupo mais "politizado". Entretanto, dada a proporção de participantes em movimentos sociais em ambos os grupos ser bastante baixa (aproximadamente 1 em cada 5 e 1 em cada 3 para heterossexuais e não-heterossexuais, respectivamente), uma forma melhor de expressar isto seria talvez dizer que os participantes não-heterossexuais são ligeiramente menos "não-políticos" do que os heterossexuais.

Homossexualidade & Homofobia

Conforme mencionado anteriormente, 13,6% dos respondentes selecionaram uma resposta homofóbica em pelo menos uma das perguntas desta seção. Considerando este valor como um indicador grosseiro, podemos estimar que aproximadamente um em cada 10 participantes tinha uma atitude ou opinião homofóbica.[8] A idéia específica de que a homossexualidade é um pecado é mais comumente registrada entre heterossexuais. Curiosamente, entretanto, não houve diferença entre heterossexuais e não-heterossexuais no que diz respeito à opinião de que a homossexualidade seja uma doença.

De fato, os dois grupos compartilharam da mesma proporção de respostas afirmativas (entre 6% e 9%). Isto sugere que pelo menos alguns não-heterossexuais associam mais facilmente homossexualidade a doença do que a pecado. Ainda que o número absoluto de indivíduos que acreditam que seja um ou outro seja bastante reduzido, esta discrepância aparente indica uma área potencialmente rica para investigações adicionais.

A ausência de diferença entre heterossexuais e não-heterossexuais no que diz respeito a conhecer alguém com AIDS ou alguém que seja gay, lésbica ou travesti sugere que os primeiros não estão menos familiarizados com a AIDS e a homossexualidade do que os últimos. No caso da homossexualidade, no entanto, a familiaridade proporcionalmente similar não se traduz necessariamente em um nível similar de "conforto". De fato, o

8. Surpreendentemente, uma reanálise *ad hoc* desses dados feita por tabulação cruzada com a afirmação de a participação na Parada ter sido ou não intencional não mostrou diferenças significativas. Em outras palavras, indivíduos, heterossexuais ou não, que surgiram no evento por acaso, não eram mais propensos a ter atitude ou opiniões homofóbicas do que aqueles que foram à Parada intencionalmente.

desconforto ou a não aceitação da possibilidade de um professor(a) gay ou lésbica para os filhos foram registrados em proporção notavelmente mais alta por participantes identificados como heterossexuais.

Participação na Parada, Impressões & Preferências

A descoberta de que, para a amostragem geral de 176 respondentes, aproximadamente um terço participou do evento em anos anteriores, sugere que a Parada Livre continua a ser uma *nova* experiência para a maioria dos participantes. Não é surpresa que isto se dê mais com heterossexuais do que com não-heterossexuais. Da mesma forma, para os heterossexuais, a probabilidade de terem ido à Parada intencionalmente e não por acaso era menos da metade do que para os não-heterossexuais. Para indivíduos que foram ao Parque especificamente para participar da Parada, a constatação de que os respondentes heterossexuais selecionaram com menos freqüência "paquerar/namorar" como razão por ter vindo, e também com menos freqüência vendo o evento como um lugar de "paquera/flerte", sugere que é menos provável que a Parada Livre seja encarada pelos heterossexuais como sendo um espaço romântico ou sexualizado.

★★★

A experiência de ter visto o conceito de "cidadania" invocado em um evento gay anterior foi mencionada por menos de dois quintos da amostragem geral. Esta constatação sugere que, no momento de chegada na Parada Livre de 2002, uma minoria de participantes conscientemente associava sexualidade não-normativa com questões de cidadania. Dito isto, entretanto, o fato de três quintos dos respondentes que anteriormente fizeram esta ligação afirmarem ter visto "cidadania" ser invocada na Parada de 2002 sugere que o evento é um espaço importante para a promoção desta ligação (pelo menos em nível de discurso público).[9] A ausência de diferença entre heterossexuais e não-heterossexuais no relato dessa conexão (aproximadamente 60% em ambos os grupos) sugere que participantes heterossexuais eram tão "abertos" quanto os não-heterossexuais para ver e cognitivamente registrar uma associação entre homossexualidade e cidadania.

Um certo paradoxo parece ter surgido com estes dados. A minoria dos respondentes relatou uma associação anterior entre homossexualidade e cidadania. E, ainda assim, quando lhes foi oferecida uma lista com 10 pa-

9. Questões de recordação podem ser importantes, pois não temos como saber se participantes que encontraram discurso de "cidadania" na Parada realmente recordarão o fato.

lavras opcionais para associar com a Parada 2002, "cidadania" foi marcada por mais da metade (52,8%). De fato, 81,8% dos respondentes marcaram "cidadania" ou um conceito estreitamente relacionado como "política", "direitos humanos" ou "democracia". Isto pode ser parte de um artifício do próprio questionário, que pergunta sobre familiaridade anterior com "cidadania" em eventos gays *antes* de pedir ao respondente que marque as palavras associadas com o evento ("cidadania" sendo uma opção da lista fornecida). Devido à sua estrutura organizacional, então, o próprio instrumento da pesquisa pode ter promovido a ligação, na cabeça dos respondentes, entre homossexualidade e cidadania. Esta incongruência pode também indicar as limitações inerentes a uma abordagem quantitativa para determinar/aferir associações subjetivas complexas.

No que diz respeito a preferências de atividades para paradas futuras, respostas para a amostragem como um todo revelaram que "show de *drags*" foi a opção mais popular – mas apenas ligeiramente mais popular do que um show com músicos locais e um discurso político sobre direitos humanos e discriminação. A tabulação-cruzada por orientação sexual mostrou-se ser útil, pois constatamos que era substancialmente menos provável que heterossexuais citassem discurso político como primeira opção de preferência e mais provável que sugerissem shows com músicos locais. Embora não seja absolutamente conclusiva, esta constatação sugere uma relativa falta de interesse nas dimensões políticas para sexualidades não-normativas; ou talvez um discurso político seja visto por alguns heterossexuais como contrário à atmosfera "festiva" do evento.

Conclusões

Esta análise tentou caracterizar os participantes do festival Parada Livre de 2002 de Porto Alegre, com atenção particular às diferenças entre participantes que se identificaram como heterossexuais *versus* indivíduos identificados como "gay/lésbica/homossexual", "bissexual" ou que selecionaram "prefiro não definir".

Esta análise e a interpretação de seus resultados foram submetidas a uma série de limitações importantes. Primeiramente, devemos lembrar que este estudo não foi elaborado para avaliar as implicações de longo prazo da participação na Parada Livre de 2002 de atitudes individuais sobre questões de sexualidade em relação a AIDS, cidadania etc. Mais propriamente, a abordagem transversal usada permitiu que se tivesse um *snapshot* dos participantes, revelando muito pouco sobre mudanças ao longo do tempo. As perguntas formuladas para determinar a predominância de atitudes e opiniões homofóbicas são, além disso, limitadas por sua dependência de um formato de situação hipotética – pedindo ao respondente que imagine como reagiria frente a uma situação hipotética dada –, o que pode induzir a uma resposta socialmente desejável. (Isto é, o entrevistado pode responder de forma a dar boa impressão ao pesquisador ou a si mesmo.) Em segundo lugar, o quadro de amostras deste estudo não apresenta uma forma de identificar se os participantes heterossexuais representativos da Parada são da população heterossexual maior de Porto Alegre ou de outras cidades brasileiras. Em terceiro lugar, estes dados não oferecem muito entendimento da *experiência sentida/vivida* de participar da Parada, isto é, como é mover-se no espaço físico do evento como uma pessoa heterossexual ou não-heterossexual. Por fim, a dimensão de gênero – como homens heterossexuais diferem de mulheres – ficou largamente inexplorada, basicamente devido a restrições de tamanho de amostragem.

Considerados como um todo, no entanto, estes dados sugerem certos padrões entre participantes heterossexuais, especificamente ao revelar que eles são ligeiramente menos engajados politicamente em termos de participação em movimentos sociais, mas não menos propensos a ver a Parada em termos de cidadania, direitos humanos ou democracia. Os participantes heterossexuais são, além disso, ligeiramente menos "gay-positivos" em alguns aspectos (por exemplo, aceitar que o filho tenha um professor(a) gay ou lésbica), mas não mais significantemente "homofóbicos" e não menos propensos do que não-heterossexuais a conhecerem alguém que seja gay, lésbica, travesti ou soropositivo.

Agradecimentos

O autor agradece à Associação Brasileira Interdisciplinar de AIDS (ABIA) pela oportunidade de ter participado do seminário que deu origem a este livro. Da mesma forma, agradece às seguintes pessoas pela assistência generosa no desenvolvimento conceitual e na aplicação do questionário, assim como na interpretação das conclusões da pesquisa: Célio Golin, Glademir Lorensi, Perseu Pereira, Luis Gustavo Weiler, Alexandre Böer, Fernando Seffner, Michael Baran, Bruce Knauft e Jeffrey Lesser.

Referências bibliográficas

ABERS, R. *Inventing Local Democracy: Grassroots Politics in Brazil.* Boulder: Lynne Rienner Publishers, 2000.

DA COSTA, B.M. *Relatório de Indicadores Sociais de Porto Alegre.* Porto Alegre: Prefeitura Municipal, Secretaria do Governo Municipal, 2001.

DA MATTA, R. *Carnavais, malandros, e heróis.* Notre Dame: University of Notre Dame Press, 1979.

___________. *Conta de mentiroso: sete ensaios de antropologia brasileira.* Rio de Janeiro: Editora Rocco, 1993.

DOS SANTOS, B. "Participatory budgeting in Porto Alegre: toward a redistributive democracy", in: *Politics and Society*, n.26, p.461-510, 1998.

ÉPOCA. "Chicão e o futuro da família", 4 de janeiro de 2002.

FEDOZZI, L. *Orçamento Participativo.* Porto Alegre: Tomo Editorial Ltda e FASE, 1999.

FOLHA DE S. PAULO. "Parada gay reúne 100 mil em SP", p. A1. São Paulo, 2000.

GREEN, J.N. *Beyond Carnival: Male Homosexuality in Twentieth-Century Brazil.* Chicago: University of Chicago Press, 2000.

MACRAE, E. *A Construção da igualdade.* Campinas: Editora da Universidade Estadual de Campinas/UNICAMP, 1990.

NUANCES; BRUCK DE FREITAS, K. "Pesquisa comportamental: homens que fazem sexo com homens", in: *Entre homens: homossexualidade e AIDS no Brasil.* Ed. R.G. PARKER, V. TERTO Jr., p. 89-97. Rio de Janeiro: Associação Brasileira Interdisciplinar de AIDS, 1998.

PARKER, R. G. *Bodies, Pleasures, and Passions: Sexual Culture in Contemporary Brazil.* Boston: Beacon Press, 1991.

____________.*Beneath the Equator: Cultures of Desire, Male Homosexuality, and Emerging Gay Communities in Brazil.* New York: Routledge, 1999.

PINHEIRO, D. "Pai, eu sou gay", in: *Veja,* n. 1636, p.104-11. 16 de fevereiro, 2000.

PROPATO, V. "Meus Pais Sabem", in: *Istoé*, 28 de junho, pp. 67-72, 1999.

SANTOS, M.F.S. *A AIDS: sob a perspectiva da responsabilidade civil.* São Paulo: Editora Saraiva, 1999.

Tabela 1
Características sociodemográficas & participação política (N=176)

Variável		N	%
Idade	média/SD	33,1	10,9
Sexo	masculino	95	54,6
	feminino	79	45,4
Raça	branca	143	83,1
	negra/parda	25	14,5
	outra	4	2,3
Reside em POA*?	sim	147	84,0
Mora com	pais/família	56	32,6
	cônjuge/filhos	40	23,3
	companheiro(a)	19	11,0
	amigo(a)	12	7,0
	sozinho(a)	45	26,2
Tem filhos?	sim	55	31,4
Estado civil	solteiro(a)	117	66,9
	separado(a)	18	10,3
	casado(a)	36	20,6
	viúvo(a)	4	2,3
Nível de escolaridade mais alto	primeiro grau	15	8,7
	segundo grau	65	37,6
	superior incompleto	65	37,6
	supeiror completo	28	16,2
Religião praticante?	sim	112	63,6
Religião Para praticantes	Católica	71	63,4
	Protestante	1	0,9
	Espírita	21	18,8
	Candomblé/Umbanda	9	8,0
	Judaica	3	2,7
	Evangélica	7	6,3
Orientação sexual	heterossexual	87	52,1
	gay/homossexual/lésbica	59	35,3
	bissexual	12	7,2
	prefere não definir	9	5,4
Participa de movimento social?	sim	50	28,4
Participa do Programa de Orçamento Participativo?	sim	28	15,9

*POA: Porto Alegre.

Tabela 2
AIDS & Homossexualidade
(n=176)

Variável		n	%
Conhece alguém com AIDS?	sim	76	43,2
Conhece alguém que seja GLT*?	sim	136	77,3
Atitude se o filho tivesse professor(a) gay ou lésbica	não seria problema	142	88,8
	não gostaria, mas aceitaria	15	9,4
	não aceitaria	3	1,9
Opinião em relação a uma lei que aprove união civil gay	ótimo	106	66,3
	indiferente	48	27,3
	não aprova	6	3,4
Acha que a homossexualidade é um pecado?	sim	10	6,2
Acha que a homossexualidade é uma doença?	sim	13	8,2
Selecionou uma resposta homofóbica a pelo menos uma das quatro perguntas	sim	21	13,6

*Gays, Lésbicas e Transgêneros.

Tabela 3
Participação, Impressões & Preferências
(N=176)

<table>
<tr><th colspan="3">Variável</th><th>N</th><th>%</th></tr>
<tr><td colspan="2">Recém-chegou à Parada?</td><td>sim</td><td>125</td><td>72,7</td></tr>
<tr><td colspan="2">Participou das últimas Paradas?</td><td>sim</td><td>57</td><td>34,3</td></tr>
<tr><td colspan="2">Veio hoje especificamente para assistir à Parada?</td><td>sim</td><td>109</td><td>61,9</td></tr>
<tr><td rowspan="9">Para aqueles que responderam sim (n=109)</td><td rowspan="4">Fonte de informação a respeito da Parada</td><td>TV/jornal/rádio</td><td>50</td><td>46,7</td></tr>
<tr><td>amigos</td><td>36</td><td>33,6</td></tr>
<tr><td>Grupo Nuances</td><td>18</td><td>16,8</td></tr>
<tr><td>Outro</td><td>3</td><td>2,8</td></tr>
<tr><td rowspan="5">Razões para ter vindo à Parada</td><td>para se divertir, assistir aos shows</td><td>60</td><td>55,0</td></tr>
<tr><td>para lutar contra o preconceito</td><td>45</td><td>41,3</td></tr>
<tr><td>para encontrar os amigos</td><td>39</td><td>35,8</td></tr>
<tr><td>para observar</td><td>36</td><td>33,0</td></tr>
<tr><td>para paquerar/ flertar, namorar</td><td>20</td><td>18,3</td></tr>
<tr><td colspan="2">Já viu a palavra ou o conceito "cidadania" invocados em um evento gay?</td><td>sim</td><td>58</td><td>38,7</td></tr>
<tr><td colspan="2">Para quem respondeu sim (58):</td><td>Viram na Parada Livre 2002?</td><td>35</td><td>60,3</td></tr>
<tr><td colspan="2" rowspan="9">A Parada é um cenário de</td><td>direitos humanos</td><td>112</td><td>63,6</td></tr>
<tr><td>cidadania</td><td>93</td><td>52,8</td></tr>
<tr><td>democracia</td><td>90</td><td>51,1</td></tr>
<tr><td>movimentos sociais</td><td>87</td><td>49,4</td></tr>
<tr><td>diversão</td><td>63</td><td>42,0</td></tr>
<tr><td>política</td><td>55</td><td>31,3</td></tr>
<tr><td>cultura</td><td>74</td><td>35,8</td></tr>
<tr><td>comunidade</td><td>43</td><td>24,4</td></tr>
<tr><td>paquera/namoro</td><td>31</td><td>17,6</td></tr>
<tr><td colspan="2" rowspan="4">Primeira opção de atividades para Paradas futuras</td><td>show de drags</td><td>54</td><td>33,1</td></tr>
<tr><td>show de músicos locais</td><td>45</td><td>27,6</td></tr>
<tr><td>discurso político sobre direitos humanos/ discriminação</td><td>40</td><td>24,5</td></tr>
<tr><td>parada/marcha</td><td>24</td><td>14,7</td></tr>
</table>

Movimento homossexual e construção de identidades coletivas em tempos de AIDS

Regina Facchini*

Nas últimas duas décadas e meia, a bibliografia antropológica que se apóia em uma perspectiva construcionista para analisar a temática das sexualidades e das classificações e identidades sexuais vem apontando o surgimento de reelaborações identitárias e classificatórias no Brasil no tocante à homossexualidade (Guimarães, 1977; Fry, 1982; Fry e MacRae, 1983; MacRae, 1985; Parker, 1991 e 1994; Heilborn, 1996). As mudanças observadas ao longo das três últimas décadas apontam para uma fragilização do modelo classificatório tradicional ou hierárquico, baseado na oposição, na complementaridade e na assimetria entre masculino e feminino e em uma ênfase na atividade/passividade sexual, sobretudo nas classes médias e altas dos grandes centros urbanos. A adoção de um modelo classificatório pautado em parâmetros mais igualitários tem sido associada a transformações de cunhos socioeconômico e cultural, como forte concentração de renda, emergência de um mercado de consumo sofisticado, redução da família em tamanho, ampliação da educação superior, desenvolvimento do individualismo e a eclosão dos movimentos de liberação de mulheres e homossexuais (Heilborn, 1996). Por outro lado, a bibliografia que analisa a história social da AIDS no Brasil

* Antropóloga, Doutoranda em Ciências Sociais pelo IFCH/Unicamp, Pesquisadora bolsista do NEPO/Unicamp e professora das Faculdades Integradas de Ciências Humanas, Saúde e Educação de Guarulhos; email: (rfacchini@uol.com.br).

vem apontando a importância da epidemia na transformação do panorama conceitual da sexualidade no país, tendo em vista a ampla divulgação, nas discussões referentes à AIDS nos últimos 20 anos, de categorias médico-científicas como "homossexualidade" e "bissexualidade" (Parker, 1994).

No entanto, se a existência e a atuação do movimento de liberação homossexual são indicadas como fatores relevantes para pensar as mudanças em termos de sistemas classificatórios relativos às sexualidades no Brasil, poucos estudos têm se dedicado especificamente a analisá-las. Os estudos existentes concentraram-se sobretudo no que poderíamos chamar de "primeira onda" do movimento homossexual brasileiro, explorando diversos aspectos relacionados às suas primeiras iniciativas. Há apenas um estudo (Silva, 1993) que se debruça sobre a chamada "segunda onda" do movimento, a partir da atuação do grupo carioca *Triângulo Rosa* na segunda metade dos anos de 1980.

Essa carência de estudos que enfocam os desenvolvimentos mais recentes desse movimento e a concentração de estudos sobre a "primeira onda" dão margem, inclusive, ao risco de que se associe erroneamente a idéia de movimento homossexual brasileiro às características observadas em suas primeiras iniciativas. Por outro lado, são muito poucas as referências (Terto Jr., 1996; Galvão, 2000; Green, 1998; Trevisan, 2000) ao impacto, sobre o movimento, dos desdobramentos mais recentes em termos de políticas de enfrentamento à AIDS, as quais atribuem às organizações da sociedade civil o papel de parceiras privilegiadas.

O presente trabalho tem por objetivo abordar o processo de reflorescimento do movimento homossexual nos anos 1990, bem como explorar sua dinâmica interna, tomando por base os processos de construção e reconstrução de identidades coletivas que se dão em seu interior. Procura também relacionar esse reflorescimento e essa dinâmica à forma pela qual a resposta à epidemia do HIV/AIDS vem se construindo nas políticas governamentais e no movimento homossexual nos últimos anos.

Os argumentos e idéias aqui apresentados estão baseados na dissertação de mestrado "'Sopa de letrinhas'? – Movimento homossexual e produção de identidades coletivas nos anos 90" (Facchini, 2002), um estudo realizado a partir da cidade de São Paulo. A dissertação teve como base pesquisa bibliográfica e documental sobre o Movimento Homossexual Brasileiro – MHB – e pesquisa etnográfica realizada a partir de um único grupo, o *CORSA – Cidadania, Orgulho, Respeito, Solidariedade e Amor – Grupo de Conscientização e Emancipação das Minorias Sexuais*, fundado na cidade de São Paulo em 1995 e ainda atuante. A pesquisa etnográfica envolveu observação participante das atividades internas e externas do grupo – estas últimas possibilitaram o acesso a atividades de âmbitos local, nacional e internacional do movimento homossexual – entre os anos de 1997 e 1999 e a realização de um conjunto de dez entrevistas, entre os anos de 1998 e 2000, com indivíduos ligados ao *CORSA*.

O movimento homossexual é entendido aqui como o conjunto das associações e entidades, mais ou menos institucionalizadas, constituídas com o objetivo de defender e garantir direitos relacionados à livre orientação sexual e/ou reunir, com finalidades não exclusivas e sim necessariamente políticas, indivíduos que se reconheçam a partir de qualquer uma das identidades sexuais tomadas como sujeito desse movimento. No entanto, a experiência em campo desencorajou uma abordagem centrada apenas nas organizações do movimento. A configuração do movimento que observei em campo na segunda metade dos anos de 1990, e a própria viabilidade de uma política de identidade homossexual no Brasil pareceram intimamente relacionadas também a outros atores sociais, principalmente agências governamentais ligadas aos temas saúde e direitos humanos, e às iniciativas, no âmbito do mercado, direcionadas a "homossexuais". A fim de permitir a análise dessas "conexões ativas" (Doimo, 1995) na produção do movimento, adoto o conceito de *campo*, conforme utilizado por Santos (1977) em seu estudo sobre movimentos sociais de moradia, o que me permite incluir, no campo do movimento homossexual, os atores envolvidos diretamente nos processos sob estudo, ainda que não façam parte do movimento propriamente dito. Quanto aos diferentes formatos institucionais encontrados entre as organizações ativistas na pesquisa etnográfica, procuro fugir à tentação de reificá-los em uma oposição cristalizada entre "grupos de movimentos sociais" e "ONGs". Assim, busco antes de tudo enfatizar a forma como diferentes grupos e associações navegam entre esses dois pólos de orientação, manipulando e redefinindo suas identidades institucionais.

Movimento homossexual brasileiro: transformações e reflorescimento

O movimento homossexual teve seu surgimento, no Brasil, associado à fundação do *Grupo Somos*, em São Paulo, no ano de 1978. Nesse momento, definia seu projeto de politização da questão da homossexualidade em contraste às alternativas presentes no "gueto" e em algumas associações existentes no período anterior ao seu surgimento, que, reunindo "homossexuais", possuíam uma atuação qualificada pelos militantes como "não-politizada" por estar exclusivamente voltada para a "sociabilidade". Em sua tese de doutorado, "O militante homossexual no Brasil da 'abertura'", MacRae (1985) citava a existência de cerca de 20 grupos do movimento homossexual no início dos anos 1980. Ao final da tese, porém, havia uma referência ambígua a um declínio do movimento homossexual brasileiro, ao mesmo tempo em que eram citadas relevantes conquistas vindas do trabalho de grupos, então ainda novos, como o *Grupo Gay da Bahia* (GGB) e o *Triângulo Rosa*.

A análise de relatórios sobre os encontros nacionais do movimento homossexual (*Boletim do Grupo Gay da Bahia*, 1993; Reis, 1995; Rodrigues, 1997) confirma um declínio quantitativo nos anos de 1980, seguido pelo que chamo de "reflorescimento" nos anos de 1990:

Ano	Variável	Locais	Grupos
1980	I Encontro Brasileiro de Homossexuais	São Paulo-SP	08
1984	II Encontro Brasileiro de Homossexuais	Salvador-BA	05
1989	III Encontro Brasileiro de Homossexuais	Rio de Janeiro-RJ	06
1990	IV Encontro Brasileiro de Homossexuais	Aracaju-SE	06
1991	V Encontro Brasileiro de Homossexuais	Recife-PE	06
1992	VI Encontro Brasileiro de Homossexuais	Rio de Janeiro-RJ	11
1993	VII Encontro Brasileiro de Lésbicas e Homossexuais	Cajamar-SP	21
1995	I Enc. Bras. de Gays e Lésbicas que Trabalham com AIDS e VIII Encontro Brasileiro de Gays e Lésbicas	Curitiba-PR	84
1997	II Enc. Bras. de Gays e Lésbicas que Trabalham com AIDS e IX Enc. Bras. de Gays, Lésbicas e Travestis	São Paulo-SP	52

Fontes: Até 1995: Reis, 1995.
1997: Rodrigues, 1997.

A análise desses mesmos relatórios mostra um deslocamento quanto à concentração geográfica das iniciativas ativistas no decorrer dos anos 1980 do eixo Rio–São Paulo, para o eixo Rio–Nordeste. Além disso, mostra a introdução, durante o mesmo período, de temas ainda marcadamente presentes na agenda do movimento até os dias de hoje, como a luta por "despatologização", por legislação antidiscriminatória, contra a discriminação religiosa, por tratamento respeitoso na mídia, pela inclusão da educação sexual nos currículos escolares, pela legalização do "casamento gay", denúncia de casos de violência praticada contra homossexuais, além de um lugar privilegiado para a discussão a respeito da AIDS.

Nesse sentido, prefiro tratar os anos de 1980 como um período de transformações e não de declínio no movimento. Mesmo porque essa "primeira onda" foi analisada a partir de uma bibliografia voltada para os movimentos então chamados "alternativos" ou "libertários", enfatizando seu forte caráter antiautoritário e comunitarista e sua relação com o ideário da contracultura. Porém, a leitura de trabalhos posteriores, como o de Cristina L. C. da Silva (1993) sobre o grupo *Triângulo Rosa*, e o de Cláudio R. da Silva (1998) com histórias de vida de indivíduos ligados ao jornal *Lampião da Esquina*, permite pensar que mesmo nessa "primeira onda" já se encontravam presentes, ainda que pouco expressivas, outras características facilmente identificáveis na trajetória de militantes como João Antônio Mascarenhas (articulador inicial do grupo de intelectuais que compôs o jornal *Lampião da Esquina* e presidente do extinto *Grupo Triângulo Rosa*) e Luiz Mott (fundador do *Grupo Gay da Bahia* – GGB). Uma menor refratariedade à institucionalidade e menor envolvimento com posições ideológicas "de esquerda" ou "anarquistas" estão entre as características que, a meu ver, já estavam presentes e permitiram que esse movimento não chegasse a desaparecer em meados da década de 1980, passando de uma ênfase antiautoritária e comunitarista para uma ênfase na garantia do direito à diferença e para uma tendência a estabelecer organizações de caráter mais formal que comunitário.

Esse processo, porém, não se deu da mesma forma para todas as iniciativas ativistas atualmente existentes no Brasil, até mesmo porque, entre os mais de 20 grupos homossexuais identificados no início dos anos de 1980 pelo estudo de MacRae, apenas três atravessaram a década, chegando, ainda que modificados, aos dias de hoje. De qualquer modo, as ações coletivas que convencionalmente agrupam-se sob o nome "movimento homossexual" chegaram aos anos de 1990, sobrevivendo ao processo de "redemocratização", à falência de seu modelo de organização comunitário e autonomista, ao florescimento de alternativas de espaços de sociabilidade homossexual no "gueto" e ao surgimento da AIDS, identificada no início da epidemia como "peste gay" ou "câncer gay". Esse movimento chegou à segunda metade da década de 1990 com uma presença marcante na mídia, ampla participação em movimentos de direitos humanos e de resposta à epidemia da AIDS, vinculação a redes e associações internacionais de defesa de direitos humanos e direitos de gays e lésbicas, ação junto a parlamentares com proposição de projetos de lei nos níveis federal, estadual e municipal, atuação junto a agências estatais ligadas aos temas DST/AIDS e direitos humanos, formulação de diversas respostas frente à exclusão das organizações religiosas, criação de associações de grupos/organizações em níveis nacional e regional – como a *Associação Brasileira de Gays, Lésbicas e Travestis* ou o *Fórum Paulista de Gays, Lésbicas, Bissexuais e Transgêneros* – e a organização de eventos de rua, como a *Parada do Orgulho de Gays, Lésbicas, Bissexuais e Transgêneros* na cidade de São Paulo – que, no ano de 2002, contou com a presença estimada pelos organizadores de cerca de 500.000 pessoas. Em 1998, um documento distribuído pela *Associação Brasileira de Gays, Lésbicas e Travestis* (ABGLT, 1998) em um evento internacional listava cerca de 68 entidades do movimento homossexual no país.[1]

1. Os 68 grupos/organizações do movimento dividiam-se da seguinte maneira pelas regiões do país: 44% no Sudeste, 26% no Nordeste, 14% no Sul, 12% no Centro-Oeste e 4% no Norte. No estado de São Paulo estavam 26% dos grupos citados, sendo que 19% estavam concentrados na cidade de São Paulo.

Certamente, tudo isso implica mudanças, entre as quais é possível identificar a entrada de novos atores ou a alteração da relação anteriormente estabelecida com outros presentes na rede de relações mais ampla do movimento homossexual, como, por exemplo, a mídia segmentada ou não, as agências estatais ligadas aos temas justiça e saúde, parlamentares que incluem a bandeira dos direitos dos homossexuais em suas plataformas, o mercado especializado, organizações internacionais e grupos religiosos que se mostrem flexíveis ou especialmente voltados a questões ligadas à sexualidade ou homossexualidade. Em linhas muito gerais, posso dizer que houve: um sensível crescimento quantitativo e uma diversificação de formatos das iniciativas do movimento, a partir do início dos anos de 1990; um crescimento da importância das relações com o Estado e com o movimento em nível internacional; um quase completo abandono de características ligadas ao antiautoritarismo, como a recusa à definição de cargos e papéis de coordenação fixos; um crescimento da participação do movimento em fóruns e comissões que discutem legislação ou políticas sociais concernentes a seu público-alvo; e um aumento da visibilidade do movimento na mídia e na sociedade.

Essas alterações, friso novamente, não dependeram somente do movimento, mas de uma série de mudanças no contexto nacional e internacional e do impacto da entrada e da mudança na relação com outros atores presentes atualmente no campo do MHB. Nesse sentido, minha análise a respeito do reflorescimento do movimento homossexual nos anos de 1990 aponta para a importância, nesse processo, das políticas adotadas por agências estatais voltadas ao controle da epidemia de AIDS e do desenvolvimento de um mercado segmentado para a definição da configuração atualmente existente no campo do movimento. Para além de estímulos diretos ao movimento, como destinação de recursos a suas atividades, tanto as agências estatais quanto o mercado segmentado têm contribuído para reforçar a adesão a um sistema classificatório moderno – nos termos adotados por Fry (1982 e 1990) –, ou seja, um sistema de classificação que trata a questão da sexualidade a partir de uma distinção entre hetero e homossexualidade, imprescindível para que uma política de identidade homossexual se torne viável.

Neste texto não aprofundarei os aspectos ligados à relação entre movimento homossexual e mercado segmentado. Dada a temática proposta no seminário para o qual este texto foi elaborado, concentro-me na relação entre AIDS, agências estatais voltadas ao controle da epidemia e movimento. No entanto, enfatizo que essa é apenas uma das conexões ativas na produção da configuração atual do campo do movimento.

A AIDS e o reflorescimento do movimento homossexual brasileiro

Néstor Perlongher, em texto publicado em 1993, retratava o peso da chegada da epidemia da AIDS, então chamada de "peste gay", e seu impacto sobre as iniciativas de liberação homossexual, falando em um "fim da homossexualidade". Não há como negar o impacto que construções dos primeiros tempos da epidemia, como a dos "homossexuais" como um "grupo de risco" e a da AIDS como uma "peste gay", tiveram sobre o movimento e sobre os próprios indivíduos com práticas ou identidades associáveis à homossexualidade. No entanto, passados quase 20 anos da primeira iniciativa de militantes homossexuais[2] no sentido de confeccionar um material informativo sobre AIDS a ser distribuído no "gueto", é preciso que sejam analisados outros aspectos. Se, em referência aos anos de 1980, a AIDS aparece na bibliografia e no discurso de militantes como fator de desmobilização e nos relatórios dos encontros nacionais do movimento como uma preocupação fundamental, ironicamente, a maneira como foi sendo tratada pela mídia, pelas agências estatais de saúde e pelos próprios militantes da luta contra a Aids resultou, como afirma Trevisan (2000), em uma ampliação da "visibilidade da homossexualidade". Essa ampliação, que pode ser compreendida como uma expansão de um sistema de classificação moderno a respeito da sexualidade na sociedade brasileira, cumpre um papel decisivo no sentido de tornar uma proposta de política de identidade homossexual viável no Brasil.

Por outro lado, a classificação em termos de "grupos de risco", há muito questionada por ser discriminatória, acabou se revertendo, em termos de políticas de saúde, em justificativa da importância de traçar estratégias específicas para as populações que foram desse modo enquadradas. Nesse sentido, o uso da noção de "educação por pares" possibilitou que organizações da sociedade civil com dificuldades de obtenção de recursos passassem a ser financiadas por agências de cooperação internacional e por organismos governamentais (Galvão, 2000, p. 81-84). Ainda que tais recursos não criem uma situação ideal para o desenvolvimento de projetos e adjetivos, no movimento homossexual, a organização em torno da questão da AIDS propiciou aos grupos todo um aprendizado a respeito da formulação e do desenvolvimento de projetos de intervenção financiáveis, como ressalta Green (1998),[3] que, para boa parte das

2. Referência à iniciativa do Grupo Outra Coisa, de São Paulo, no ano de 1983.

3. "Additionally, organizing around AIDS issues has not only attracted individuals seeking information and support but also provided new resources and infrastructure. Groups have learned how to apply for grants from state and national ministries of health for AIDS education and prevention. In some cases an office rented with financial support has also served as a meeting place for local gay and lesbian groups" (Green, 1998, p. 103).

entidades brasileiras, significou uma porta de entrada para a adesão a um formato institucional mais formal que comunitário – o das ONGs – e para o universo dos projetos de intervenção social financiados. Atualmente, a utilização do conceito de vulnerabilidade,[4] que procura articular dimensões individuais, sociais e programáticas, tem permitido que a promoção de uma auto-identidade homossexual, da auto-estima dos sujeitos como "homossexuais" e a formação e a capacitação de entidades de luta por direitos homossexuais para o trabalho na prevenção sejam incorporadas como elementos centrais dos projetos de prevenção desenvolvidos.

A Coordenação Nacional de DST/AIDS, uma das principais fontes de recursos para o movimento homossexual nos anos de 1990, avalia retrospectivamente os projetos financiados para "homens que fazem sexo com homens" – HSH – da seguinte maneira:

> No período de 1994-1998 (AIDS I) o total de projetos de ONG direcionados aos HSH, apoiados pela CN-DST/AIDS, foi de apenas 5% (28 projetos de 559 implantados no período), tendo sido executados por 17 instituições. Esse fato pode estar relacionado à demanda anual recebida pela Coordenação quando da realização das concorrências públicas para análise e seleção de projetos a serem apoiados pelo nível federal, ou seja, nas seis concorrências realizadas nesse período foram recebidas apenas 36 propostas advindas das ONGs, sendo 77% delas (28 propostas) aprovadas.
>
> A partir da implementação do AIDS II (1999-2002), observa-se significativa alteração desse quadro, com aumento expressivo do número de projetos encaminhados para as concorrências públicas e pelo aprimoramento da qualidade técnica das propostas recebidas. Um dos elementos que propiciaram tal alteração foi a implantação, em 1999/2000, do Projeto Somos, direcionado para a formação e capacitação de lideranças e grupos homossexuais em três regiões brasileiras (Sul, Sudeste e Nordeste).
>
> No período de 1999 a outubro de 2001, identifica-se a execução de 91 projetos de ONGs, apoiados pela CN-DST/AIDS e direcionados aos HSH, podendo também ser registrado significativo aumento da participação das ONGs no que se refere ao envio de propostas para ações junto aos HSH nas concorrências públicas realizadas no período de março e novembro de 2000 e agosto de 2001, com 31, 23 e 94 propostas, respectivamente (Brasil, Ministério da Saúde, 2001).[5]

Assim, se, no período do "AIDS I" a CN-DST/AIDS recebeu um pequeno volume de propostas voltadas para a população HSH, à época ainda chamada de "homossexual", ao examinar os dados sobre eventos apoiados, é possível perceber que o próprio Programa colaborou para que o movimento homossexual se reorganizasse e para o aumento expressivo

4. A esse respeito ver: Ayres *et alli*, 1999 e Paiva, 2002.

5. O "Projeto Somos", referido no segundo parágrafo desta citação, diz respeito a um projeto de formação e capacitação de entidades homossexuais para o trabalho com DST/AIDS, realizado simultaneamente em três regiões do país, proposto e executado pela ABGLT (Associação Brasileira de Gays, Lésbicas e Travestis).

do número de projetos encaminhados às concorrências na vigência do "AIDS II". Embora essa colaboração não tenha sido ampliada por meio da seleção e do financiamento de propostas vindas de organizações do movimento homossexual, os apoios a projetos de eventos certamente cumpriram o papel de pôr em contato as entidades existentes, promover trocas de informações e experiências entre elas e incentivar a formação de novas entidades, visto que esses encontros recebem não só representantes de grupos e associações, mas indivíduos interessados no tema ou na participação ou na formação de novas entidades. No período de 1993 a junho de 1998, entre 26 encontros que receberam recursos do Ministério da Saúde, 11 destinaram-se a ONGs/AIDS, pessoas vivendo com AIDS e a encontros regionais voltados a um público geral/não especificado, nove (cerca de 1/3 do total de eventos apoiados) destinaram-se a públicos ligados ao movimento homossexual e os outros sete a públicos específicos como mulheres, trabalhadores, profissionais do sexo e educadores.[6]

Campo de atuação de ONGs e movimento: um híbrido

A possibilidade de atuação pela via de projetos financiados, que atualmente não se restringe ao trabalho na luta contra a AIDS, consolidou, no âmbito interno dos grupos, algumas das tendências que já se mostravam presentes em entidades que tiveram um papel fundamental durante a década de 1980, como o *Grupo Gay da Bahia* e o *Triângulo Rosa*, levando a uma aproximação do modelo ideal das ONGs esboçado por Fernandes (1985 e 1994) e suas implicações em termos de: redução do número de membros efetivos; criação de estruturas formais de organização interna; elaboração de projetos de trabalho em busca de financiamentos; necessidade de apresentação de resultados e de expressar claramente objetivos e objetos de intervenção ou de reivindicação de direitos; profissionalização de militantes; maiores capacidade e necessidade de comunicação e dependência de estruturas (como sede, telefone, endereço eletrônico, computador); necessidade de integrar os militantes dentro de um discurso pragmático; adoção de técnicas de dinâmica de grupo em reuniões e atividades; e preocupação em ter militantes preparados para estabelecer relações com a mídia, parlamentares, técnicos de agências governamentais e associações internacionais. Certamente, esse é apenas um modelo ideal, do qual, na segunda metade dos anos de 1990, poucas organizações homossexuais no

6. Fontes: Brasil. Ministério da Saúde, (199-)a.; (199-)b.; (199-)c.; (199-)d.; (199-)e.; (199-)f.

Brasil se aproximavam plenamente e do qual algumas se recusavam a se aproximar, ao menos no que toca a alguns dos aspectos citados.

Por outro lado, no que diz respeito à relação entre os grupos, a busca de financiamentos estatais ou internacionais, que são escassos, provoca, como sugere Fernandes (1985), uma competição difusa que pode ser potencializada na medida em que diversas organizações compartilhem uma mesma "clientela". No entanto, se a necessidade de manter a "boa imagem frente aos financiadores" sugere uma relação de evitação e a manutenção de regras de convivência quando se trata das relações entre ONGs, essas regras podem ser bastante perturbadas quando o campo de atuação dessas ONGs é também um movimento, no qual convivem organizações financiadas, organizações que não são financiáveis e outras que se recusam a sê-lo. Aí, os processos de identificação e diferenciação, em que o próprio grupo ou organização é tomado como o melhor em contraposição aos outros, dos quais nos falou Pontes (1986) ao tratar do movimento feminista do início dos anos de 1980, criam situações de conflito aberto, que podem ser acompanhadas eventualmente através da troca de acusações na mídia, Internet ou fóruns que não incluam somente militantes.

No interior desse campo do movimento, permeado por tensões e processos de identificação e diferenciação, é que, tomando por referência os demais grupos e outros atores presentes, são elaborados e reelaborados as identidades institucionais e os sujeitos coletivos que serão defendidos ou alvo da intervenção dos grupos/organizações. Certamente, isso aponta para o caráter relacional, contrastivo e situacional das identidades (Barth, 1998) institucionais – ser "ONG" ou ser "grupo" – e das formas pelas quais nomeiam o "nós" representado em sua atuação – "homossexuais"; "homossexuais e lésbicas"; "gays e lésbicas"; "gays, lésbicas e travestis"; "minorias sexuais"; "gays, lésbicas, travestis e transsexuais"; "gays, lésbicas, bissexuais e transgêneros". Isso explica que idéias contraditórias sejam às vezes apresentadas pela mesma pessoa ou grupo, que um coletivo se defina como "grupo" e como "ONG" em um mesmo documento, ou como "grupo" em um contexto e como "ONG" em outro. Ou, ainda, que tenha estatuto registrado em cartório, diretoria formal, esteja pensando em formular projetos a serem financiados e se recuse a utilizar a categoria "ONG" em relação a si mesmo. Explica, ainda, o fato de que esta última denominação tenha sido adotada e, posteriormente, se dinfudido nacionalmente, independente do sentido negativo que o termo "bissexuais" tivesse para os ativistas ou de que "transgêneros" fosse uma categoria até pouco tempo inexistente no vocabulário dos militantes brasileiros e que tenha sido contestada, desde o inicio de sua utilização, por alguns dos ativistas aos quais se pretendia que o termo representasse. Ainda com relação ao nome que se dá ao sujeito do movimento, a relação estabelecida com atores de agências estatais e do mercado segmentado faz com que os militantes tenham de se posicionar frente a categorias coletivas como *homens que fazem sexo com homens* – HSH – e *gays, lésbicas e simpatizantes* – GLS.

Processos de construção e reconstrução de identidades coletivas

A primeira alteração no nome do movimento – que inicialmente se identificava como *movimento de homossexuais* – deu-se no VII Encontro Brasileiro, realizado em 1993, que incluiu a palavra *lésbica,* e daí seguiram-se as outras formulações como *GLT – gays, lésbicas e travestis* – e *GLBT – gays, lésbicas, bissexuais e transgêneros.* Ao tomarmos esses fatos em consideração, poderíamos ponderar aqui a relação desse fenômeno com a necessidade de identificação precisa do público-alvo requerida pela formulação de projetos de lei ou elaboração de projetos de trabalho.

A experiência acompanhada por mim no grupo *CORSA*, no entanto, sugere que essa proliferação de nomes e siglas não se explica somente por necessidades práticas. A análise dos processos de construção e reconstrução de identidades coletivas no grupo *CORSA* (que em quatro anos de vida, entre 1995 e 1999, passou por três diferentes formulações de seu sujeito político – *minorias sexuais, GLT* e *GLBT*) – mostra uma outra face dessa segmentação/multiplicação de categorias. A criação de categorias ou a alteração do nome de determinadas categorias podem também manter relação com as dinâmicas de diferenciação e identificação características do movimento, assumindo – não necessariamente, mas potencialmente – o caráter de uma "guerra de classificações", na medida em que grupos ou conjuntos de grupos em conflito passem a adotar e defender formulações diferentes para definir o indivíduo político do movimento.

A pesquisa etnográfica que embasa este texto apontou para o fato de que a dinâmica interna baseada na reprodução dos grupos por fissão e nos conflitos intergrupais descrita por MacRae no início dos anos 1980 continuava, de certo modo, bastante presente. O movimento homossexual brasileiro permanecia como um conjunto de entidades separadas, embora com formatos bastante diversificados, que não possuíam qualquer tipo de coordenação central. Mesmo a tentativa de formação de uma associação nacional, que tivesse o papel de reunir os grupos/organizações e ser um espaço de discussão coletiva, acabou por criar apenas mais uma entidade, com relação à qual os pares mantinham vínculos de aliança ou conflito. Os grupos/organizações continuavam surgindo a partir de "rachas" em outros já existentes e do incentivo representado por atividades de entidades já estruturadas, reproduzindo a dinâmica de diferenciações e identificações, uma vez que as novas entidades poderiam ser identificadas como "entidades-filhas/irmãs" ou "entidades-rivais".

Apesar da força representada pela expansão de um sistema moderno de classificação da sexualidade e pelo próprio perfil das lideranças do movimento,[7] a dinâmica pela qual se elege um inimigo externo para garantir a unidade e a própria sobrevivência do grupo – geralmente entre os mais próximos, como sugeriu MacRae (1985) – ainda continua responsável por uma certa fragilidade do mesmo. Até mesmo porque, apesar de teoricamente contrariar os interesses do próprio movimento – seja por prejudicar a convivência interna ou, por vezes, depor contra a "boa imagem" externa de grupos/organizações – tal dinâmica parece necessária, inclusive – para que os grupos/organizações constituam sua visão a respeito de si mesmos e construam seu estilo de atuação.

Na segunda metade dos anos de 1990, o movimento havia se tornado, do ponto de vista de formatos institucionais, claramente um campo misto, no qual conviviam grupos comunitaristas, ONGs, setoriais de partidos políticos, organizações com inspiração religiosa, acadêmica, entre outros, e as disputas não se davam mais em torno de propostas de transformação social. Nesse contexto, a categoria "trabalho" surgia, então, de forma central nos discursos. Questões como "o que pode ser considerado trabalho?" ou "qual a estrutura necessária para que um grupo/organização trabalhe e possa falar em nome daqueles que coloca como sujeitos?" mostravam a relevância das disputas por reconhecimento e *status* existentes no interior do movimento e guardavam forte relação com os processos de construção e reconstrução de identidades coletivas que ocorriam nos grupos e associações.

---

7. A bibliografia sobre movimento homossexual tem apontado tradicionalmente para um perfil de lideranças que se caracteriza por uma origem nas camadas médias da população, por alto grau de capital cultural e escolaridade bem acima da média da população brasileira. No trabalho etnográfico com o grupo *CORSA*, esse perfil de lideranças se confirmou. Apesar de o grupo contar com uma média de 30-40 freqüentadores por reunião e ter por princípio o incentivo à ampla participação de todos os membros, as lideranças politicamente mais influentes eram poucas. Se o perfil dos membros apontava mais da metade concentrados na fixa dos 23 aos 32 anos, 25% a 35% com escolaridade referente a superior completo ou mais, cerca de metade dos membros com rendimentos iguais ou inferiores a cinco salários mínimos e cerca de 70% com identidade étnico-racial classificável como de "não-brancos", as principais lideranças políticas do grupo podiam ser percebidas como mais velhas, mais escolarizadas, "mais brancas" e apresentando maiores rendimentos salariais mensais que a média dos freqüentadores.

No *CORSA*, no período em que acompanhei suas atividades, as mudanças na formulação do seu sujeito político estiveram intimamente ligadas a disputas internas e a conflitos externos que envolviam a definição de um estilo próprio de trabalho para o grupo. Mais que isso, as escolhas realizadas em termos de formulação do sujeito político refletiam as relações de aliança ou conflito que se estabeleciam com outras entidades. A categoria "minorias sexuais", adotada na fundação do grupo, pode ser compreendida a partir da fala dos ativistas que a propuseram como um termo que demonstrava um reconhecimento implícito de várias homossexualidades, a tentativa de criar um espaço de ação política para todas elas e, mais que isso, um espaço aberto a novas inclusões. No entanto, a entrada no campo do movimento e os passos dados no sentido de legitimação do grupo e de seu modelo de ação fortaleceram-no organizacionalmente, mas, paradoxalmente, colocaram-no mais próximo a um molde internacionalizado de política de identidades em grande medida baseado na experiência norte-americana, ou seja, na identidade como um ponto de partida.

Nesse sentido, a análise da experiência do *CORSA* na segunda metade da década de 1990 permite refletir sobre as possibilidades e limites do movimento, e sobre os desafios colocados em seu potencial emancipatório. Um desafio importante mostra-se presente na oscilação entre *diversidade* e *diferenças* ou *cidadania* e *orgulho*. Na prática cotidiana do *CORSA* aos poucos a idéia de compartilhar experiências de exclusão/opressão e lutar contra elas foi se constituindo de modo a ter de passar, anteriormente, pela adesão a uma das identidades listadas como alvo da atuação do grupo, subordinando a *cidadania* ao *orgulho*, de modo que qualquer alteração na lista de categorias-alvo da ação, ou a renomeação de uma categoria, implicaria inclusão ou exclusão de indivíduos concretos. Assim, vale lembrar que, se tomadas de forma radical/essencial, as diferenças podem, conforme adverte Butler (1998), minar a unidade do movimento, gerar normatizações e exclusões e confrontar a própria idéia de respeito à diversidade. Ou seja, ainda que a intenção dos ativistas do grupo, ao multiplicar as categorias que compõem o sujeito político que descreve o público pelo qual falam e de quem atuam em favor, seja a de ampliar as possibilidades de inclusão, há um sério risco de dar início a uma discussão sobre o conteúdo descritivo de cada um dos termos e sobre o que os diferencia, o que tem um grande potencial de geração de conflitos entre os indivíduos que se reconhecem a partir de diferentes categorias e de operar normatizações a respeito de cada uma delas. Não se trata aqui, assim como não é o caso em Butler, de refutar a utilização de categorias que façam referência ao sujeito do movimento, visto que são necessárias à atuação política dos grupos/organizações, mas de enfatizar os riscos envolvidos em uma abordagem essencializante.

Ainda com relação aos processos de construção e reconstrução de identidades, do ponto de vista da identidade institucional, o *CORSA*, em especial entre os anos de 1997 e 1999, mostrava forte resistência a assumir uma identidade de ONG. "Ser uma ONG" significava, naquele momento, obter suporte para suas atividades por meio do "trabalho com AIDS". Uma crítica ou temor relacionado(a) a "trabalhar com AIDS" ou "tornar-se uma ONG-AIDS" foi percebida, durante minha estada em campo, em outros grupos brasileiros. No entanto, o temor em relação a uma associação direta entre AIDS e homossexualidade ou a tentativa de reverter essa associação (Terto Jr., 1996; Silva, 1993) não podem ser tomados como única explicação para essa resistência. No caso do *CORSA*, a resistência ao "trabalho com AIDS" esteve relacionada a um contexto específico, no qual o grupo procurava definir seu estilo de atuação e, para tanto, contrapunha-se de modo bastante ostensivo a outros grupos/organizações e ao que percebia como seus modelos de atuação. O "trabalho com AIDS" aparecia, assim, como uma das características que as lideranças do *CORSA* associavam ao estilo de atuação de entidades às quais o grupo se contrapunha. À medida que o grupo foi legitimando seu próprio estilo de atuação, as resistências em assumir a identidade institucional de ONG e a realizar trabalhos na área de prevenção às DST/AIDS foram cedendo. No início do ano de 2002, o grupo contava com dois projetos de intervenção financiados, sendo que um deles aliava prevenção à AIDS à promoção da cidadania de "jovens homossexuais" da periferia, na Zona Sul da cidade.

Finalizo este texto reafirmando o vínculo que foi se estabelecendo entre a identificação da AIDS com homossexualidade masculina, o aumento do alcance de um sistema de classificação moderno da sexualidade e as políticas de controle da epidemia entre "homens que fazem sexo com homens" no processo de reflorescimento do movimento homossexual brasileiro que se deu ao longo dos anos de 1990. Entendo que o caráter deste texto seja o de estimular o debate/produção sobre o tema, que permanece pouco explorado. Nesse caso, gostaria também de deixar algumas sugestões de investigação. Acredito que seja interessante investigar a expansão do movimento homossexual para cidades afastadas de grandes centros urbanos e bairros periféricos das grandes cidades. Nessa direção, creio que cabe avaliar a relação entre essa expansão e as estratégias das políticas de prevenção à AIDS. Sugiro, também, investigar o modo como a categoria HSH vem sendo ressignificada e adaptada ao trabalho de intervenção realizado pelas organizações do movimento, a fim de acomodar relações complexas entre identidade e comportamentos sexuais reais, e de procurar alcançar indivíduos que não possuem uma identidade "homossexual". Fora da temática da AIDS, mas ainda dentro do tema movimento homossexual brasileiro, há uma lacuna na produção de conhecimento sobre o tema no que diz respeito ao movimento lésbico. Esse movimento atravessou o período de transformações dos anos de 1980 e também passou por um aumento do número de grupos/organizações a partir dos anos de 1990. Infelizmente, porém, suas especificidades permanecem ainda quase completamente inexploradas.

Referências bibliográficas

ABGLT. *Brazilian Association of Gays, Lesbians and Transvestites: Information Sheet.* Jul./Ago., 1998.

AYRES, J. R. *et alli.* "Vulnerabilidade e prevenção em tempos de AIDS", in: BARBOSA, R. M.; PARKER, R. (Orgs.). In: *Sexualidades pelo avesso.* Rio de Janeiro: IMS-UERJ; São Paulo: Ed. 34, p. 49-72, 1999.

BARTH, F. "Grupos étnicos e suas fronteiras", in: POUTIGNAT, P. e STREIFF-FENART, J. *Teorias da etnicidade.* São Paulo: Fundação Editora da UNESP, p. 187-227, 1998.

BOLETIM DO GRUPO GAY DA BAHIA. (1993). Salvador: Grupo Gay da Bahia, ano XII, n. 27.

BRASIL. Ministério da Saúde, (199-)a. *Atividades Implementadas – 1993.* 30 jan. 2002. <http://www.aids.gov.br/prevencao/ong/atividades_implementadas_1993.htm>.

_______. Ministério da Saúde, (199-)b. *Atividades Implementadas – 1994.* 30 jan. 2002. <http://www.aids.gov.br/prevencao/ong/atividades_implementadas_1994.htm>.

_______. Ministério da Saúde. (199-)c. *Atividades Implementadas – 1995.* 30 jan. 2002. <http://www.aids.gov.br/prevencao/ong/atividades_implementadas_1995.htm>.

_______. Ministério da Saúde. (199-)e. *Atividades Implementadas – 1996.* 30 jan. 2002. <http://www.aids.gov.br/prevencao/ong/atividades_implementadas_1996.htm>.

_______. Ministério da Saúde. (199-)f. *Atividades Implementadas – 1997.* 30 jan. 2002. <http://www.aids.gov.br/prevencao/ong/atividades_implementadas_1997.htm>.

_______. Ministério da Saúde. (199-)g. *Atividades Implementadas – 1998.* 30 jan. 2002. <http://www.aids.gov.br/prevencao/ong/atividades_implementadas_1998.htm>.

_______. Ministério da Saúde, 2001. *Projetos de intervenção para homens que fazem sexo com homens (HSH).* 30 jan. 2002. <http://www.aids.gov.br/final/parcerias/osc/hsh.htm>.

BUTLER, J. "Fundamentos contingentes: o feminismo e a questão do pós-modernismo", in: *Cadernos Pagu,* n.11, p.11-42, 1998.

DOIMO, A. M. *A vez e a voz do popular: movimentos sociais e participação política no Brasil pós-70.* Rio de Janeiro: Relume-Dumará/ANPOCS, 1995.

FACCHINI, R. "'Sopa de Letrinhas'? – Movimento homossexual e produção de identidades coletivas nos anos 90: um estudo a partir da cidade de São Paulo", 2002. (Dissertação/ Mestrado) – Campinas Instituto de Filosofia e Ciências Humanas, Universidade Estadual de Campinas.

FERNANDES, R. C. "Sem Fins Lucrativos", in: *Comunicações do ISER,* n.15, p. 13-31, 1985.

_______________. *Privado porém público: o terceiro setor na América Latina.* Rio de Janeiro: Relume Dumará, 1994.

FRY, P. *Para inglês ver: identidade e política na cultura brasileira.* Rio de Janeiro: Zahar Editores, 1982.

_______. "Prefácio", in: MACRAE, E. *A construção da igualdade: identidade sexual e política no Brasil da abertura.* p. 11-15. Campinas: Editora da UNICAMP, 1990.

FRY, P.; MACRAE, E. *O que é homossexualidade.* São Paulo: Brasiliense, 1983.

GALVÃO, J. *Aids no Brasil: a agenda de construção de uma epidemia.* Rio de Janeiro: ABIA; São Paulo: Ed. 34, 2000.

GREEN, J. N. "'More love and more desire': the building of a brazilian movement", in: B. D. ADAM; J. W. DUYVENDAK & A. KROUWEL. *The global emergence of gay and lesbian politics: national imprints of a worldwide movement.* Philadelphia: Temple University Press, 1998.

GUIMARÃES, C. D. "O homossexual visto por entendidos", in: (Dissertação/Mestrado) – Rio de Janeiro: Programa de Pós-Graduação em Antropologia Social do Museu Nacional, Universidade Federal do Rio de Janeiro, 1977.

HEILBORN, M. L. "Ser ou estar homossexual: dilemas de construção de identidade social", in: R. PARKER; R. M. BARBOSA (Orgs.). *Sexualidades brasileiras.* Rio de Janeiro, Relume-Dumará/ABIA/IMS, UERJ, 1996.

MACRAE, E. "O militante homossexual no Brasil da 'abertura'" (Tese/Doutorado) – São Paulo: Faculdade de Filosofia Letras e Ciências Humanas, Universidade de São Paulo, 1985.

PAIVA, V. "Sem mágicas soluções: a prevenção do HIV e da AIDS como um processo de 'emancipação psicossocial'", in: *Interfaces – Comunicação, saúde, educação,* n.11, p. 25-38, 2002.

PARKER, R. G. *Corpos, prazeres e paixões: a cultura sexual no Brasil contemporâneo.* São Paulo: Best Seller, 1991.

______________. "Sexo entre homens: consciência da AIDS e comportamento sexual entre os homens homossexuais e bissexuais no Brasil", in: PARKER R. *et alli.* (Orgs.). *A Aids no Brasil,* p. 129-149. Rio de Janeiro: Relume-Dumará/ABIA/IMS, UERJ, 1994.

PERLONGHER, N. "O desaparecimento da homossexualidade", in: A. LANCETTI *et alli. SaúdeLoucura* n.3, p. 39-45. São Paulo: Hucitec, 1993.

PONTES, H. A. "Do palco aos bastidores: o SOS-Mulher (SP) e as práticas feministas contemporâneas", 1986. (Dissertação /Mestrado) – Campinas: Instituto de Filosofia e Ciências Humanas, Universidade Estadual de Campinas.

REIS, T. (Org.). *Relatório do I Encontro Brasileiro de Gays e Lésbicas que trabalham com AIDS e VIII Encontro Brasileiro de Gays e Lésbicas.* Curitiba: Grupo Dignidade/Italprint, 1995.

RODRIGUES, M. M. (Org.). *Relatório do II Encontro Brasileiro de Gays, Lésbicas e Travestis que trabalham com AIDS e IX Encontro Brasileiro de Gays, Lésbicas e Travestis.* São Paulo: Rede de Informação Um Outro Olhar, 1997.

SANTOS, C. N. F. dos. "Três movimentos sociais urbanos no Rio de Janeiro: padres, profissionais liberais, técnicos do Governo e moradores em geral servindo-se de uma mesma causa", in: *Religião e Sociedade,* n.2, p.29-60, 1977.

SILVA, C. R. "Reinventando o sonho: história oral de vida política e homossexualidade no Brasil contemporâneo". (Dissertação/Mestrado) São Paulo: Faculdade de Filosofia, Letras e Ciências Humanas, Universidade de São Paulo, 1998.

SILVA, C. L. C. "Triângulo Rosa: a busca pela cidadania dos 'homossexuais'". (Dissertação / Mestrado), Rio de Janeiro: Instituto de Filosofia e Ciências Sociais, Universidade Federal do Rio de Janeiro, 1993.

TERTO Jr., V. "Homossexuais soropositivos e soropositivos homossexuais: questões da homossexualidade masculina em tempos de Aids", in: PARKER R.; BARBOSA R. M. (Orgs.). *Sexualidades brasileiras.* Rio de Janeiro: Relume Dumará/ABIA/IMS, UERJ, 1996.

TREVISAN, J. S. *Devassos no paraíso: a homossexualidade no Brasil, da colônia à atualidade.* 3ª ed., rev. e ampl. Rio de Janeiro: Record, 2000.

Construção de identidades homossexuais na era AIDS

José Ronaldo Trindade*

Neste texto, pretendo fazer um breve apanhado de algumas transformações que têm ocorrido entre os homossexuais brasileiros durante o período que chamo aqui de geração AIDS. Nesse sentido, me reporto tanto às modificações sociais e sexuais ocorridas em virtude da constituição do binômio AIDS-Homossexualidade, quanto às estratégias de luta que visavam a dissolução dessa oprimente junção. Além das questões provenientes dessa doença, uma série de transformações historicamente novas também foi se urdindo, modificações essas que evidenciaram novas classificações identitárias, que se refletem tanto nos rumos do ativismo homossexual quanto nas percepções do corpo, da intimidade e das relações de sociabilidade.

A AIDS: transformações e representações

Se nos ativermos ao campo das representações em torno dessa doença, encontraremos etapas diversas, que se reconstroem no plano da história, em um intrincado jogo entre significante e significado. Inicialmente pensado como sinônimo de morte, ter AIDS era ter/ser a morte. Escrever uma história social dessa epidemia é uma tarefa muito importante, pois somente adentrando nos meandros de seu cotidiano será possível, acredi-

* Doutorando do Programa de Pós-Graduação em Antropologia da USP; Pesquisador do NAU (Núcleo de Antropologia Urbana/USP).

to, rever uma série de mitos que a cercam. Não é esse, porém, o objetivo dessa pesquisa, pois, aqui, a AIDS será abordada em sua virtualidade, reivindicada pelo campo semântico que se constituiu em torno dela, tantas vezes acionado para avaliar a sexualidade, de uma maneira geral, e a homossexualidade de uma forma mais particular.

Como os primeiros registros da doença, observados em 1981, foram percebidos entre homossexuais masculinos, não tardou para que uma íntima associação entre essa nova moléstia e a homossexualidade fosse estabelecida.[1] Uma vez rotulada de "peste gay", o estudo para o conhecimento dessa enfermidade foi realizado primeiramente entre os homens que se envolviam sexualmente com outros homens.[2] Vale lembrar que, antes de ser cunhada a sigla AIDS (*Acquired Imunne Deficiency Syndrome*), foi proposta a sigla GRID (*Gay-Related Imunne Deficiency*)[3]. Isso causou conflitos sociais sérios envolvendo os homossexuais urbanos, já que as informações, muitas vezes distorcidas, sobre essa nova síndrome, foram difundidas em massa pela mídia.

A ciência, ao sugerir uma ligação umbilical entre a homossexualidade e uma doença tão mortal quanto desconhecida, impulsionou julgamentos morais e religiosos, além de ressuscitar argumentos preconceituosos que ligavam a experiência de homens que se envolviam sexualmente e afetivamente com outros homens à patologia. Em certas cidades americanas, alguns órgãos públicos chegaram a intervir no cotidiano da vida gay, adotando medidas para o fechamento de saunas, boates e bares que supostamente seriam os espaços privilegiados de acometimento da doença (Rotello, 1998).

Em pouco tempo a AIDS chegou ao Brasil. Mesmo antes que os primeiros casos fossem confirmados, a mídia já difundia informações sobre a estranha enfermidade que vinha matando homossexuais masculinos nos Estados Unidos.[4] Embora o espraiamento silente do vírus já viesse ocorrendo desde a década de 1970, foi somente por volta de 1982 que os primeiros casos foram registrados no Brasil.[5] Como já havia ocorrido nos Estados Unidos, as

1. O *Center of Disease Control and Prevention* (CDC) dos Estados Unidos publicou, em junho de 1981, no *Morbidity and Mortality Weekly Report*, um artigo relatando cinco casos de *pneumocystis carini* entre jovens identificados como homossexuais em Los Angeles, dos quais dois já haviam falecido.
2. Singer, M. "AIDS and the health crisis of the U.S. urban poor; the perspectival of the critical medical anthropolgy", in *Social Science and Medicine*, vol. 39, n. 7, p. 931-948, 1994.
3. Bastos, Galvão, Pedrosa e Parker. *A AIDS no Brasil.* Rio de Janeiro: Relume Dumará, 1994.
4. Daniel, Herbert e Parker. *AIDS, a terceira epidemia: ensaio e tentativas.* São Paulo: Iglu, 1990; e Daniel, Herbert. *A síndrome do preconceito – Comunicações do ISER*, 1985, vol. 4, p. 48-56.
5. Sabe-se hoje, de acordo com o *Boletim Epidemiológico AIDS*, de abril/junho de 2002, que o primeiro caso e conseqüente óbito, em virtude dessa síndrome, ocorreu no Brasil no ano de 1980. Todavia, esses números são constantemente revistos em virtude de novas descobertas.

primeiras vítimas eram homens que apresentavam comportamentos classificados como homossexuais; homens do Rio de Janeiro e de São Paulo que viajavam com freqüência para os Estados Unidos e outros países da Europa, onde, segundo os jornalistas, teriam sido acometidos pela doença.[6]

Se as lutas políticas dos homossexuais não conseguiram a visibilidade que desejavam – já que a imprensa nunca deu tanta atenção às reivindicações deste segmento –, a AIDS conseguiu fazer com que o país falasse sobre os envolvimentos sexuais entre pessoas do mesmo sexo. Infelizmente, esse silêncio foi rompido de uma forma equivocada, que construiu para o homossexual imagens que iam da vitimização à culpa. Eram tanto as infelizes vítimas de um câncer gay quanto os transmissores em potencial da doença. Como já vimos anteriormente, esse imaginário sobre a homossexualidade teve tristes conseqüências na vida dos homens que se envolviam sexualmente com outros homens na São Paulo dos anos de 1980.

Foi nesse contexto que alguns grupos de ativismo homossexual foram incorporando as ações contra o binômio AIDS-homossexualidade, bem como os esclarecimentos sobre doença, prevenção e tratamento. Atentemos para algumas dessas ações.

A vinculação entre a AIDS e a homossexualidade levou algumas pessoas a enveredar em uma incansável luta, oferecendo apoio e esclarecimentos principalmente para os homossexuais, sobre quem recaía o rótulo de vítimas preferenciais. Em 1983, o Grupo de Militância Homossexual *Outra Coisa*, em São Paulo, inicia um dos primeiros trabalhos comunitários distribuindo folhetos com informações sobre a doença e formas de prevenção. Em 1985, a travesti Brenda Lee transformou a casa que utilizava para atendimento a seus clientes – o "Palácio das Princesas"– em uma casa de apoio a gays e travestis infectados e desamparados.[7] No mesmo ano foi fundada em São Paulo a primeira organização não-governamental totalmente dedicada à AIDS. Trata-se do GAPA (Grupo de Apoio à Prevenção à AIDS), que foi paulatinamente surgindo em outras cidades. Hoje existem 18 GAPAS no Brasil.

Em julho de 1989 ocorreu na cidade de Belo Horizonte (Minas Gerais) o primeiro Encontro Nacional de ONGs/AIDS, visando discutir a situação da doença no país. No mesmo ano se realizou ainda um segundo encontro desse tipo, agora chamado de "Encontro da Rede Brasileira de Solidariedade".[8]

6. Daniel, Herbert e Parker. *AIDS, a terceira epidemia: ensaio e tentativas*. São Paulo: Iglu, 1990.
7. Brenda Lee dedicou sua vida a essa causa até sua morte, em 1996, vítima de assassinato.
8. Até o ano de 2001, esse encontro já estava na sua décima edição e, ao longo desses dez anos, realizou-se, respectivamente, nas seguintes cidades: Belo Horizonte (MG), Santos (SP), São Paulo (SP), Fortaleza (CE), Vitória (ES), Salvador (BA), Brasília (DF), Recife (PE).

Em 1989 foi criado, no Rio de Janeiro, o Primeiro Grupo Pela VIDDA (pela Valorização e Dignidade do Doente de AIDS) e, em maio de 1992, a violação dos direitos humanos foi discutida envolvendo pessoas vivendo com AIDS. Nesse caso, a pequena Sheila Cortopasi de Oliveira, de apenas cinco anos de idade, teve sua matrícula recusada pelo Sindicato dos Donos de Escolas Particulares do Estado de São Paulo. Embora tenha sido o mote para que essa discussão fosse levada à frente, a pequena Sheila veio a falecer em fevereiro de 1993.

Em setembro de 1999 ocorreu uma manifestação nacional, organizada por entidades da sociedade civil, exigindo a liberação de recursos financeiros para a compra de medicamentos para AIDS, que estava comprometida pela desvalorização cambial. No ano seguinte, uma outra manifestação foi organizada novamente por essas entidades. Agora, as exigências diziam respeito à compra de anti-retrovirais para a rede pública de saúde.

A movimentação da sociedade civil, refletida na criação de organizações não-governamentais (ONGs) de luta contra a AIDS, bem como as reivindicações políticas dos grupos e o crescente número de vítimas da doença, foram essenciais para que o Estado elaborasse políticas públicas de combate à AIDS e assistência aos doentes. Vejamos como se encaminharam essas ações.

Os órgãos do Estado também atentaram para as sérias questões envolvendo essa doença ainda tão oculta de mistérios e, no ano de 1983, foi criado o primeiro programa de AIDS no Brasil, ligado à Secretaria de Saúde do Estado de São Paulo. Dois anos depois, a Portaria da Saúde n. 236, de 02/05/1985, estabeleceu as diretrizes para o "Programa de Controle da Síndrome de Imunodeficiência Adquirida – SIDA ou AIDS", sob a coordenação da Divisão Nacional de Dermatologia Sanitária. Em abril de 1986, foi criada a Comissão de Assessoramento em AIDS,[9] que se transformaria na atual Comissão Nacional de AIDS (CNAIDS) (Galvão, 2001, p. 09).

A criação do Programa Nacional de AIDS, no âmbito do Ministério da Saúde, só se daria em 1988, mesmo ano em que o escritor e cartunista Henrique de Souza Filho, o Henfil, faleceu em decorrência da doença. Esse programa agia na elaboração de campanhas – a primeira delas foi a famosa "Quem vê cara não vê AIDS" – (produzida para os festejos carnavalescos do ano seguinte). Mais alguns anos de luta transcorreram e, em 1993, quando o boletim epidemiológico reportava 16.829 casos de AIDS e 10.820 óbitos, foi

9. Essa comissão foi criada através da Portaria n. 199/GM, publicada no Diário Oficial da União de 28 de abril de 1986, seção I.

assinado o primeiro Acordo de Empréstimo com o Banco Mundial para o "Projeto de Controle da AIDS e DST", que ficaria conhecido como "AIDS I"[10].

A partir desse acordo, foi possível que se iniciasse a distribuição de medicamentos para pessoas com HIV/AIDS pelo sistema público de saúde. A lei que garantia essa distribuição – Lei nº 9.313 – foi assinada em 13 de novembro de 1996 e, nesse mesmo ano foi efetivada a distribuição dos ARV na rede pública, bem como o AZT, ddI, ddC, 3TC, Saquinavir e Ritonavir – componentes do Coquetel.[11] Exatamente naquela ocasião, o número de casos notificados já era de 22.943 e de 10.090 óbitos.

As ações estatais na luta contra a AIDS evidenciam ganhos significativos e, em 2000, com o investimento de 303 milhões de dólares em Anti-Retro Virais (ARVs), 87.500 pessoas foram atendidas gratuitamente. O valor dos investimentos no tratamento das pessoas infectadas aumenta no ano seguinte, quando o governo estima gastar 422 milhões de dólares com ARV com a previsão de atendimento para 105 mil pessoas no ano de 2001. Nesse momento, o número estimado de pessoas vivendo com AIDS no Brasil é de 597 mil.

No decorrer desse processo, o binômio AIDS-homossexualidade foi aos poucos se desfazendo, ainda que persista em algum grau até os dias de hoje. Os motivos que conduziram a essa nova maneira de olhar para a AIDS têm a ver com a incansável luta das ONGs e dos grupos de militância em seus esforços para desvencilhar a homossexualidade desta moléstia. Por outro lado, o número de mulheres infectadas foi gradativamente aumentando. Em 1983, dos 39 casos de AIDS conhecidos, duas vítimas eram mulheres. Esse número subiu no ano seguinte. Dos 140 casos notificados em 1984, sete vítimas eram mulheres. Isso era apenas o começo.

O aumento no número de casos e a aparição pública de mulheres soropositivas nos anos de 1990 iniciavam um processo de ampliação do imaginário social sobre a doença, que ia deixando, aos poucos, de ser uma exclusividade dos homossexuais, viciados e hemofílicos. Em 1993, a atriz Sandra Bréa, bastante conhecida do grande público por suas participações em diversos filmes e telenovelas, declarou publicamente ser portadora do vírus da AIDS. Embora os dados de infecção de mulheres pouco viessem

10. Um segundo acordo de empréstimo com o Banco Mundial seria realizado em 1998, visando ao Segundo Projeto de Controle da AIDS e DST, que ficaria conhecido como o projeto "AIDS II" (Galvão, 2000, p. 13).

11. Quase todos os medicamentos ainda eram importados de países do Hemisfério Norte. Somente em 1998 é que o Brasil começa a produzir o ddC e o d4T e, em 1999, se inicia a produção nacional de 3TC e da combinação AZT+3TC (Galvão, 2002, p. 15).

a público, esse mesmo ano já registrava um número de 2.255 mulheres, aproximando-se cada vez mais dos números de casos entre homens, que eram de 3.713 (Galvão, 2002, p. 13). Depois de onze anos de luta contra a doença, Sandra faleceu em maio de 2000 e sua morte mereceu a matéria de capa de uma importante revista de circulação nacional.[12] Nesse ano, o boletim epidemioló-gico registrou, além do óbito da atriz, o de mais 1.049 mulheres em virtude dessa síndrome (Galvão, 2002, p. 17).

Esse conjunto de dados ajuda a entender a AIDS do seu ponto de vista estrutural e histórico. Todavia, ele não consegue demonstrar em sua plenitude como tal doença foi se tornando significativa no cotidiano das pessoas. Para isso, é preciso que a AIDS seja abordada não apenas por seus números, mas pelo quadro cultural que ela constituiu.

Segundo J. Mann (1987), a epidemia da AIDS apresentou pelo menos três fases tão distintas que parecem ser de epidemias diferentes. A primeira fase seria a da infecção pelo HIV, que chega silenciosamente, despercebida e se desenvolve no decorrer de alguns anos. A segunda fase é marcada pela epidemia da AIDS propriamente dita – um aglomerado de doenças contagiosas que se manifestam em virtude da contaminação pelo HIV. A terceira – e a que mais interessa aos antropólogos e também a mais potencialmente explosiva – se referiria a uma epidemia de respostas sociais, culturais, políticas e econômicas à AIDS. É essa a epidemia responsável pela série de estigmas e discriminação que envolve tanto os doentes quanto aqueles que são, *a priori*, definidos socialmente como alvos em potencial da doença. Configurada como virtualidade, ordenadora de comportamentos e impulsionadora de julgamentos morais, a AIDS tem sido constantemente acionada para avaliar experiências sociais, impondo arranjos tanto na vida dos homossexuais, quanto na de outros segmentos sociais que fogem a certos modelos "ideais" de comportamento.

A nova aliança estabelecida entre os setores da sociedade civil ligados à homossexualidade e ao Estado colocou os grupos de militância em um novo contexto. Eles se burocratizaram e passaram a organizar projetos para financiamentos de ações por parte do governo, recebendo verbas, apresentando relatórios etc.

Em meados dos anos de 1990, a imagem do homossexual como única vítima ou transmissor da AIDS já se desvanecia. O crescente número de mulheres e homens heterossexuais infectados, bem como hemofílicos e viciados em drogas injetáveis, não deixava muitas alternativas.

---

12. Revista *ISTO É*, n. 1.597 – 10/05/2000.

As lutas contra a AIDS, no Brasil, se constituíram, portanto, em dois planos que mantêm uma estreita relação. De um lado, estavam os elementos da sociedade civil, reivindicando não apenas tratamento dos doentes, como também exigindo que o governo investisse mais em informação. De outro lado, havia as ações estatais que, mediante as pressões sociais e um número de óbitos crescente, implementou medidas de assistência que, inclusive, colocaram o Brasil em destaque nas questões de AIDS em relação a outros países.

Depois de explanar as maneiras como as lutas contra a AIDS – ou pela vida – se estruturaram, é interessante voltar os olhos para os indivíduos que ofuscam os rumos de suas trajetórias em meio a esse processo.

Experiências homossexuais na era AIDS

Que tipo de lugares, pontos e equipamentos São Paulo podia oferecer a um homem interessado em encontrar outro homem para envolvimentos afetivos e sexuais no início dos anos de 1980? Guilherme, 49 anos, maquiador, desempregado, natural de Garanhuns, Pernambuco, relembra um pouco de sua juventude em São Paulo nesse período:[13]

> São Paulo era uma cidade gostosa, não é como hoje, não. Tinha menos violência; você saía às ruas numa boa, você caçava numa boa, as pessoas não tinham essa agressividade de hoje. Não tinha tantos michês.[14] Existia mas não era essa coisa. Você caçava por caçar, os caras tinham mais coragem de encarar essa coisa do desejo, sabendo que ia pra cama com um homem, sem ter que impor a coisa do dinheiro pra disfarçar.

Nas lembranças de Guilherme, uma maior liberdade de ação e um uso entre os "homens verdadeiros" e aqueles que eram assumidamente homossexuais. Como Guilherme, o escritor João Silvério Trevisan também viveu esses anos de efervescência da homossexualidade na capital paulista. Aqui, além de lembrar das boates da época, o escritor se reporta também aos espaços onde era possível encontrar sexo na cidade.

> Olha, a boate mais famosa era a boate "Medieval" da Augusta, que eu freqüentei desde 73 e começou a entrar em decadência. Depois foram aparecendo outras; apareceu a "Homosapiens", que era uma boate muito concorrida. Começaram a aparecer umas

13. A seleção dos interlocutores para esse momento da pesquisa se deu, inicialmente, a partir da idade – pessoas que viveram envolvimentos homossexuais no início da década de 1980. Nesse caso, selecionei dois interlocutores que, embora oriundos de universos sociais diferentes (um escritor e militante e outro maquiador e migrante), experimentavam os equipamentos e os tipos de sociabilidade que a cidade proporcionava.

14. Michês são os rapazes que se prostituem, seja nas ruas, bares e boates, seja nas saunas e clubes freqüentados por homossexuais.

> boates mais finas na região de Moema, algumas saunas mais finas como foi o caso da "For Friends", tinha uma sauna deliciosa chamada "Bel Ami", também na Vila Mariana.[15]

Depois de citar algumas das boates e saunas que conheceu naqueles anos, Trevisan se reporta também aos cinemas pornográficos: "(...) os cinemas eram absolutamente fantásticos. Havia poucos filmes de sacanagem, pouco cinema pornô, eram filmes comuns, eram as seções comuns."

Esses dois depoimentos revivem alguns dos trajetos que ajudaram a urdir algumas experiências de homens que procuravam outros homens para envolvimentos sexuais e afetivos. Além da rua Vieira de Carvalho e das cercanias do Largo do Arouche, onde estavam alguns bares e a boate "Homosapiens", meus interlocutores já se afastavam um pouco do Centro seguindo pela rua Augusta para chegar à boate "Medieval", bem conhecida naquela época.

A "Nostro Mondo", localizada na confluência da rua da Consolação com a avenida Paulista, também existia como alternativa aos bares do Centro, o que nos leva a pensar em uma diversificação dos trajetos visando à sociabilidade homossexual. As vias públicas eram apropriadas para encontros casuais e consumação do sexo em espaços privados (casas, hotéis etc.).

As ruas mais usadas para os flertes eram aquelas que já possuíam alguns equipamentos "apropriados" a uma atividade privativa, como a Vieira de Carvalho[16] ou a rua Augusta, onde, em meio aos diversos locais voltados para a prostituição de mulheres e travestis, estava a boate "Medieval", local que presenciou o episódio em que Wilza Carla, uma atriz bem conhecida por seu excesso de peso, foi certa vez colocada montada em um elefante no meio da rua ladeada por *bichas* desfilando em passarelas improvisadas e pessoas aplaudindo.

Alguns espaços públicos também eram apropriados para práticas sexuais, como é possível perceber no relato abaixo:

> Era impressionante; era paquera durante o dia e trepação direta à noite. Um dia, por exemplo, no Horto Florestal, era famosa a putaria no Horto Florestal, você se metia naquele mato adentro e você só via gente trepando, você encontrava muito papel higiênico no chão, não tinha camisinha na época, era raro camisinha. (Trevisan, 14/02/2001)

A rua era ressignificada por essas práticas e, para além de simples locais de passagem, foi incorporada como parte do equipamento urbano

---

15. Entrevista com o escritor João Silvério Trevisan, realizada em 14 de fevereiro de 2001, no seu apartamento.
16. Localizada no centro da cidade, essa rua já apresentava um número razoável de bares, em frente aos quais um grande número de homossexuais se concentrava ou cruzava essa via em toda a sua extensão.

que atendia ao desejo, à *caça*. Pontuadas por esse prisma, não havia tanta separação entre as experiências de rua vividas no trajeto ao trabalho ou na busca por lazer. Ouvi algumas vezes, em conversas informais com alguns interlocutores que, no início da década de 1980, era tão intensa a vida sexual nas ruas, que era possível fazer sexo com algum desconhecido mais de uma vez, fosse dia ou noite, qualquer que fosse a intenção do percurso.

O conhecimento dos locais para *pegação*[17] também ampliava os trajetos dessas pessoas. Como relembra em seu depoimento, J. S. Trevisan e muitos outros homens cruzavam a cidade em direção ao Horto Florestal, bem afastado do Centro, onde poderiam encontrar uma atmosfera sexual realmente impressionante, com "trepação" direta a qualquer hora do dia ou da noite. O circuito da homossexualidade, proposto por outros autores, se amplia quando se incluem espaços fora da região central, como é o caso do Horto Florestal. Para muitas dessas pessoas, tais práticas já se confundiam com seu cotidiano e eram parte constitutiva de suas experiências. Vale lembrar que a homossexualidade passava por um momento específico de "desbunde"[18] nas artes e de ebulição política, e a rua era requerida em meio a outras reivindicações.

Para quem pretendia sair em busca de sexo certeiro e com mais segurança, as saunas e os cinemas pornográficos também apareciam como uma opção interessante. Os cinemas, espaços de exibição de filmes pornográficos apropriados para envolvimentos sexuais entre homens, podiam ser encontrados principalmente no centro da cidade: nas avenidas Ipiranga, São João e Rio Branco. Não havia ainda uma publicidade midiática,[19] mas, ainda assim, esses pontos surgem nas memórias do escritor J. S. Trevisan como "absolutamente fantásticos".

Na busca das saunas, os trajetos homoeróticos também se pluralizavam. Inicialmente, as saunas podem ser entendidas como espaços voltados para o relaxamento. Porém, esses espaços passaram por uma especialização no sentido de proporcionar envolvimentos sexuais com a criação de cabines e

17. Expressão utilizada pelo grupo para classificar os contatos sexuais, seguidos ou não de penetração, praticados entre homens em determinados locais da cidade. É geralmente o próximo passo após a *caça*, que seria o ato de sair em busca de alguém para algum tipo de envolvimento sexual. Nesse sentido, pode haver um bar, um banheiro ou mesmo alguns parques públicos podem se tornar conhecidos locais de *pegação*. Locais de *pegação* são, portanto, locais de *caça*, mas o contrário nem sempre é verdadeiro.

18. Essa expressão foi utilizada em Fry e MacRae para se referir às diversas aparições da homossexualidade, principalmente nos meios de comunicação.

19. Nos dias atuais, esses espaços ganharam divulgação em guias e periódicos – voltados ou não para homossexuais –, como é o caso da *Revista da Folha*, distribuída como encarte do jornal *Folha de S. Paulo*, aos domingos.

quartos escuros em seu interior. Elas estavam em muitos pontos da cidade e atendiam a gostos diversificados. Havia saunas "mais finas" – possivelmente também mais caras – como a "For Friends" e a "Bel Ami", na Vila Mariana. A "Termas Ipanema" na Santo Antônio, a "Termas Arouche" no largo de mesmo nome, a "Danny", na alameda Barros, e a "Le Rouge", que hoje fica em Pinheiros, mas, na época, ficava na Água Branca, onde, como lembra Trevisan, havia "orgias absurdas".

As saunas consumidas pelos homossexuais de São Paulo, nesse período, possuíam um diferencial em relação às casas desse tipo em países como os Estados Unidos. Aqui, elas não eram freqüentadas apenas por homens que se assumiam homossexuais e, nesse sentido, não foram tão determinantes assim na afirmação de uma "identidade gay". Quando perguntei a Guilherme se os *bofes*[20] também iam às saunas no início da década de 1980, a resposta foi:

> Lógico. Iam os caminhoneiros, ia muita gente. À "Aquarius" só ia gente de fora. Ela ficava atrás da estação Vila Mariana de Metrô. Era muito gostoso... rolava muita paquera: o cara passava, você olhava pro cara, o cara olhava, ele entrava num quarto, era tudo escurinho, você passava a mão, o cara passava, já pegava (...) era promiscuidade mesmo (...) MARAVILHOSA promiscuidade, era um puteiro franciscano (...) era maravilhoso. (Guilherme, 09/01/2002)

Da mesma forma, João Silvério Trevisan lembra que: "(...)havia uma quantidade imensa de homens casados nas saunas de São Paulo, de homens com alianças, assim chamados bissexuais." Essa peculiaridade da cultura sexual brasileira, já salientada por outros autores – Fry (1982) e Fry e MacRae (1983) –, que oferece brechas para que um homem mantenha relações sexuais com outro homem sem que isso remeta à constituição de uma identidade sexual, fornecia um significado social para as saunas, diverso daquele observado nos dias atuais, que mais se assemelha ao das cidades norte-americanas. Ainda que homens assumidamente homossexuais se envolvessem sexualmente, os *bofes* também estavam ali para desfrutar dos prazeres que aqueles espaços podiam proporcionar.

Com o passar dos anos, essa diversificação de identidades sexuais dentro das saunas de São Paulo foi se reduzindo e uma divisão que persiste até hoje começou

20. Essa é uma classificação utilizada pelo grupo para definir os "homens verdadeiros" ou heterossexuais. Destarte, o fato de ser *bofe* não inviabilizaria que esses rapazes se envolvessem em relações sexuais com as *bichas*, sendo, aliás, preferidos em muitos casos. Era o chamado *bofe que faz*. Nos dias atuais, esse termo parece ter sido incorporado para fora do grupo. Novelas de televisão já o utilizam atribuindo, em certos casos, um significado diferente. Tenho percebido que é comum esse termo, fora do meio homossexual, ser usado como um sinônimo para *bicha* ou *veado*. Entre os homossexuais, ele também foi ressignificado, servindo por vezes para identificar um homossexual mais masculinizado, que não parece ser *bicha*, ainda que o significado que possuía no passado continue a fazer sentido.

a se estabelecer: as saunas privativas só de bichas e as saunas de "michês", onde vão os homossexuais que preferem transar com *bofes*. Essa divisão também vai colocar algumas definições de trajetos comendadas pelas peculiaridades dos desejos.

As saunas de garotos de programa mais antigas de São Paulo são a "Termas Fragatas", inaugurada em 1980 no bairro de Pinheiros – que sempre anuncia em sua publicidade os "diabinhos de plantão" – e a "Termas Lagoa", na Vila Mariana, inaugurada em 1982. O esquema é parecido com o das demais. O cliente recebe a chave para um armário, duas toalhas e um par de chinelos que serão seus únicos acessórios ali dentro. O que difere é que os "clientes" não mantêm relações sexuais entre eles. Toda a atenção é para os rapazes de corpos bem moldados que estão ali aos montes, vestidos apenas com uma toalha e um chinelo, quase sempre exibindo seus genitais. Quando um programa é negociado diretamente com o *boy*,[21] o cliente solicita uma cabine.[22] No interior desses espaços existem sempre circuitos internos de TV que exibem filmes pornográficos heterossexuais, fortalecendo a idéia de que os *boys* são tão heterossexuais quanto os atores que estão em ação naquelas fitas. A sauna lucra apenas com o pagamento pelo ingresso do cliente, seu consumo lá dentro e a utilização das cabines. Para que isso aconteça, os rapazes que recorrem a essas saunas para fazer programas geralmente pagam bem menos que os "clientes", sendo que, em algumas, sua entrada é livre.

As saunas que não possuem garotos de programa têm estrutura bastante parecida. Em muitas existem salas de vídeo onde são exibidos filmes pornográficos gays, quartos escuros e cabines, além das saunas – seca e a vapor – e dos espaços coletivos onde se consomem alguns lanches e bebidas.

Embora os gostos de determinados homossexuais os conduzissem a lugares específicos na cidade quando saíam em busca de sexo rápido, isso não quer dizer que a procura por lugares especificamente homossexuais por esses homens também não ocorresse.[23] Para encontrar amigos e trocar informações sobre suas experiências, os diversos bares e boates gays também podiam servir de interessantes pontos de encontro. Mesmo os que não freqüentavam tais espaços não eram ignorantes de sua existência. Portanto, longe de funcionarem como determinantes nos trajetos, esses espaços ampliavam os leques de possibilidades,

---

21. Este é um termo bastante usado para se referir a um garoto de programa. Muitos se anunciam como *boys* de programa.
22. Nas duas saunas citadas as cabines são bem parecidas. Possuem apenas uma cama e paredes cercadas por espelhos que permitem que o corpo do garoto e do cliente possam ser observados pelos mais diversos ângulos.
23. As saunas, parques, praças, banheiros públicos e cinemas pornográficos, onde podia haver envolvimentos sexuais entre homens no início da década de 1980, não eram entendidos como espaços declaradamente homossexuais como os bares e boates. Logo, para os homossexuais que pretendiam encontrar *bofes* para sexo eventual, esses locais adquiriam notada importância.

os campos de ação para os homens que se entregavam a relações sexuais e/ou afetivas com outros homens na metrópole paulista.

O consumo das ruas pelos homossexuais sofreu um impacto sensível com o surgimento da AIDS. Os preconceitos gerados por essa doença atingiam os hábitos sexuais brasileiros de maneira bastante peculiar, pois não havia ainda, nesse período, uma rígida definição para todos os homens que mantinham contatos sexuais com outros homens. Logo, se a campanha de combate à doença se direcionava aos homossexuais, excluía automaticamente os homens que, esporadicamente ou com certa assiduidade, se envolviam sexualmente com outros homens mas não se pensavam ou eram rotulados socialmente como homossexuais.

Nos primeiros momentos da AIDS, no Brasil, pairava no ar uma desconfortável ignorância sobre o assunto, criando um terreno fértil para as informações sensacionalistas difundidas pela mídia. As incertezas médicas em torno da etiologia da doença se revertiam em ácidas críticas de teor moral e religioso aos envolvimentos sexuais entre homens. Parker e Daniel fazem uma distinção entre as formas epidêmicas dessa síndrome:

> A primeira é a epidemia pela infecção pelo HIV, que silentemente penetra na comunidade e passa muitas vezes despercebida. A segunda epidemia, que ocorre alguns anos depois da primeira, é a epidemia da própria AIDS: a síndrome de doenças infecciosas que se instalam em virtude da imunodeficiência provocada pela infecção pelo HIV. Finalmente, a terceira (talvez, potencialmente, a mais explosiva): epidemia de reações sociais, culturais, econômicas e políticas à AIDS. (Daniel e Parker, 1991, p. 13)

Apesar do poder que os meios de comunicação possuíam no sentido de elaborar representações sobre essa nova doença, nem todas as pessoas receberam essa informação de forma pacífica. Mesmo para quem não era um militante político ou um escritor que analisava o surgimento, a disseminação e a divulgação da AIDS dentro de uma esfera social mais ampla, como foi o caso do escritor João Silvério Trevisan, as informações transmitidas pela mídia geravam desconfiança. O então funcionário público Osvaldo, que diz ter ficado muito assustado na época, lembra que:

> Era difícil acreditar no que todo mundo falava, que fulano de tal tinha AIDS porque Deus quis assim. A gente conhecia o cara e sabia que ele não era tudo aquilo, pra merecer aquilo. Ainda tinha isso, além de morrer ainda diziam que o cara estava pagando por alguma coisa. (Osvaldo, 09/10/2001)

Não é verdade que a AIDS tenha conseguido inibir por completo a vida sexual dos homens que se envolviam sexualmente com outros homens naquele período mas, certamente, as ruas se tornaram menos excitantes e os olhares mais receosos:

> Era uma coisa impressionante, os olhares foram se tornando assustados, era gritante a diferença porque eram paqueras assim do tipo, você olhava pra um cara, o cara te olhava, você

andava dois metros, olhava pra trás, ele andava dois metros, aí você já ia conversar e era um atrás do outro, você marcava programas o tempo todo. (Trevisan, 14/02/2001)

Esse medo também ficou na memória das pessoas. Quando perguntei a Guilherme se ele prosseguiu com as paqueras de rua, ele respondeu:

> Continuei, mas com mais cuidado, até porque eu estava de caso. Transava esporadicamente também (...) Acabou tudo, né? A AIDS veio junto com a violência, que veio junto com a agressividade, que veio junto com a (...) sei lá, mexeu com a libido, né? (...) Era complicado. No trabalho a coisa não era muito notória, mas a gente sabia que estava sendo vigiado, sentia que a gente era o foco, sabe aquela coisa? Nós somos a bola da vez. (Guilherme, 09/01/2002)

Não foi só no trabalho que os homens que se diziam homossexuais publicamente passaram a ser alvo de desconfiança. Um episódio narrado a mim pelo escritor João Silvério Trevisan também pode dar indícios dessa caótica situação:

> Uma vez me assustou muito, eu acho que eu relato isso nos *Devassos*, na Barão de Itapetininga, à tarde, não havia ainda essa confusão de marreteiros, vinha um travesti passando, um travesti belo e formoso mas durante o dia, numa roupa de verão de dia, era meio homem, meio mulher e aí, a rua inteira por onde ele ia passando ia apupando e eu me lembro que um dos apupos mais comuns era: "sai pra lá, transmissor de AIDS", "sai pra lá vírus da AIDS". E ele respondia galhardamente, eu me lembro que ele respondia: "eu sou travesti mas não sou vagabunda que nem vocês", ele respondia, que era a gentarada ali da rua que vendia ouro, aquelas coisas. (Trevisan, 14/02/2001)

Agressões parecidas sofriam Guilherme e alguns de seus amigos nas ruas: "(...) Foi uma época de muita tristeza para quem era veado. A gente ia passando na rua e o povo gritava: *CuidAIDS...* Era complicado" (Guilherme, 09/01/2002).

A presença pública da homossexualidade estava diretamente relacionada com os medos que a AIDS trouxe para as pessoas em geral. Entre os próprios homossexuais, a rua passou a ser o espaço do estranho e o desconhecido passou a ser pensado como uma vítima da doença em potencial. Meus interlocutores, ao definirem as ruas como um espaço perigoso, modificaram seus hábitos de determinadas maneiras. O desconhecido não era mais alguém que poderia se tornar um parceiro sexual em apenas alguns minutos. Era preciso tornar o estranho familiar. Logo, em vez de priorizar as ruas como espaço de conquistas, os espaços privados como bares e boates se tornaram os locais de sociabilidade por excelência.

Em meados dos anos de 1980, a região dos Jardins passou a atrair um número maior de homossexuais para as novas casas voltadas para esse público. Na boate, era possível conhecer alguém, iniciar uma relação afetiva, tornar o estranho familiar. Concomitante a isso, o sexo era positivado pelos envolvimentos afetivos e o discurso do sexo seguro – através do uso de preservativos – passou a valorizar as relações. Todavia, esse período de terror em relação à doença não duraria muito tempo.

Os avanços médicos nas pesquisas sobre a AIDS e o surgimento de formas de tratamento que prolongavam a vida dos doentes, bem como a lenta desvinculação entre a doença e a homossexualidade, contribuíram para a modificação na percepção dessa doença, o que teve implicações nas formas de envolvimento sexual. Em meados dos anos de 1990, a moda do *dark room*[24] chega às boates paulistanas, proporcionando assim a volta aos envolvimentos sexuais descrompomissados e efêmeros. O sexo era a grande atração desses locais.

A popularização dos cinemas pornográficos também ocorreria nesses anos. Mais do que em qualquer outro período, os "cinemões" ganharam uma divulgação em meios de comunicação que extrapolavam os limites do grupo.[25] *Flyers* indicando a localização, o preço e a programação passam a circular pela "noite gay", concorrendo com os demais, divulgados por saunas, bares e boates. Mesmo a estrutura desses espaços foi se modificando para atender a um público em expansão. Alguns passaram a funcionar 24 horas, incluindo em seu interior bares, cabines ou mesmo *sex shoppings*, estabelecendo uma nova percepção desses locais. Outra novidade é que, em vez de exibirem exclusivamente filmes "heteros", alguns se especializaram na exibição de "vídeos gays", enquanto outros exibiam em salas diferentes tanto um quanto o outro.

No rastro dessa liberalização do sexo, surgiram também os espaços onde o sexo era a principal atração, como é o caso da "Station", da "SoGo" e do "Club Blackoute". O primeiro é inspirado nos *cruising bars* americanos e sua atração principal é a oportunidade de ter relações sexuais em várias de suas dependências. O primeiro andar possui um bar, em que poucas pessoas se detêm por muito tempo, revistas de nu masculino e sexo explícito e um *dark room* para o qual alguns homens se dirigem vez ou outra. No piso superior, existem dois ambientes, separados por um setor intermediário em que uma tevê exibe filmes pornográficos gays em cabines dispostas. Em frente às cabines, muitos homens passam, estacionam ou aguardam pacientemente para entrar em uma delas assim que desocuparem. Algumas delas possuem os *glory*

24. Os *dark rooms* são espaços que existem no interior de algumas saunas e boates, totalmente escuros, em que muitos homens entram e iniciam contatos sexuais com pessoas que pouco podem ver. Esses contatos sexuais variam desde simples carícias – toques, beijos, abraço – aos envolvimentos mais íntimos – masturbação, felação ou a relação sexual propriamente dita.

25. Entre os anos de 1996 e 2001, é possível encontrar a propaganda de cinemas pornográficos no encarte semanal do jornal *Folha de São Paulo*, mais especificamente na coluna GLS, escrita por André Fischer.

roles, mais exatamente pequenos círculos entre a parede de uma cabine e outra, bastante explorados em filmes com temática *lether.*[26]

A "SoGo", localizada no bairro dos Jardins, não é totalmente voltada para a oferta de sexo. Possui três andares, sendo o primeiro e o segundo espaços para dançar e com um bar para o consumo de bebidas. A partir de um determinado horário, as portas do terceiro piso se abrem e os homens – só eles podem subir – interessados em adentrar esse espaço devem fazê-lo sob algumas condições. Caso não estejam trajando roupas básicas, entenda-se *jeans* e camisetas, devem deixar as peças na portaria. Alguns homens entram só de calça, alguns poucos só de cuecas. Depois de subir a escada que os conduzem ao terceiro piso, deparam-se com um bar logo em frente, com algumas cadeiras em torno do balcão. Do lado de dentro do bar, um monitor de TV exibe um filme pornográfico gay, o mesmo que está sendo exibido e assistido por um certo número de homens na pequena sala que separa o bar do "dungeon", em que homens entram e saem para alguma bebida ou para um cigarro. Entrando nessa sala, algumas cabines estão dispostas dos dois lados e, na primeira delas, uma rede de couro, suspensa por correntes, está disponível para os amantes desse fetiche. Como na "Station", algumas cabines também possuem *glory roles* e, nas cabines maiores, a prática do sexo grupal é bastante recorrente. A luz é fraca, mas é possível definir perfeitamente o formato dos corpos ou as feições do rosto. Todavia, para quem prefere não ver direito o parceiro, um grande *dark room* existe nos fundos, totalmente cheio em determinadas horas da madrugada quando grande parte das pessoas que antes estavam nas pistas já se encaminhou para o terceiro andar.

O "Club Blackout" propõe algo mais radical nesse sentido. Não há outra atração que não o sexo, com ênfase em alguns fetiches. Localizado na Amaral Gurgel – onde no passado funcionou a "histórica" boate de Andréa de Mayo, a "Prohibidus"[27] – sua aparência externa lembra muito a da "Station". Para entrar, é necessário apertar uma campainha e esperar que

26. *Lether* é uma expressão inglesa (couro) bastante conhecida entre os gays norte-americanos para se referir ao fetiche por roupas e acessórios de couro (roupas íntimas, *corpetes*, botas, máscaras e chicotes), podendo também incluir as práticas de sadomasoquismo.

27. Andréa de Mayo foi a travesti mais famosa do "underground" paulistano. Depois de passagens pelo teatro e pelo cinema, onde atuou em peças famosas como "Her" e "A ópera do Malandro" e em alguns filmes de chanchada, transformou seu corpo com silicone e hormônios e passou a se apresentar na noite gay. Depois de alguns anos abriu uma boate freqüentada, principalmente, por travestis e seus namorados, além de outros homens interessados. Sua boate, a "Prohibidus", abria suas portas normalmente às três da madrugada, quando as travestis começavam a deixar seus pontos de prostituição para divertir-se assistindo a shows, bebendo e namorando. O filme de Júlio Maria Pessoa, que tem o mesmo nome da boate de Andréa de Mayo – e no qual ele mesmo faz uma rápida participação – mostra um pouco do clima daquela casa. Filme: *Prohibidus*. Júlio Maria Pessoa. São Paulo/ ECA/ 2000.

alguém abra a porta. Uma vez lá dentro, recebem-se uma toalha, chinelos, alguns preservativos, lubrificantes e a informação de que a casa é voltada principalmente para o sexo grupal. A própria estrutura espacial já remete a isso, pois, não há ambientes privativos e, no ambiente maior, há uma enorme cama onde os homens podem se dedicar a essa prática.

Embora no passado essas práticas sexuais já estivessem contempladas por alguns espaços, não há outra justificativa para estar ali – como se poderia alegar nas saunas e *cinemas de pegação* – que não seja exclusivamente para fazer sexo ou se dedicar ao fetiche do voyeurismo.[28] Além desses espaços, listas de discussão na Internet passaram a congregar pessoas interessadas em sexo grupal, marcando festas *privês* nas quais apenas os membros das *mail lists* poderiam entrar. Como se o sexo voltasse à cena com força total, estatísticas apontam que a certeza de que a AIDS havia se tornado uma doença crônica e a feminização dessa síndrome[29] abrandaram os medos em relação ao sexo, ainda que o discurso do sexo seguro seja assumido pela maioria dos freqüentadores e dos proprietários dessas casas.

A oportunidade de conseguir envolvimentos sexuais na metrópole se dimensionou e, diferentemente do que acontecia no início dos anos de 1980, esse novo apogeu do sexo homossexual já conta com uma estrutura bem montada e bastantes fontes de inspiração nos diversos *sites* difundidos na Internet. Aliás, graças ao poder de comunicação propiciado pela rede, uma prática já difundida em outros países passou a gerar preocupações e se transformou em uma polêmica interna do grupo. Trata-se da prática do *barebacking*, traduzido da expressão inglesa "montando sem cela". Mais especificamente, esses homens se propõem a praticar sexo sem preservativos, em sintonia com um movimento internacional. Com uma chamada que iniciava com polêmica, a matéria do provedor IG anunciava o artigo: "*Barbacking*: onda de só fazer sexo sem camisinha chega ao Brasil."[30]

> O movimento ainda não é organizado e a prática ocorre de maneira restrita em reuniões isoladas, saunas, festas de orgia e boates específicas. Mas é cada vez maior o grupo de homossexuais que, num movimento suicida, se expõe voluntariamente a relacionamentos de alto risco e se recusa a adotar a melhor estratégia até hoje inventada para

28. Prática sexual que consiste em chegar ao orgasmo através da observação de situações eróticas, bastante recorrente dentro ou fora do mundo gay.

29. Entenda-se o aumento vertiginoso de casos de mulheres infectadas pelo HIV. Ver Bastos (2001), Francisco Inácio. *A feminização da Epidemia da AIDS no Brasil. Determinantes estruturais e alternativas de enfrentamento.* Coleção ABIA/ Saúde Sexual e Reprodutiva, n. 3. Rio de Janeiro, 2001.

30. Matéria escrita por Darlan Alvarenga (http://ultimosegundo.ig.com.br/home/cadernoi/artigo/0,2945,916693,00.html). Esse artigo recebeu várias críticas provenientes de outros *sites* e grupos de prevenção em DST/AIDS como o "Grupo Pela Vidda", que encaminhou para várias listas uma carta de repúdio à matéria divulgada pelo IG.

prevenir a contaminação pelo HIV: o sexo seguro mediante o uso de preservativos. A prática se chama "barebacking" e, segundo adeptos, chega agora ao Brasil, depois de conquistar milhares de gays nos Estados Unidos e na Europa. A expressão *bareback* pode ser traduzida como "cavalgada sem sela" e se caracteriza pela prática intencional de sexo anal sem proteção com parceiros escolhidos aleatoriamente, para unir ao prazer sexual a adrenalina do perigo. Estimativas dão conta de que existem sete milhões de praticantes de *barebacking* nos Estados Unidos e dois milhões na Europa. Um estudo feito no ano passado pelo *Center for Disease Control and Prevention* dos Estados Unidos, no entanto, sugere que este número pode estar subestimado. De acordo com a pesquisa, 14% dos cerca de 500 homossexuais entrevistados haviam praticado esse tipo de sexo nos últimos 24 meses.[31]

Embora a matéria classifique a prática como suicida – até porque, do contrário, o veículo em que ela foi divulgada poderia vir a receber severas críticas por parte dos leitores que apostam na prática do sexo com preservativos –, os crescentes números de pessoas que aderiram a ela em outros países começam a sugerir preocupações aos centros de tratamento e campanhas de prevenção de HIV/AIDS. A resposta dos líderes do movimento, apesar disso, atribui outros significados à prática do *barebacking*. Ricardo Rocha Agueiras, que concedeu a entrevista ao *site*, afirma:

Quero deixar claro que não defendo deixar de usar camisinha. O que defendo é que as pessoas possam escolher se querem ou não usar camisinha. Quem acha que tem de transar com camisinha, que use. Dou até as minhas, que ganho às dezenas nas saunas e nas boates, como se as pessoas que freqüentam esses lugares já não fossem suficientemente informadas e não tivessem grana para comprar a sua na farmácia. Mas penso que temos de ter o direito de escolher os riscos que a gente quer correr para sermos felizes. Uns escolhem corrida de automóvel, em que o carro pode voar, se espatifar diante da multidão, esmagar 50, além de matar o piloto. Por que práticas arriscadas como automobilismo e alpinismo são aceitas e tudo que envolve sexo é tão massacrado? Como acompanho a AIDS muito de perto, acho que a doença virou uma doença crônica e não mais fatal. Os coquetéis estão fazendo efeito sim, apesar da paranóia médica que existe em cima. As pessoas estão confiando no tratamento e acham que podem relaxar.

Mas é uma verdade: elas podem relaxar mais. Segundo ponto, é muito mais gostoso sexo sem camisinha. As pessoas falam "não pode", só que quando você as encosta na parede, nunca conheci uma que me dissesse não. A realidade é que as pessoas fazem sexo sem camisinha e não se trata de um fenômeno puramente gay.[32]

A confiança nos avanços científicos no tratamento da AIDS, o repúdio às formas de disciplinarização da sexualidade homoerótica e à vinculação da prática do sexo inseguro à homossexualidade parecem ser os principais argumentos de Agueiras contra as críticas feitas ao movimento *barebacking*, além dos prazeres que essa prática proporcionaria para seus praticantes:

31. Internet <http://ultimosegundo.ig.com.br/home/cadernoi/artigo/0,2945,916693,00.html>.
32. Idem.

> Colocar o sexo sem camisinha como um fenômeno puramente gay é mais uma forma cruel de preconceito. Por que nós gays temos de carregar mais esse rótulo? Na grande maioria dos filmes pornôs heterossexuais o sexo é praticado sem camisinha. Por que a coisa tem de pesar sempre para o nosso lado, como se nós fôssemos responsáveis pela conscientização da sociedade? Os gays não são responsáveis por nada. As pessoas, homossexuais ou heterossexuais, fazem sexo sem camisinha, não adianta tapar o sol com a peneira.
>
> (...) Não me considero um suicida. Sou apenas um cara que defende o direito à escolha e dentro das escolhas pode existir o direito ao suicídio. Eu defendo o direito à liberdade, o direito de as pessoas decidirem como elas querem viver ou morrer, que tem muito mais a ver com os filósofos existencialistas franceses que defendiam o suicídio. (...) Sexo sem camisinha é muito mais gostoso. A relação mucosa com mucosa é diferente, a questão da entrega é muito maior. Poder gozar dentro da pessoa proporciona outro tipo de prazer. Para as pessoas da minha geração foi muito difícil se adaptar à camisinha. Somos resultado da revolução sexual de 60 e queríamos provar tudo. Quanto mais você trepava, mais você era valorizado no meio homossexual. De repente, veio a AIDS como uma bomba e a gente teve de aprender a usá-la de tanto que a coisa foi massificada. Mas para mim sempre foi muito difícil. Ela rasgava, eu sentia um extremo desconforto, broxava.[33]

Na realidade, um contexto muito específico propiciou o surgimento e a incorporação dessa prática por alguns homossexuais de São Paulo. O repúdio a toda uma história de culpabilização dos homossexuais pela AIDS, os avanços médicos que hoje já conseguiram inclusive revelar as substâncias existentes nas células de alguns portadores em que o vírus não consegue penetrar, bem como as lutas por liberdades e direitos em relação à homossexualidade que vêm se desenvolvendo, são argumentos que reforçam a tese dos *barebackers* de que os preservativos seriam os representantes da disciplinarização da sexualidade. O próprio discurso de Ricardo Agueiras está impregnado do clima de liberação sexual que diz ter vivido desde os anos de 1960.

As diversificações das experiências, propiciadas pelas transformações ocorridas no plano da sexualidade – mais especificamente da homossexualidade – nas duas últimas décadas do século XX, promoveram sensíveis transformações na intimidade dos homens que se envolvem sexualmente com outros homens. Em meio a essas transformações de diversas ordens, as vidas pública, privada e política se fundem, gerando novas formas de classificação e de identificação.

Corpos e representações

As maneiras de pensar o próprio corpo dialogam com as classificações identitárias disponíveis no repertório social, seja no sentido de se opor ou de se inserir em determinado grupo. Não desconheço a vasta produção antropológica sobre o corpo,[34] todavia seria impossível, para os limites desse texto, retomar

33. Internet <http://ultimosegundo.ig.com.br/home/cadernoi/artigo/0,2945,916692,00.html>.
34. Hertz (1980); Leach (1990.); Mauss (1974); Rodrigues (1973); Seeger, Da Matta e Viveiros de Castro (1979); Turner (1974).

essa discussão em sua totalidade. Importa, nesse momento, elaborar uma reflexão sobre as maneiras como a diversificação corporal, entre os homossexuais de São Paulo, ajuda a pensar sobre a constituição de novas formas de identificação. Por esse motivo, recorrerei à clássica bibliografia sobre o tema apenas como base para minhas reflexões.

Ao longo do século XX, no Brasil, o corpo dos homossexuais foi pensado por meio de teorias tributárias do pensamento médico do século XIX, as quais estabeleciam uma ligação direta entre a forma física e a constituição moral de um indivíduo. Tais teorias continuaram a fornecer explicações para a homossexualidade pelo menos até a primeira metade do século XX. Vale lembrar que na década de 1930, exames antropométricos foram aplicados aos corpos de homossexuais arrastados das ruas para as delegacias (Green, 2000). Nesses exames, parecia ser buscada cada vez mais a aproximação do homossexual às formas corporais femininas, como se eles fossem um espectro mal-acabado da mulher.

O principal expoente nesse tipo de estudo no Brasil foi o médico Leonídio, que, na tentativa de estabelecer uma convincente ligação entre as características físicas e os supostos desequilíbrios endócrinos nos supostos homossexuais que investigou – notadamente por meio da distribuição capilar pelo corpo, pelo púbis e pela cabeça. Seu mentor, Marañon, já havia utilizado esse critério, concluindo que 75% dos homens investigados apresentavam uma distribuição capilar feminina (Green, 2000).

Embora sem bases científicas sólidas, esse paradigma dominou o pensamento médico e jurídico brasileiro em relação ao corpo homossexual durante praticamente toda a primeira metade do século XX. Entre os próprios homossexuais, a intenção de se relacionar sexualmente apenas com "homens verdadeiros" – ditos heterossexuais – acabava corroborando tais idéias. Na tentativa de fazerem-se atraentes para seus objetos de desejo, muitos homossexuais buscavam uma feminização através do uso de maquiagens, roupas e acessórios femininos. Tais idéias estavam tão presentes no imaginário social que chegavam a ser compartilhadas, inclusive, pelos órgãos de repressão do Estado – a polícia –, que reconheciam como homossexuais, na década de 1950, os homens que usavam calças tão justas que não permitiam que um limão, colocado pela parte de cima, passasse pelas pernas da calça.[35]

A constituição, no Brasil, do que Peter Fry (1982) classificou de "modelo igualitário" promoveu uma tentativa de dissociação entre os corpos

35. De acordo com os relatos de um grupo de homossexuais que viveram sua homossexualidade no Rio de Janeiro dos anos de 1950 (Green, James. "Além do Carnaval." Documentário, 2001).

masculino e feminino na definição da homossexualidade. De acordo com esse modelo, os homens preservariam a aparência masculina de seus corpos, por não desejarem ser/parecer femininos; os "homens verdadeiros" não eram mais seu único objetivo. Ser homossexual representava então envolver-se sexualmente com outros homens mediados por uma masculinidade esboçada por ambos os parceiros. Todavia, esse modelo não eliminou o anterior. Pelo contrário, ainda hoje esses dois modelos coexistem de forma bastante particular.

Essa nova visão da homossexualidade, compartilhada tanto pelos homossexuais como por outros segmentos da sociedade, contribuiu para uma diversificação das representações do corpo homossexual que se iniciou nas décadas anteriores e que se fortaleceu a partir dos anos de 1980. Embora, ainda nessa década, a figura do homossexual que buscava as formas femininas fosse bastante explorada pela mídia, outros tipos começavam a ser evidenciados. A imagem andrógina do cantor Ney Matogrosso, dos personagens Painho (Chico Anísio), Capitão Gay (Jô Soares) e Vera Verão (Jorge Lafond) passou a dividir espaço com personagens como o Sandrinho e seu namorado Jéferson, da novela "A Próxima Vítima", exibida no horário nobre da Rede Globo em meados dos anos de 1990. Tais personagens aboliram as indumen-tárias femininas, bem como os trejeitos então peculiares aos homossexuais, embora fossem assumidamente homossexuais, evidenciando uma nova percepção da homossexualidade para o grande público. Mais do que isso, estreitaram o diálogo entre os tipos de homossexualidade evidenciados pelos meios de comunicação e as variadas experiências de homoerotismo. Se é verdade que as pessoas imprimem em seus corpos as marcas de sua cultura, há de se perguntar que tipos de informações essas pessoas emitem quando moldam suas formas físicas ou escolhem seu vestuário e seus acessórios? Acompanhemos a descrição de alguns desses tipos.

a) Modernos

Esse termo – modernos – não é uma autoclassificação, pelo menos não recorrentemente observável. No entanto, ele é atribuído a um estilo, que foi cada vez mais sendo associado às pessoas que o adotaram. Logo, a resposta para a pergunta "quem são os modernos?" seria facilmente entendida entre os atuais homossexuais de São Paulo com quem mantive interlocução, ou ao menos por grande parte deles.

O tipo físico, a aparência, as roupas e os acessórios desses interlocutores têm sido paulatinamente adotados por um grande número de jovens nos últimos anos. Apesar dessa crescente incorporação, esse estilo ainda é utilizado para identificar apenas uma pequena parcela da população. No que se refere aos homossexuais, esse grupo é ainda mais reduzido e incorpora principalmente as classes média e alta. Embora, na maioria das vezes, se imiscuam entre os demais segmentos sociais durante o dia, possuem seus pontos de encontro na cidade, onde acham pessoas com gostos e estilos semelhantes no que se refere a moda, música, artes, determinadas drogas e suas noções sobre sexualidade. Inclusivos, tais espaços de sociabilidade se destacam por abrigar pessoas de todas as "tendências" sexuais, sendo que o preconceito é geralmente criticado pela maioria de seus freqüentadores. O discurso é sempre o de liberdade para fazer o que bem quiser.

Quando adentramos em um desses espaços, é fácil notar, quem está ali por engano ou apenas por curiosidade. Entre a maioria dos freqüentadores os cabelos (quando existem) são pouco usuais; alguns bem volumosos, lembrando o estilo Black Power dos negros norte-americanos da década de 1970, bem como outros modelos também fazendo alusão a essa época e, ainda, outros estão tingidos com cores bem vivas, como vermelho, azul e rosa. O que parece ser o certo em todo esse visual é que eles pouco se preocupam em manter as tradicionais diferenças entre os sexos ou entre as orientações sexuais. Para ajudar a compor a aparência, *piercings* e tatuagens espalhados por todo o corpo além de acessórios (brincos, cintos, meias) que não seguem uma combinação usual. Alguns se vestem como se ainda vivessem as embaladas noites dos anos de 1970, enquanto outros demarcam uma separação visível com couro e maquiagens vampirescas (batons, sombras e esmaltes pretos, sejam homens ou mulheres). O corpo torna-se, ele mesmo, um estilo. Principalmente nos casos dos homossexuais, esse estilo é demarcador de fronteiras. Eles se reconhecem e outros homossexuais também; sabem quem eles são e, por vezes, os locais que freqüentam. Para a sociedade em geral, são *clubbers*, uma classificação já bastante popularizada.

Os "modernos", pelo que meus dados apontam, são na sua grande maioria estudantes universitários, profissionais da mídia (jornalistas, produtores, diretores de arte, atores etc.), artistas plásticos e pessoas ligadas ao mundo da moda. Quase sempre provenientes da classe média, essas pessoas geralmente se mantêm atualizadas com o que está acontecendo no mundo da moda e das artes (música, cinema, teatro), logo, a Internet e a TV a cabo são elementos fundamentais para a manutenção desse modo de vida. Um outro dado que aponta para a classe social a que pertencem é o tipo de drogas que esse grupo consome. O "doce" (ácido lisérgico) e o "Ê" (êxtase) não são encontrados por menos de 35 reais, além dos mais recorrentes como o "back" (maconha) e a "farinha" (cocaína).

Os locais a que recorrem em São Paulo nem sempre têm um longo tempo de duração, podendo aparecer e desaparecer com a mesma rapidez. Segundo Érika Palomino (1999), a primeira boate verdadeiramente moderna de São Paulo foi a "Nation Disco Club", que passou a funcionar em 1989 na rua Augusta, no subsolo de uma galeria. Mais tarde, outras casas desse tipo foram surgindo em outros pontos da cidade como o "Senhora Kravitz" (cardeal Arco Verde), o espaço "Retrô" (Santa Cecília) e o "Massivo" (alameda Itu). Nos anos de 1990, as duas primeiras fecharam suas portas e a última foi perdendo esse estilo no final da década. Foi a época do surgimento da "Love.e" (rua Pequetita) e do bar "Torre do Dr. Zero" (Morato Coelho), que passaram a chamar a atenção desse público. Atualmente, essas pessoas se dirigem ao "Rabo de Saia" (ao lado de onde funcionava a extinta "Torre do Dr. Zero"), o "Dj Club/Sound" (alameda Santos), o "Internet Point" (Augusta), as festas do "Cambridge" e os domingos da "A Loka", quando acontece o "Grind" (Frei Caneca).

Além dos espaços de sociabilidade proporcionados pelas casas noturnas, são ávidos consumidores de *raves*,[36] exposições de arte, festivais de cinema e vídeo etc. Nesses eventos, percebe-se que seus estilos de se vestir, falar ou se comportar não diferem muito do que se vê durante a noite. O corpo "moderno" impõe uma visível contraposição entre um "nós" – uma coletividade construída a partir de gostos e estilos compartilhados por seus iguais – e os "outros", geralmente classificados por termos inferiorizantes. Ainda que experimentem e defendam os envolvimentos homoeróticos, nem sempre se classificam como gays, ou mesmo homossexuais. O discurso mais recorrente é o de que estão "livres" para ficar com quem quiser. Isso não significa dizer que todas as pessoas, nesses espaços, alternem suas relações sexuais entre homens e mulheres. Parece, no entanto, que se classificar como gay (ou bicha, ou entendido) é uma coisa fora de moda, incompatível tanto com o espaço quanto com o estilo que adotaram. Desse ponto de vista, uma "identidade gay" é rechaçada em prol de uma liberdade inclusiva que se realiza principalmente no plano do discurso.

b) Ursos

Os "Ursos", entre o grupo pesquisado, são os homens corpulentos, quase sempre cultivadores de suas barbas e de seus pêlos. Traduzido do inglês "bear", uma classificação recorrente nos Estados Unidos desde os anos de 1970, essa forma de identificação se insinua em terras brasileiras notadamente

36. Festas promovidas em espaços afastados do perímetro urbano, geralmente em um sítio ou em uma chácara em pequenas cidades próximas. As músicas mais executadas são as batidas eletrônicas – *technos* – comandadas por dJs se revezam ao longo de aproximadamente 18 horas (ou mais) de festa.

a partir do final dos anos de 1980, quando alguns homossexuais – informados pelo mundo gay de outros países – passam a adotá-la em classificados eróticos de algumas revistas voltadas para encontros sexuais.

A organização dessas pessoas em um grupo é bastante recente e totalmente tributária da popularização da Internet. Foi somente com a criação e com a procura por *sites* e por grupos de discussão que essas pessoas passaram a manter um contato mais freqüente. Por outro lado, a popularização e a procura pelas academias de ginástica acabaram exigindo uma postura mais afirmativa por parte das pessoas que não queriam ou não conseguiam se encaixar em um modelo de corpo em que a flacidez e a gordura devem ser veementemente combatidas. Embora nem todos os homossexuais que apresentem os sinais diacríticos que remetem às características físicas de um "urso" se classifiquem dessa forma, é bem possível que eles sejam assim nominados pelos outros elementos do grupo.

Os homossexuais que se identificam com essa classificação geralmente freqüentam os mesmos espaços na cidade. Caso tenham acesso à Internet, grupos de discussão virtuais podem manter-lhes em contato com outros "ursos" e também manter-lhes informados sobre festas e encontros promovidos especialmente por e para esse público.

Em um *site* criado por um "urso", colhi algumas informações elementares sobre a definição desse grupo – ou dessa categoria, como chamarei a partir de então.

> Para resumir bastante uma questão longa e controversa, vamos dizer que ursos são homens gays ou bissexuais que fogem um tanto dos estereótipos do mundo gay, e que valorizam seus atributos masculinos e os dos outros homens. Como as manifestações físicas mais visíveis da masculinidade são a barba e os pêlos no corpo, tais atributos costumam ser muito cultuados pelos ursos de um modo geral e a palavra "depilação", para um urso, é sinônimo de "heresia"... Há ursos de todas as idades, desde adolescentes até senhores de mais de 70 anos.[37]

Essa definição nativa é bastante rica em informações. Todavia, até aqui ela não define uma peculiaridade brasileira para esse "movimento". Tais informações nos levam a crer que ser um "urso" seria a mesma coisa em qualquer lugar do mundo, uma explicação demasiado simplista para fins antropológicos. Mas sigamos nas definições nativas pois, no próprio *site*, encontramos a informação de que essa não é uma regra geral:

> Se você não tem nenhum desses atributos físicos, mas gosta da companhia dos ursos, ou de alguma forma se identifica com eles, então você é um urso também. Porque o que mais bem define um urso é uma certa postura descompromissada, de bem consigo mesmo, e a ausência de qualquer obrigação de seguir os estereótipos do mundo gay, ou qualquer outro.[38]

---

37. Internet <http://www.ursosdobrasil.net>.
38. Idem.

Nas duas citações é frisado o afastamento de qualquer estereótipo do mundo gay. Construindo-se pela negação de características que identificariam alguém socialmente como homossexual, essa categoria identitária se constrói pela oposição e, mais do que isso, por um limite de aproximação possível com o que podemos chamar de "mundo heterossexual". Em uma relação de liminaridade, trafegam entre elementos da homossexualidade, pois escolhem seus parceiros sexuais entre pessoas do mesmo sexo, porém negam qualquer sinal diacrítico que leve a crer que são homossexuais – a fragilidade, o corpo imberbe, acessórios femininos, trejeitos e a voz suavizada.

No Brasil, a recusa do que chamam de "estereótipos do mundo gay" – uma característica bastante visível em outras categorias identitárias dos homossexuais – não constitui, no entanto, uma unidade rígida. Ser "urso" passaria mais por certas atitudes do que por características físicas. Destarte, nessa categorização, *a priori* rígida e fechada, outras estruturas de significação podem despontar.[39]

Com esse desmembramento, a imagem primeira dá espaço a outras possibilidades de entendimento da experiência "ursina". Aquilo que, à primeira vista, era quase como uma estrutura monolítica se abre e dá possibilidades de ação para pessoas que, apesar de não possuírem os sinais diacríticos valorizados por essa categoria, podem freqüentar as festas, socializar-se e até mesmo identificar-se como um deles.

---

39. *Grizzly bears* são ursos grandes, corpulentos (não necessariamente gordos). O nome vem de uma espécie de ursos (animais) da América do Norte que são muito grandes.

Chubby bears é o nome dado aos ursos gordinhos. Note que o adjetivo *chubby* designa qualquer pessoa gorda, não necessariamente um urso.

Lontras ou *otters* são ursos mais magros, franzinos, porém geralmente barbudos e/ou peludos.

Filhotes ou *(bear) cubs* são ursos mais jovens, e também aqueles de qualquer idade que tendem a gostar de homens mais velhos e protetores (por sua vez conhecidos como *paizões*, ou *daddies*). Ao contrário do que se poderia pensar, isso não quer dizer necessariamente um comportamento "ativo" ou "passivo".

Ursos-polares ou *polar bears* são ursos de cabelos e/ou barba grisalha. Isso inclui aqueles que estão começando a ficar grisalhos e têm os cabelos escuros salpicados de fios brancos ("sal e pimenta", ou *salt and pepper*).

Teddy bears são ursos particularmente "fofinhos", daqueles que dão vontade de abraçar e apertar... O nome é originário dos ursinhos de pelúcia, que são chamados por este nome em inglês por terem sido originalmente criados como uma homenagem ao Presidente Theodore (Teddy) Roosevelt.

Behrs é o nome dado àqueles homens que ficam a meio caminho do tipo físico ursino (por exemplo, com poucos pêlos no corpo, ou só de bigode). A palavra *behr* (pronunciada *bâr*) não significa nada em inglês, mas pretende indicar, pela semelhança fonética com a palavra *bear* (pronunciada *bér*, com o *e* bem aberto) que aquele homem não é exatamente um urso, mas chega perto.

Admiradores ou caçadores (bear lovers ou *chasers)* são aqueles que não têm nenhuma característica física de urso, mas se sentem atraídos pelos ursos, gostam de sua companhia, ou de alguma forma identificam-se com eles.

Constituídos como um grupo específico entre os homossexuais brasileiros, os "ursos" possuem seus pontos de encontro na cidade e organizam festas específicas onde tal modalidade do desejo homoerótico pode ser experimentada. Um dos locais mais freqüentados por eles é o "American Graffiti" ou "Bailão", como é mais popularmente conhecido. Localizado no centro da cidade de São Paulo, onde outrora funcionou a antiga boate "Homosapiens", esse espaço fica completamente tomado nas noites de sábado, sendo também mais caro que os bares e boates que ficam nas suas cercanias: para dançar no "Bailão" é preciso deixar 15 reais na bilheteria. Pelo menos setenta por cento de seu espaço é voltado para a dança, e a visão de homens acima do peso, com pêlos e barbas, trocando carícias é bastante recorrente.

A imagem que seus corpos oferecem não apenas cria um diferencial com a imagem do homossexual delicado como também constrói um problema para a vida social e sexual dessas pessoas. Da mesma forma que a sociedade costuma classificar de homossexuais os homens de atitudes mais delicadas e por vezes femininas – e no mundo gay essas pessoas são diretamente ligadas à "passividade" – ser corpulento e peludo não significa, pelo menos para eles, uma "atividade" recorrente. Essa definição hermética dos papéis de gênero, há muito sedimentada na sociedade brasileira (Parker, 1991), acaba sendo um problema na vida desses homens:

> (...) quando uma bicha olha pra mim, me vê assim todo grandão, a primeira coisa que ela pensa é que eu vou ser um machão, que vou comer ela de todo jeito. Às vezes eu embarco e realizo a fantasia dela. Mas às vezes eu quero realizar minhas fantasias e a minha fantasia também é a de ser passivo de vez em quando.[40]
>
> (...) se o cara também é urso, ele não vai se assustar se eu fizer alguma frescura, se eu fechar. Ele sabe que ursos também fazem isso. O problema quando estou em um bar gay é quando eu faço alguma frescura e todo mundo fica assustado, tipo: Nossa, olha que maricona esquisita.[41]

Ser um urso pode também ser uma alternativa interessante quando não se consegue ou não se deseja ter o corpo idealizado pelo mundo gay. Quando perguntei a um de meus interlocutores se ele freqüentava algumas saunas ou boates, ele me respondeu:

> (...) não gosto de ir nesses lugares. Sei que tem outros caras que têm o corpo igual ao meu que vão. Mas lá, todo mundo está atrás de algo que eu não sou. Ou querem um corpinho magrinho, todo no lugar, ou querem um cara sarado. Não sou nem uma coisa nem outra e me sinto mal se não me olham por causa disso. Eu tenho o meu público e esse público não está nesses locais.[42]

---

40. Entrevista com o engenheiro Carlos Alberto (nome fictício), 36 anos, nascido em Campinas (SP). São Paulo, 13/05/2002.

41. Entrevista com Antônio Carlos (nome fictício). São Paulo, 23/05/2002.

42. Entrevista com Pedro Roberto (nome fictício), 39 anos, professor da rede pública estadual de São Paulo, em 19/05/2002.

Negando-se a transformar seus corpos por meio de regimes, dietas ou da dedicação de uma parte de seus dias às academias de musculação, essas pessoas encontram entre seus iguais maneiras viáveis de viver bem a sua homossexualidade. Seus corpos, concordem ou não com essa classificação, os inserem em um grupo.

c) Malhados/Barbies

Nos anos de 1990, um estilo de homossexualidade que se expressa principalmente pelo corpo vai tomando formas historicamente novas, pelo menos em solo brasileiro. Começava a era das *Barbies*, termo aplicado a alguns homossexuais que dedicam parte de seu tempo a academias de musculação para conseguirem corpos rígidos e fortes. Nas falas de alguns desses homens é possível perceber uma negação aos corpos magros ou flácidos presentes em algumas representações da homossexualidade no imaginário social.

Alexandre é forte, tem um corpo visivelmente trabalhado em alguma academia de musculação e usa roupas bastante justas que salientam seus bíceps e seu peito. Afirma que faz questão de manter seu corpo em forma porque passa uma aparência saudável e muito procurada por outros homossexuais. Segundo ele:

> Quando alguém vê uma pessoa muito magra já pensa que aquela pessoa não se cuida ou que tem alguma doença. Ninguém quer ficar também com alguém gordo, todo caído, não dá vontade. Tem também o fato de que eu gosto de malhar, faço isso desde cedo e me sinto bem com meu corpo. Tenho certeza que as pessoas querem ficar comigo porque me acham gostoso e que se eu fosse magrinho eu não ficaria com as mesmas pessoas, entende?[43]

Certamente, a aparência saudável a que se refere esse interlocutor tem a ver com as imagens corporais que se sedimentaram com a AIDS. O emagrecimento causado por essa doença passou a ser seu sinal mais popularmente conhecido, a ponto de as pessoas começarem a suspeitar que alguém era soropositivo principalmente pela perda de peso. Especificamente entre os homossexuais, a quem a doença esteve umbilicalmente associada principalmente até o início dos anos de 1990,[44] a busca por uma aparência mais "saudável", que negava qualquer relação com a AIDS, se

---

43. Alexandre (nome fictício) é estudante de pós-graduação e tem 32 anos. Entrevista realizada em 26/10/2001.

44. A imagem exibida pela capa da revista *ISTO É*, em 1989, com a foto de Cazuza é um reflexo desse imaginário que alia o corpo magro à AIDS. Impactante, essa imagem não apenas corroborava as diversas imagens oferecidas pela medicina, bem como ajudava na popularização da associação do corpo magro à doença.

tornou uma realidade na última década. No entanto, não bastava apenas não ser magro. Era necessário também ser rígido, ter abdome e peito bem definidos, negando definitivamente o desleixo em relação ao corpo.

Entre os gays norte-americanos, esse estilo já era bastante observado desde a década de 1970. Essas imagens foram difundidas para outros países tanto pelo cinema quanto por revistas especializadas. Entretanto, no Brasil, ser uma *barbie* requer também outras atitudes como o controle dos gestos – o mais distante da feminilidade possível –, a opção por determinadas roupas "básicas" – calças *jeans* e camisetas de malha bem coladas ao corpo – e cabelo bem curto ou mesmo careca. Essa padronização chega a ser tão recorrente que a impressão que se tem nas noites de sábado da "Level" e nos domingos da "Blue Space", ambas na Barra Funda, é a de que houve uma produção em série daqueles corpos, sendo difícil estabelecer um diferencial entre eles. Vestindo-se de forma parecida, tatuando-se nos mesmos lugares – geralmente nos musculosos braços – e todos sem camisa. O estilo do corpo também propõe arranjos à própria organização espacial dessas boates. Os malhados se mantêm bem próximos uns dos outros, impondo uma diferenciação visível dos demais freqüentadores.

Esse tipo de comportamento social – ser uma *barbie* – não alcançou as camadas mais populares, mesmo porque possui um custo financeiro relativamente alto. Ser uma *barbie* requer investimentos em academias de ginástica, roupas e também dinheiro para custear sua presença constante na cena gay. Em algumas noites, certas ruas de São Paulo ficam completamente tomadas pelas *barbies*, só ou acompanhadas em busca de um bar mais agitado ou de uma boate para tirar a camisa e exibir seus fartos músculos ao som dos modernos *technos* ou das velhas *discotecs* tocadas na década de 1970.[45]

Analisando a imagem que as *barbies* nos oferecem, uma associação entre os trabalhos de alguns artistas que exploraram temáticas homoeróticas pode ser pensada. Entre estes artistas, sem dúvida, o mais famoso foi Tom da Finlândia, cujos desenhos alcançaram grande sucesso entre os homossexuais brasileiros, notadamente em grandes cidades como São Paulo e Rio de Janeiro. Seus personagens possuem pênis enormes, quase sempre eretos e prontos a se livrarem das calças ou cuecas que os aprisionam. As calças, quando no corpo, são muito justas e delineiam os grandes genitais que escondem. Quepes e

45. Até a época da pesquisa, as boates gays também se dividiam desta forma. Enquanto as mais "modernas" (como a "SoGo" e a "Massivo") tocavam *techno* e os últimos *hits* da *pop music*, outras (como a "Discofever", "MadQueen" e a "Level") exploravam mais os clássicos já consagrados da noites, ou seja, as velhas baladas e discotecas da década de 1970 e início dos anos 1980.

jaquetas de couro acrescentam aos seus personagens o fetiche da farda – recorrente símbolo do erotismo utilizado por gays norte-americanos, notadamente os de São Francisco.

A comparação entre esses personagens e as *barbies* da noite gay paulistana é quase inevitável e compreensível afinal, como quer Aumont: "(...) reconhecer alguma coisa em uma imagem é identificar, pelo menos em parte, o que nela é visto com alguma coisa que se vê ou que se pode ver no real" (Aumont , 1993, p. 82).

Além disso, seus desenhos têm servido também de inspiração para cartazes, quadros expostos em boates, saunas e bares, além de anúncios em revistas voltadas para uma clientela gay. Mesmo os homossexuais que não conhecem o artista certamente já se defrontaram com alguns de seus desenhos em alguma saída noturna ou alusões a eles em algum catálogo de nu masculino. Seus desenhos podem ser facilmente encontrados em muitas livrarias, revistas especializadas e também ilustrando *flyers* de casas noturnas.

A leitura das imagens dialoga com um repertório simbólico-cultural no qual estamos inseridos. A configuração do homossexual masculino como "macho" incessantemente perseguida pelos militantes homossexuais, a nova imagem do *entendido* difundida pela mídia e a penetração de uma produção artística homoerótica que retratava o imaginário de outros contextos sociais contribuíram para que, nos anos de 1990, as *barbies* surgissem e se constituíssem em um estilo de homossexual diferenciado. Com essa "ditadura" da fita métrica, na qual os corpos precisam estar visuais e medidamente adequados, institui-se uma relação de troca – mútua influência – com o material visual distribuído na noite gay de São Paulo. Os donos das casas noturnas delimitam um público ideal e, como atrativo, oferecem espetáculos apropriados a essa atmosfera de músculos. Toda a atenção se volta agora para os shows dos *go-go boys*, em que corpos colocados em evidência seguem os modelos das *barbies* e dos *flyers* que circulam na noite. Uma *barbie* sabe, portanto, onde encontrar outra e a leitura que faz do *flyer* que chega às suas mãos pode ser a primeira pista, o primeiro passo.

Todos esses tipos corporais se contrapõem a uma imagem virtual – ou a uma espécie de identidade atribuída – geralmente evocada para classificar os homossexuais mais pobres, mais "feios", mais efeminados e mais "bregas". Trata-se das "qua-quás", uma classificação que atinge principalmente os freqüentadores dos espaços de sociabilidade voltados para os homossexuais de classe baixa. Se não tento fazer um apanhado desse subgrupo, como fiz com os modernos, ursos e *barbies*, é porque as pessoas não assumem essa classificação em seu cotidiano. "Qua-quá" é sempre o outro.

Um outro grupo que dialoga com os tipos corporais que abordei é o dos transgêneros, termo utilizado para definir os corpos modificados para se tornarem mais próximos do corpo feminino. Se refere basicamente a travestis, transformistas e transexuais, que utilizam hormônios e aplicam silicone – líquido ou em próteses – como instrumentos de modelagem dos rostos, quadris, seios e nádegas. Mais uma vez, se não elaborei um tópico sobre essas pessoas, é porque muito raramente elas são classificadas como homossexuais. As travestis, quase sempre se referem aos demais homossexuais como "os gays", enquanto os transexuais, que alegam possuir uma orientação sexual para o sexo feminino, fazem questão de impor uma rígida diferença entre eles e as travestis. Apesar disso, as lutas por direitos, na medida em que se tornaram mais inclusivas, incluíram esses subgrupos e os representam nas suas siglas.

Referências bibliográficas

BARBOSA DA SILVA, J. "Homossexualismo em São Paulo: estudo de um grupo minoritário". 1959. (Dissertação/Mestrado) – Escola de Sociologia e Política de São Paulo.

________. "Aspectos sociológicos do homossexualismo em São Paulo", in: *Sociologia*, vol. 21, n. 4, p.350-60, outubro de 1959.

BASTOS, F. I. *A feminização da Epidemia da AIDS no Brasil. Determinantes estruturais e alternativas de enfrentamento*. Coleção ABIA/ Saúde Sexual e Reprodutiva, n. 3. Rio de Janeiro, 2001.

CARNEIRO DA CUNHA, M. M. *Sobre definições "sexuais" e classificações: a retórica do universo homossexual*. Campinas, 1974, (mimeo).

COSTA, J. F. *A Inocência e o Vício*. Rio de Janeiro: Relume Dumará, 1992.

FACHINI, R. "Movimento homossexual e construção de identidades coletivas em tempos de AIDS". Texto apresentado ao seminário Identidades, Subjetividades e Culturas Sexuais: Reconstruindo a Sexualidade em Tempos de AIDS, Rio de Janeiro, agosto de 2002.

FIELDMAN-BIANCO, B. *Antropologia das sociedades complexas – métodos*. São Paulo: Global, 1987.

FRY, P. "Febrônio Índio do Brasil: onde cruzam a psiquiatria, a profecia, a homossexualidade e a lei", in: *Caminhos cruzados: linguagem, antropologia e ciências naturais*. São Paulo: Brasiliense, 1982b, p. 65-80.

________. "Léonie, Pombinha, Amaro e Aleixo: prostituição, homossexualidade e raça em dois romances naturalistas", in: *Caminhos cruzados: linguagem, antropologia e ciências naturais*. São Paulo: Brasiliense, 1982c, p. 33-51.

________. "Da hierarquia à igualdade: A construção histórica da homossexualidade no Brasil", in: *Para inglês ver: identidade e política na cultura brasileira*. Rio de Janeiro: Zahar, 1982d, p. 87-115.

__________. ; MACRAE, E. *O que é homossexualidade*. São Paulo: Brasiliense, 1983.

BASTOS, Francisco Inácio. *A feminização da epidemia da AIDS no Brasil: determinantes estruturais e alternativas de enfrentamento"*. Coleção ABIA/ Saúde Sexual e Reprodutiva, n. 3. Rio de Janeiro, 2001.

GREEN, J. N. *Além do carnaval: a homossexualidade masculina no Brasil do século XX*. São Paulo: UNESP, 2000.

LEASCH, E. "O cabelo mágico", in: *Antropologia*. Org. Roberto da Matta. Col. Grandes Cientistas, 38. Ed. Ática: São Paulo, 1972.

MACRAE, Edward. "Em defesa do Gueto", in: *Novos Estudos CEBRAP*. São Paulo, vol. 21, 1983.

________. "Os respeitáveis militantes e as bichas loucas", in: *Caminhos Cruzados: linguagem, antropologia e ciências naturais*. São Paulo: Brasiliense, 1982, p. 99-111.

_______. "A Homossexualidade", in: *Macho, masculino, homem*. Porto Alegre: L&PM, 1986, p. 64-71.

________. *A Construção da Igualdade: identidade sexual e política no Brasil da "abertura"*. Campinas: Ed. UNICAMP, 1990.

MAUSS, M. "Noção de técnica corporal", in: *Sociologia e Antropologia*, vol 2, E.P.U., EDUSP, 1974.

PARKER, R. "Changing Brazilian Constructions of homosexuality", in: MURRAY, S. O. (Ed.). *Latin American Male Homosexualities*. Albuquerque: University of New Mexico, 1995, p. 241-55.

PERLONGUER, Néstor. *O negócio do michê: prostituição viril em São Paulo*. São Paulo: Brasiliense, 1987.

PIRES DE ALMEIDA, J. R. *Homossexualismo (a libertinagem no Rio de Janeiro): Um estudo sobre as perversões do instinto genital.* Rio de Janeiro: Laemmert, 1906.

RIBEIRO, L. "Aspectos médico-legais da homossexualidade", in: *Arquivo de medicina legal e identificação*. Rio de Janeiro, vol. 5, n.12, 1935a.

_________. "Homossexualismo e endocrinologia", in: *Revista Brasileira* (Rio de Janeiro), vol. 5, p. 145-60, 1935c

RODRIGUES, J. C. *Tabu do corpo*. São Paulo: Ed. Ouro, 1973.

ROSEN, George. *Uma História da Saúde Pública.* 2ª ed. São Paulo: Ed. UNESP, 1994.

ROTELLO, Gabriel. *Comportamento Sexual e AIDS: A cultura gay em transformação*. São Paulo: Edições GLS, 1997, p. 79- 80.

SINGER, M. "AIDS and the health crisis of the U.S. urban poor; the perspectival of the critical medical anthropology", in: *Social Science and Medicine*, vol. 39, n. 7, p.931-948, 1994.

TREVISAN, J. S. *Devassos no Paraíso*. São Paulo: Max Limonad, 1986a.

***

Sexualidades contemporâneas: políticas de identidade e de pós-identidade[1]

Guacira Lopes Louro*

Meu olhar para as questões-alvo deste seminário (Identidades, Subjetividades e Culturas Sexuais) se dá a partir da perspectiva de uma educadora feminista. Sendo assim, trato de comentar aqui como, nestes tempos de AIDS, nós, do campo da Educação, vimos lidando com tais questões. Por certo não tenho pretensão de traçar um "estado da arte" destes estudos no Brasil, uma vez que não disponho de recursos para tanto. Minha contribuição será mais modesta e vai se limitar a indicar algumas das vertentes contemporâneas com que vimos operando. Faço, pois, um recorte do trabalho que vem sendo desenvolvido no país, apresentando algumas referências do campo que poderia se denominar de pós-crítico.[2] No âmbito dos estudos de gênero e de sexualidade, penso que é possível identificar duas grandes linhas ou duas grandes perspectivas teóricas:

1) Na primeira delas, localizo aqueles estudos e pesquisas que situam as questões de gênero e de sexualidade no contexto das políticas de identidade. Nesta perspectiva, certamente várias abordagens podem ser ensaiadas.

1. Uma versão ampliada e modificada deste artigo foi publicada em 2002, com o título "Gênero: questões para Educação", no livro *Gênero, democracia e sociedade brasileira*, organizado por Cristina Bruschini e Sandra Unbehaum, para a Fundação Carlos Chagas e Editora 34.

* Doutora em Educação e Professora do Programa de Pós-Graduação em Educação da Universidade Federal do Rio Grande do Sul.

2. A denominação "pós-crítica" serve para reunir várias correntes teóricas, no entanto, pode-se dizer que é o pós-estruturalismo, em suas várias vertentes, que domina as abordagens (veja, a respeito, Tomaz Tadeu da Silva, 1999).

No Programa de Pós-graduação em Educação em que atuo (UFRGS) e, particularmente, no grupo de estudos que integro (Grupo de Estudos de Educação e Relações de Gênero, GEERGE), privilegia-se a perspectiva pós-estruturalista, com apoio em teóricos como Michel Foucault, estudiosos culturais como Stuart Hall, estudiosas feministas como Joan Scott, ou toma-se de empréstimo conceitos e indicações de autores não necessariamente pós-estruturalistas mas que têm na questão da identidade seu alvo central. Sob esta ótica – da política de identidades – parece ser possível afirmar que tem crescido a produção de pesquisas, em alguns programas de pós-graduação no Brasil. Têm surgido, até mesmo, propostas de intervenção no sentido de afirmação de identidades subordinadas.

2) Em uma segunda perspectiva teórica, identifico os estudos que se aproximam ou se ligam a uma política pós-identitária. Nesse caso, as teóricas e os teóricos da sexualidade que têm sido utilizados são aqueles(as) ligados à teoria *queer*. Essa vertente certamente é ainda muito incipiente no Brasil. Venho iniciando um trabalho nesta linha, no Programa de Pós-graduação em Educação da UFRGS, estudando principalmente a produção de Judith Butler, Deborah Britzman, e também artigos de Suzane Luhman, Steven Seidman ou William Pinar. Sinto-me particularmente desafiada por esses estudos, embora reconheça que são muito desestabilizadores, muito recentes e ainda escassamente difundidos no Brasil.

Passo agora a caracterizar um pouco mais detalhadamente cada uma dessas grandes linhas e as apropriações que delas vêm sendo feitas no campo da Educação.

A chamada "política de identidades", (movimento político e cultural por meio do qual grupos sociais historicamente subordinados vêm afirmando suas experiências, seus valores e sua história) expressa-se internacionalmente desde o final da década de 1960 e também vem se revelando de forma bastante visível no Brasil, nos últimos tempos. Além da luta pelo acesso e gozo de direitos civis e bens materiais, tais grupos vêm, cada vez mais, deslocando suas disputas para o terreno da cultura. Sendo assim, o acesso e o controle de espaços culturais como a mídia, o cinema, a televisão, os jornais, os currículos das escolas e universidades, os livros tornam-se particularmente importantes para os grupos de gênero, sexuais, étnicos, raciais ou de classe que, tradicionalmente, estiveram aí impedidos ou marginalizados. Historicamente, nesses espaços, os grupos dominantes – os homens brancos heterossexuais de classe média urbana, nas sociedades ocidentais – falaram sobre os demais, construindo representações sociais que tiveram e têm poderosos efeitos de verdade. Apropriar-se dessas instâncias culturais e aí inscrever sua própria representação e sua história, propor as questões de seu interesse, mostrar sua estética e sua ética tornam-se uma meta urgente para aqueles grupos antes submetidos. A luta no terreno cultural é, fundamentalmente, uma luta em torno da atribuição de significados. Significados que são produzidos em meio a relações de poder – não apenas porque eles expressam posições de poder, mas também porque têm efeitos de poder. Portanto, o que esses grupos sociais estão disputando é a possibilidade de impor seus próprios significados a respeito do mundo, das práticas e dos indivíduos.

Hoje, passa-se a compreender que importantes processos educativos estão ocorrendo em muitos outros locais além das escolas e por meio de operações tecnológicas e culturais muito diversificadas. Desta forma, educadores e educadoras feministas são instigados a alargar seu âmbito de ação e a exercer seu ofício na esfera mais ampla da cultura. Essa nova ótica supõe que se considerem a cultura e, mais especialmente, as múltiplas formas da cultura popular, como "pedagogias culturais". Todas essas instâncias passam a ser compreendidas não apenas como transmissoras de conhecimento, de valores ou de verdades, mas como eficientes produtoras de identidades. Por isso, teóricos(as) da educação pós-críticos começam a prestar atenção a todo um novo conjunto de práticas e de produtos culturais, a todo um mundo visual e tecnológico sedutor que, ao produzir e veicular representações sociais, educa e constitui sujeitos.

Nesse quadro, parecem também se tornar mais visíveis as complexas articulações e combinações entre as várias identidades constituintes dos sujeitos sociais. Já não se pode mais trabalhar com a idéia de uma identidade una, estável e coerente que "explique" o sujeito e sua história. É preciso admitir que, nesses tempos de pós-modernidade, o sujeito é, simultaneamente, "muitas coisas", ou melhor, é constituído de muitas identidades. Transitórias e contingentes, inacabadas e históricas, as identidades são vividas, freqüentemente, com tensões e conflitos. Sob essa perspectiva, torna-se cada vez mais problemático operar dentro da ótica dicotômica que supõe um pólo masculino dominante e um pólo feminino dominado. Todos os cruzamentos – de raça, de classe, de nacionalidade, de sexualidade – complicam essa análise esquemática.

Torna-se uma exigência que, atentos a essas complexas relações de poder, os educadores e educadoras analisem as formas como as identidades são produzidas e os significados que lhes são socialmente atribuídos. Sob essa ótica, é o conceito de diferença que passa a adquirir maior relevância. Kathryn Woodward afirma: "A identidade não é o oposto da diferença: a identidade depende da diferença" (Woodward, 2000, p. 40). A diferença funciona, discursivamente, como uma espécie de fronteira, como o limite que separa o sujeito daquilo que ele não é ou daquilo que ele não pode/não deve ser.

Interessa, portanto, analisar como as identidades – de gênero, sexuais e outras – são representadas, como lhes são atribuídos significados sociais, ordenamentos, hierarquias e diferenciações. Nesta perspectiva, observa-se que algumas identidades gozam de privilégios, legitimidade, autoridade; outras são representadas como desviantes, ilegítimas, alternativas. Enfim, algumas identidades são tão "normais" que não precisam dizer de si; enquanto outras se tornam "marcadas" e, geralmente, não podem falar por si (Louro, 2000).

No terreno do gênero e da sexualidade essas classificações podem ser facilmente reconhecidas. Na sociedade brasileira, é, sem dúvida, o homem branco heterossexual de classe média urbana a identidade-referência, aquela a partir da qual as outras são constituídas. Neste sentido, ele se torna o exemplo perfeito da identidade não-problemática. Constituída socialmente como norma, essa identidade é sempre presumida, suposta, e isso a torna, de algum modo, paradoxalmente invisível. São as identidades que se diferenciam do padrão – as mulheres, os sujeitos homossexuais, as pessoas não-brancas, os grupos rurais –, que se tornam marcadas e que são constituídas como "o outro".

A perspectiva construcionista, presente em outras abordagens teóricas, também se mantém aqui, ou seja, entende-se que as identidades de gênero e sexuais não são "dadas", mas construídas; contudo, na ótica pós-estruturalista acentua-se o caráter discursivo dessa construção. Nessa ótica, não se trata propriamente de descobrir o quanto as representações sociais "espelham" ou "distorcem" a "verdadeira" face dos grupos dos quais falam, porém de examinar, mais objetivamente, que efeitos tais representações produzem. A idéia é entender as representações não como um "sintoma" de causas externas a elas (como o sexismo ou o patriarcado); mas se argumenta, como faz Griselda Pollock (1990, p. 206), que as representações exercem um "papel ativo", elas de fato "produzem sentidos" , articulam e reapresentam sentidos.

Nesta ótica pós-estruturalista, nem mesmo os corpos – tradicionalmente considerados como pertencentes ao âmbito da natureza – escapam da cultura. É somente no interior da cultura que as "características físicas" podem ser constituídas como mais ou menos importantes e como mais ou menos pertinentes para a definição de uma identidade de gênero ou sexual. Isso não quer dizer que se esteja negando a materialidade dos corpos, mas sim acentuando que sua materialidade apenas ganha sentido na cultura.

> É preciso indagar sobre os significados que, nesse momento e nessa cultura, estão sendo atribuídos a uma dada aparência corporal (...) indagar sobre os processos históricos e culturais que possibilitaram que determinadas características se tornassem tão especiais;

sobre os processos que permitiram, finalmente, que certas características passassem a "valer mais" do que outras. Porque, no fundo, é disso que se trata ... (Louro, 2000, p. 62)

Passo agora a fazer alguns comentários referentes ao que chamei a segunda vertente e, nesse caso, tento introduzir algumas recentes contestações e provocações feitas pela teorização *queer* às educadoras pós-críticas.

No terreno do gênero e da sexualidade, não há como negar que, contemporaneamente, as chamadas "minorias" sexuais estão mais visíveis e, em conseqüência, a luta entre esses grupos e os grupos conservadores é mais explícita e acirrada. Mas além disso – o que é mais perturbador – as próprias categorias e fronteiras sexuais e de gênero estão sendo, agora, transgredidas muito mais abertamente do que em épocas anteriores. Essa situação, que é visível já há algum tempo em vários países, faz-se notar nos últimos anos também no Brasil.

Nos meios artísticos, na música, na moda, na imprensa, homens e mulheres vêm assumindo, publicamente, formas de sexualidade antes escondidas. Nas grandes cidades brasileiras, bares, cinemas, revistas, bem como eventos públicos (Parada do Orgulho Gay, Mix Brasil e outros) estabelecem-se como espaços de afirmação desses grupos e funcionam como referências materiais onde se constroem e veiculam representações positivas de novas identidades sexuais e de gênero. Nas instituições mais tradicionais, como as escolas e universidades, embora ainda timidamente, estudantes e docentes cada vez mais abandonam o caráter clandestino que acompanhava sua homossexualidade ou sua bissexualidade. Essa visibilidade tem efeitos contraditórios: por um lado, alguns setores sociais passam a demonstrar uma crescente aceitação da pluralidade sexual e, até mesmo, passam a consumir alguns de seus produtos culturais; por outro lado, setores mais conservadores renovam (e recrudescem) seus ataques, produzindo desde campanhas de retomada dos valores tradicionais da família até manifestações de extrema violência física em relação a esses grupos.

O embate por si só merece uma especial atenção de teóricas(os) e educadoras(es). Mas o que o torna ainda mais complexo é sua contínua transformação e instabilidade. O grande desafio não é apenas assumir que as posições de gênero e sexuais se multiplicaram e, então, que é impossível lidar com elas apoiadas em esquemas binários; mas, sim, admitir que as fronteiras vêm sendo constantemente atravessadas e – o que é ainda mais complicado – que o lugar social no qual alguns sujeitos vivem é exatamente a fronteira.

Multiplicaram-se os movimentos e os seus propósitos. Enquanto alguns grupos lutam por reconhecimento e legitimação e buscam sua inclusão, em termos igualitários, ao conjunto da sociedade, outros estão preocupados em desafiar as fronteiras tradicionais de gênero e sexuais, pondo em xeque a própria divisão masculino/feminino, homem/mulher, heterossexual/homossexual, e ainda outros não se contentam em atravessar as divisões, mas decidem viver a ambigüidade da própria fronteira. Toda essa nova dinâmica dos movimentos sexuais e de gênero tem provocado mudanças nas teorias, enquanto, ao mesmo tempo, é alimentada por elas.

As lutas empreendidas pelos movimentos feministas e pelos movimentos homossexuais vêm experimentando sucessos, mas também têm limitações. Não se pode esquecer que fazem parte desta caminhada muitas divisões: vozes dissonantes – raciais ou sexuais – foram, por vezes, silenciadas em nome de uma unidade que parecia prioritária; mas essas vozes passaram, em dado momento, a duvidar da conveniência do silêncio.

É indispensável ressaltar ainda que, na construção dessa história, também fez (e faz) sentido o surgimento da AIDS, a doença que intensificou a discriminação e, simultaneamente, provocou o surgimento de redes de solidariedade entre os sujeitos (formando alianças não necessariamente baseadas na identidade). Enfim, agora, implodem todas as dicotomias, pluralizam-se as formas de viver e as formas de compreender os gêneros e as sexualidades.

Por algumas décadas, supor uma identidade comum – e construir uma agenda comum – havia sido fundamental para construir os movimentos de gênero e sexuais; no entanto, agora, essa comunalidade parece estar dando lugar à divisão ou à multiplicidade. Para Steven Seidman (1995, p. 117) podemos ver "a afirmação de uma política e teoria *queer* tanto como uma resposta a essa crise, quanto como uma instigação a ela".

Para compreender o impacto dessa teoria e dessa política e as questões que provocam, é indispensável ter em mente que *queer* é mais do que uma fórmula sintética usada para indicar gays, lésbicas, transsexuais, bissexuais, travestis etc. O termo, assumido e reivindicado por uma vertente dos movimentos homossexuais, caracteriza, fundamentalmente, uma perspectiva de oposição e de contestação. *Queer* significa colocar-se contra a normalização, venha ela de onde vier. Nesse sentido, a teoria e o movimento *queer* não apenas se contrapõem à heteronormatividade compulsória de nossas sociedades, mas também se contrapõem à estabilidade e à normalidade da identidade homossexual. Tais características levaram a que, popularmente, se passasse a significar *queer* como "uma demonstração deliberada da diferença que não queria ser assimilada ou tolerada" (Spargo, 1999).

De uma forma ampla, a teorização *queer* pode ser relacionada aos *insights* de Foucault (1988) sobre a sexualidade. Como sabemos, Foucault pôs em questão a noção de que o silêncio e a repressão da sexualidade caracterizavam as sociedades ocidentais e, contrariando tal hipótese, afirmou que o sexo foi, na verdade, "colocado em discurso", nos últimos séculos. Segundo ele, temos vivido mergulhados em múltiplos discursos sobre a sexualidade, pronunciados pela igreja, pela psiquiatria, pela sexologia, pelo direito... Ele se dispôs a descrever esses discursos e seus efeitos, analisando não apenas como através deles se produziram e se multiplicaram as classificações sobre as "espécies" ou "tipos" de sexualidade, mas também como se ampliaram os modos de controlá-la. Tal processo tornou possível, segundo ele, a formação de um "discurso reverso", isto é, um discurso produzido a partir do lugar que tinha sido apontado como a sede da perversidade, como o lugar do desvio e da patologia: a homossexualidade. Mas Foucault ultrapassou amplamente o esquema binário de oposição entre dois tipos de discursos, acentuando que vivemos uma proliferação e uma dispersão de discursos, bem como uma dispersão de sexualidades. É neste sentido, que, segundo alguns autores, o modelo de Foucault da construção discursiva da sexualidade poderia ser considerado, possivelmente, como "o maior estímulo inicial da teoria *queer*".

Foucault é um autor recorrente entre os teóricos(as) *queer*, como são, também, Derrida e Lacan. É importante que se diga que o movimento *queer* nada tem de unificado, trata-se mais de um "agrupamento diverso que mostra importantes desacordos e divergências" (cf. Seidman, 1995), mas que guarda algumas referências e preocupações comuns. De um modo geral, esses teóricos e teóricas recorrem à desconstrução como método de crítica e fazem uso de categorias e perspectivas psicanalíticas.

Desses estudiosos e estudiosas surgem novas proposições teóricas que vêm desarranjar as definições de gênero, sexo, sexualidade. Um questionamento interessante é feito, por exemplo, em relação à consagrada premissa que afirma que um determinado sexo (entenda-se, nesse caso, sexo como característica biológica) indica um determinado gênero, e este gênero, por sua vez, indica ou induz o desejo. Esta seqüência supõe e institui uma coerência e uma continuidade entre sexo-gênero-sexualidade. Ela supõe e institui uma conseqüência, afirma e repete uma norma, apostando em uma lógica binária pela qual o corpo, identificado como macho ou como fêmea, determina o gênero (um de dois gêneros possíveis: masculino ou feminino) e leva a uma forma de desejo (especificamente, o desejo dirigido ao sexo/gênero oposto). Conforme demonstram alguns teóricos *queer*, entre eles, Judith Butler, nesta lógica consagrada não somente o sexo é compreendido separadamente da cultura como a concepção binária de sexo impõe limites à concepção de gênero e de sexualidade; e ainda a heterossexualidade é compreendida como a forma compulsória de sexualidade. Há, enfim, toda uma gama de descontinuidades, transgressões e subversões que esses três termos (sexo-gênero-sexualidade) experimentam e produzem e que transbordam ou ficam incompreensíveis se nos apegarmos a tal seqüência como definitiva e estável. Não dispomos de nenhuma "garantia" sobre sua ocorrência ou sobre sua estabilidade e permanência. Tudo depende, sempre, de investimentos – continuados, reiterativos, repetidos. Investimentos produzidos a partir de múltiplas instâncias sociais e culturais; postos em ação pelas famílias, pelas escolas, pelas igrejas, pelas leis, pela mídia ou pelos médicos – com o propósito de afirmar e reafirmar as normas que regulam os gêneros e as sexualidades. Essas normas voltam para os corpos para lhes indicar limites de sanidade, de legitimidade, de moralidade ou de coerência. Daí porque aqueles que escapam ou atravessam esses limites ficam marcados como corpos (e indivíduos) ilegítimos, imorais ou patológicos. Mas de fato nada disso é estável, permanente ou seguro. Nada disso é natural. E, por isso, os investimentos em direção à norma precisam ser reiterados, renovados e refeitos, constantentemente.

O movimento *queer* posiciona-se, então, como uma política e uma teoria pós-identidade. Afirma que estratégias epistemológicas e políticas que mantêm uma posição de minoria, isto é, que assumem uma posição subordinada, deixam intocado um regime de poder polarizado. E essa sua crítica atinge, pelo menos em parte, muitas das proposições feitas em nome da diferença de gênero ou de sexualidade. Para muitos teóricos *queer*, o ponto fundamental é questionar e abalar a oposição binária hetero/homossexual, central na cultura ocidental moderna. Neste sentido, é a crítica a essa oposição, por meio da desconstrução demonstração da interdependência dos dois pólos e de sua onipresença na lógica contemporânea, que precisa ser levada a cabo.

A teoria *queer* perturba, provoca, desestabiliza. O que venho tentando pensar, mais recentemente, diz respeito ao que fazer com tal teoria no campo da Educação. Pergunto se seremos capazes de romper, afinal, com os esquemas binários para pensar o gênero e a sexualidade; pergunto também como conviver, na prática pedagógica, com o caráter indefinido, instável e transitório das identidades. A questão mais ampla seria: o que essa teorização pode sugerir a intelectuais que atuam em um campo tão marcadamente normalizador, como a Educação?

O caminho parece ser o de "pensar *queer*", ou seja, assumir o *queer* como "uma atitude epistemológica que não se restringe à identidade e ao conhecimento sexuais, mas que se estende para o conhecimento e a identidade de modo geral. Pensar *queer* significa questionar, problematizar, contestar todas as formas bem-comportadas de conhecimento e de identidade.

A epistemologia *queer* é, neste sentido, perversa, subversiva, impertinente, irreverente, profana, desrespeitosa" (Silva, 1999, p. 107).

É dentro dessa concepção que algumas estudiosas como Deborah Britzman (1996) e Susanne Luhmann (1998) discutem uma pedagogia *queer* ou propõem pensar *queer* a pedagogia. Isso significaria mais do que incluir temas *queer* nos currículos e desenvolver um ensino sobre ou para sujeitos *queer* (o que não é, de modo algum, desimportante), senão implica, fundamentalmente, colocar em questão os processos de normalização ou de normatividade que usualmente estão em funcionamento.

Por certo o combate à homofobia permanece como uma meta importante a ser levada a efeito, tanto nas práticas escolares como na análise crítica das pedagogias culturais. Mas, na ótica *queer*, a meta deveria a de ir mais longe. O combate à homofobia talvez possa significar apenas uma ampliação do sentido de "normalidade", estendendo-o de forma a incluir os sujeitos homossexuais ou bissexuais; para os teóricos e teóricas *queer*, o que parece necessário é exatamente desconstruir o processo pelo qual alguns indivíduos se tornam normalizados e outros, marginalizados. O que se torna indispensável, portanto, é atacar e minar esse processo: pôr em xeque a heteronormatividade, revelando a presença do "outro" (isto é, o homossexual) na afirmação da identidade heterossexual e demonstrando a necessidade da contínua reiteração das normas para garantir a identidade sexual socialmente legitimada; mas também problematizar as estratégias normalizadoras que, no contexto de outras identidades sexuais, pretendem ditar e restringir as formas de viver e de ser. Para as educadoras e educadores que se dispõem a aceitar as provocações da teoria e do movimento *queer*, o caminho talvez seja o de ampliar o sentido da teoria para além da conotação sexual e de gênero e voltar-se para um jeito *queer* de pensar a educação, o conhecimento, o poder e a construção das identidades.

Talvez tudo isso pareça arriscado. Tudo isso pode ser tomado como uma provocação, e provocações envolvem insegurança, surpresas, imprevistos. É possível negá-las e garantir o conforto das certezas já experimentadas e dos caminhos já traçados, mas isso também pode representar o fim da imaginação, da tentativa e das descobertas. Aceitá-las talvez signifique admitir a aventura teórica e reinventar as estratégias políticas, abandonar o familiar e, de um jeito *queer*, deixar-se fascinar pelo "estranho".

Referências bibliográficas

BRITZMAN, D. "O que é esta coisa chamada amor - Identidade homossexual, educação e currículo", in: *Educação e Realidade*. vol. 21 n.1, p. 71-96, 1996.

FOUCAULT, M. *A História da Sexualidade*. vol. 1. (A vontade de saber.) 11ª ed.. Rio de Janeiro: Graal, 1988.

LOURO, G. "Corpo, escola e identidade", in: *Educação e Realidade*. vol. 25 n.2, p. 59-76, 2000.

LUHMANN, S. "Queering/Querying Pedagogy? Or, Pedagogy is a pretty *queer* thing", in: PINAR, W. F. (Org.). *Queer Theory in Education*. New Jersey e Londres: Lawrence Erlbaum Associates, Publishers, p.141-156, 1998.

POLLOCK, G. "Missing Women. Rethinking early thoughts on images of Women", in: SQUIRES, C. (Org.). *The Critical Image*. Seattle: Bay Press, 1990.

SEIDMAN, S. "Deconstructing queer theory or the under-theorization of the social and the ethical", in: SEIDMAN, S.; NICHOLSON, L. (Orgs.). *Social Posmodernism. Beyond identity politics*, p. 116-141. Nova York: Cambridge University Press, 1995.

SILVA, T. T. *Documentos de identidade. Uma introdução à teoria do currículo*. Belo Horizonte: Autêntica, 1999.

SPARGO, T. *Foucault and Queer Theory*. Nova York: Totem Books, 1999.

WOODWARD, K. "Identidade e diferença", in: SILVA, T.T. (Org.). *Identidade e Diferença*. Petrópolis: Vozes, 2000.

Dicionário de arte sacra & técnicas afro-brasileiras

Raul Lody

Descrição de 1.407 verbetes, divididos em oito temas, relacionados às técnicas utilizadas em terreiros de religiões afro-brasilerias.

Cód. 2194 314 p. 1ª ed.

Negritude sem etnicidade

Livio Sansone

Com base em 15 anos de pesquisa na Bahia, no Rio, no Suriname e na Holanda, Livio Sansone indaga sobre as formas específicas que "raça" e etnicidade assumem no Brasil e no resto da América Latina.

Cód. 2280 352 p. 1ª ed.

Este livro foi composto na tipologia Bembo no corpo 11/13,2; títulos na tipologia Humanst 531 UBLK no corpo 14/18 e subtítulos na tipologia Humanst 531 Blk 11/13,2 e impresso em papel offset 75 g/m² nas oficinas da Edil.